PHILOSOPHEN – VON DER ANTIKE BIS HEUTE

PHILOSOPHEN

VON DER ANTIKE BIS HEUTE

OTUS

„Die Athenische Schule". Raffaels Fresko in der Stanza della Segnatura im Vatikan ist – mit Aristoteles (rechts) und Platon (links) im Mittelpunkt – die eindrucksvollste Renaissancedarstellung der griechischen Philosophie.

Sophiam me Greci vocant Latini Sapienciam
Egipcii & Chaldei me invenere Greci scripsere
Latini transtulere Germani ampliavere :-
Eurus
Ionis
Coleric9
Zephir9
Aer
Sanguine9
EGIPCIORUM SACERDOTES ET CHALDEI
Pro
Ioni
PHILO
SOPHIA
GERMANORUM SAPIENTES
Albe
RTUS
GRECORUM PHILOSOPHI
Pla
TO
LATINORUM POETAE ET RHETORES
Cicero
Virgilius
Quicquid habet Coelum quid Terra quid Aer & aequor
Quicquid in humanis rebus & esse potest
Et deus in toto quicquid facit igneus orbe
Philosophia meo pectore cuncta gero :-
Boreas
Terra
Melancolic9
Auster
Aqua
Flecmatic9

EINLEITUNG

Philosophie beschäftigt die Menschheit, seit es Möglichkeiten gibt, die Gedanken über den Sinn des Daseins schriftlich festzuhalten, und vielleicht schon viel länger. Die Namen der größten Denker der Weltgeschichte sind bis heute ebenso präsent wie die von Goethe, Shakespeare oder Wagner. Nicht immer waren diese Philosophen zu Lebzeiten gesellschaftlich anerkannt, oft sahen sie sich Angriffen und Verleumdungen, teilweise sogar drakonischen Strafen ausgesetzt. Dennoch stand eines nie außer Frage: dass der Mensch sich damit beschäftigen müsse, wie er entstanden und was sein Daseinszweck sei und wie sich das menschliche Leben in die Natur und den Kosmos einfüge. Friedrich Hölderlin formulierte prägnant: „Philosophie musst Du studieren, und wenn Du nicht mehr Geld hättest als nötig ist, um eine Lampe und Öl zu kaufen, und nicht mehr Zeit als von Mitternacht bis zum Hahnenschrei."

Erst heute, in der „rationalen" Welt wird die Beschäftigung mit der Philosophie, die Lektüre der großen Denker mitunter zum belächelten Hobby. Leben wir in einer Zeit der „Philosophielosigkeit"?

Die Gegenfrage lautet: Wer kennt sie nicht, die Suche nach dem Sinn dessen, was im eigenen Leben geschieht, die Frage nach der Endlichkeit der eigenen Seele, das Wundern über die Schöpfung? Der Mensch kann ohne Philosophie nicht sein – denn jede dieser Fragen rührt bereits an den philosophischen Grundthemen. Und selbst das Kleinkind, das sich staunend im Spiegel betrachtet und schließlich vorsichtig zu die Hand zu seinem Abbild ausstreckt, philosophiert auf seine Weise.

Philosophie ist also immer „zeitgemäß", wenngleich nicht jeder philosophische Ansatz zu jeder Zeit akzeptiert wurde. Schließlich ist das Schwierige – und das Faszinierende – die Tatsache, dass es kein richtig und kein falsch, keine Beweise und Widerlegungen der Konzepte gibt. Wenn der britische Staatstheoretiker Thomas Hobbes (1588–1679) behauptet, „der Mensch ist des Menschen Wolf" im nicht durch einen Staat geordneten Miteinander – wer möchte ihm widersprechen angesichts der blutigen Kriege, die die Erde noch immer überziehen? Wer würde Edith Steins (1891–1942) Worten „Schiffe stranden an Felsen, menschliche Beziehungen oft schon an Kieselsteinen" nicht zustimmen wollen?

Jeder Mensch glaubt an etwas. Manche sind der christlichen Lehre verhaftet, andere vertreten ein eher mechanistisches Weltbild und glauben nur an das sinnhaft Wahrnehmbare. Und selbst, wer an kein Leben nach dem Tod und keinen Sinn im Dasein glaubt, befindet sich in der Tradition einer Philosophieströmung: des Existenzialismus.

Philosophie ist überall, und sie ist zeitlos. Zeit, sich mit ihr zu beschäftigen, denn keine andere Geisteswissenschaft prägte die Entwicklungsgeschichte der Menschheit, die Kulturbildung und die Sicht und damit den Umgang mit dem Individuum und der Gesellschaft so stark wie sie. Selbst bei den ältesten Denkern, Platon, Aristoteles oder Anaximander, finden sich Gedanken, die bis heute Geltung besitzen. Und die bis heute zum Weiterdenken anregen. Die größten Philosophen der Weltgeschichte liefern den Stoff, um selbst die Welt philosophisch zu ergründen.

Bild linke Seite:
Albrecht Dürers Holzschnitt „Philosophia" greift die Motive aus Boethius' „Trost der Philosophie" auf, einem der letzten philosophischen Werke der Spätantike. Zwischen den vier die Elemente symbolisierenden Winden sind die vier Weisen Cicero (oder Vergil), Albertus Magnus, Platon und Ptolemaios als Stellvertreter der unterschiedlichen Philosophieschulen platziert. In der Mitte thront die Philosophie selbst, in reichem Gewand, mit Zepter und Lehrbüchern.

„Das Prinzip aller Dinge ist das Wasser. Aus Wasser ist alles, und in das Wasser kehrt alles zurück."

Thales von Milet

Thales von Milet

* 624 v. Chr. † 545 v. Chr.

Schon im Altertum als einer der Sieben Weisen anerkannt, lebte er in Ionien/Kleinasien und wahrscheinlich auch in Ägypten. Für unser Verständnis seiner Leistung als Politiker, Naturforscher und Philosoph sind wir auf teils widersprüchliche Berichte antiker Schriftsteller angewiesen, die selbst schon auf Überlieferungen beruhten. Darin erscheint Thales als weitsichtiger Politiker, der den ionischen Städten politische Einigung angesichts der Persergefahr anriet. Man rühmt ihn als bedeutenden Naturforscher, der, geprägt vom weltoffenen Geist seiner Heimatstadt, auf weiten Reisen Erkenntnisse gesammelt und entwickelt habe, eine Methode der Messung der Höhe der Pyramiden mithilfe des Schattens sowie der Entfernung von See kommender Schiffe gefunden habe und der die Geometrie in Griechenland einführte. Noch berühmter machte ihn eine astronomische Leistung, die Aufsehen erregende Vorhersage der Sonnenfinsternis vom 28.5.585, die er aufgrund von babylonischen, auf Beobachtungen fußenden Vorstellungen von Finsternisperioden berechnete. Darüber hinaus stellte er die Erkenntnis auf eine neue Grundlage, indem er – entgegen mythologischer Naturdeutung – ein wissenschaftlich einheitliches Prinzip der Naturerklärung setzte. Er sah den Urgrund der Dinge in der alles Feuchte als lebendigen Werdegrund bestimmenden Kraft des Wassers, deren veränderliche Vielgestalt in flüssiger, fester und verdampfter Form, in Nahrung, Samen und Wetter seine tragende Bedeutung erweist. So konnte Aristoteles ihn als den Begründer der milesischen Naturphilosophie, ja der griechischen Philosophie überhaupt bezeichnen.

Bild linke Seite: Über Thales von Milets Leben ist wenig überliefert. Der weitsichtige Staatsmann, Mathematiker und Forschergeist bestimmte das Wasser als Urgrund allen Seins und wurde so zu einem Begründer der Naturphilosophie.

Bild rechte Seite: Anaximanders Weltkarte zeugt von den vielen Reisen, die der Ionier unternommen haben muss. Er sah den Ursprung des Lebens in einer Urbewegung, dem Apeiron.

Anaximander

*um 610 v. Chr. † nach 547 v. Chr.

Anaximander lebte und starb in Milet in Ionien/Kleinasien. Er war Schüler und Nachfolger des Philosophen Thales von Milet und wird wie dieser zu den Vorsokratikern gerechnet, einer Gruppe bedeutender griechischer Philosophen vor Sokrates. Anaximander soll eine Schrift zur Erklärung der Natur verfasst haben, die als erste philosophische Schrift der Griechen gilt, jedoch nur aus gelegentlichen Zitaten späterer Autoren bekannt ist. Er besaß hervorragende astronomische und physikalische Kenntnisse, stellte in Weiterentwicklung babylonischer Forschungen Sonnenuhren, Erd- und Himmelskarten her. Sein Grundinteresse aber galt dem Ursprung des Seins (arché).

Für ihn, der sich von dem mythischen Denken Homers und Hesiods zu lösen versucht, umschließt der Begriff Natur die Erde und das Weltall als ein nach Stoffen und Kräften ganzheitlich existierendes Gebilde. Anaximander nimmt als Anfang (Prinzip) aller Dinge ein Unendliches oder Unbegrenztes (das „Apeiron") an, welches in sich die Möglichkeit trägt, viele und mannigfaltige begrenzte Einzelbildungen zu entwickeln. Das „Apeiron" ist ewig bewegt und unvergänglich. Aus seiner Urbewegung entsteht die Welt, indem sich als erste Potenzen Warmes und Kaltes (als feinere und gröbere Materie gedacht) aussondern. Aus der Verbindung von beidem entsteht, je nach Intensität dieser Verbindung, das Flüssige. Aus diesem durch weitere Ausscheidung Erde, Luft und Feuer derart, dass Luft und Feuer sich als ringartige Schichten um die Erde legen. Diese selbst ist tellerförmig vorgestellt. Die Gestirne sind Löcher in der Luft, durch welche das umgebende Feuer einbricht.

Nach einer Formulierung des Anaximander, die den einzigen vollständigen aus seinem Werk überlieferten Satz darstellt, unterliegen die Entstehung und Entwicklung begrenzter endlicher Bildungen aus dem Unbegrenzten gewissen moralischen, auf Recht und Unrecht bezogenen Gesetzlichkeiten. Das, was möglicherweise als ein Begrenztes entsteht, hat für die von ihm wahrgenommene Möglichkeit der Entstehung „Buße zu leisten", nämlich durch seinen Untergang, der von Anaximander als die unabdingbare, notwendige Rückbildung in den anfänglichen Zustand des Unbegrenzt-Seienden verstanden wird.

Anaximenes

*um 585 v. Chr. † um 524 v. Chr.

Der Naturphilosoph und Astronom Anaximenes lebte, wie Thales und Anaximander, in Milet in Ionien/Kleinasien. Er

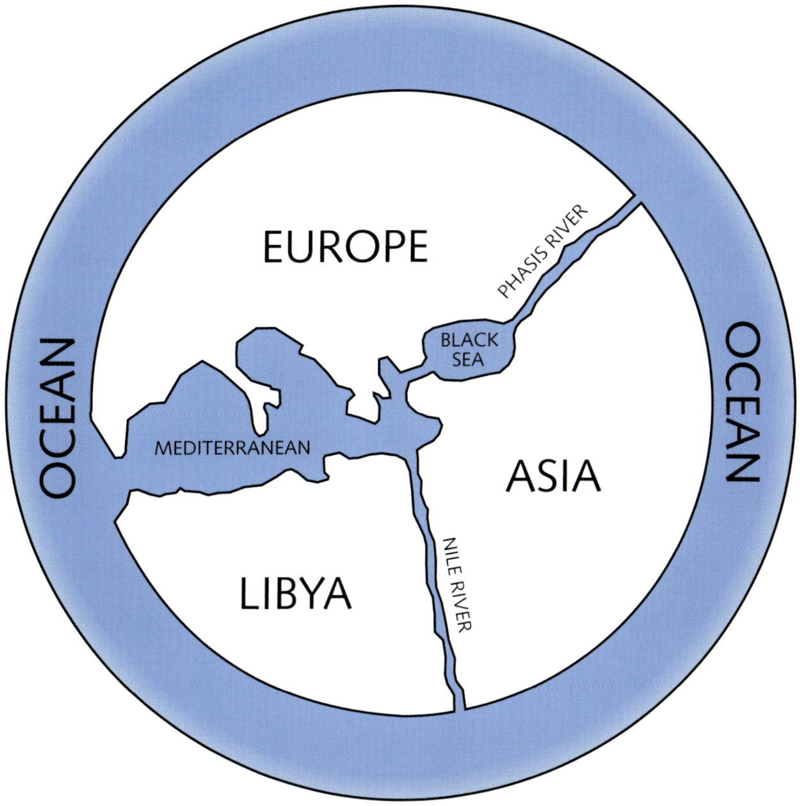

war vermutlich ein Schüler Anaximanders und wird wie dieser zu den Vorsokratikern gerechnet.

Anaximenes stellt sich als naturforschender Philosoph – wie schon Anaximander, doch eindringlicher – die Frage nach dem Urstoff alles Bestehenden. Er nimmt hier aber, abweichend von seinem Lehrer, statt eines stofflich unbestimmten Unbegrenzt-Unendlichen ein qualitativ Bestimmtes an, nämlich die Luft. Kalt und Warm gehören nach Anaximenes nicht schon zum ersten Wesen des Stofflichen, sondern sind Folge von Bewegung und Veränderung der Luft, die ihrerseits als primäres Element gilt. Verdichtung von Luft bewirkt Kaltes, Verdünnung dagegen Wärme. So schafft Verdünnung von Luft Feuer. Aus Verdichtung gestalten sich Wind, Wolken, Wasser, Erde und Steine. Aus den Verbindungen dieser Elemente wiederum bilden sich die dichten zusam-

„Woraus aber die seienden Dingen entstehen, in das hinein vergehen sie auch notwendig; denn sie zahlen einander gerechte Strafe und Vergeltung nach der Zeit Ordnung."

Anaximander

„Man soll schweigen oder Dinge sagen, die noch besser sind als das Schweigen.“

Pythagoras

Bild linke Seite: **Die Büste von Pythagoras im Vatikanmuseum. Nach Ansicht des Griechen kennt die Seele kein Alter und ist unsterblich.**

mengesetzten Körper. Als Erstes entstand aus Luftverdichtung die Erde, die bei Anaximenes wie eine zylinderförmige dünne Platte, auf der Luft schwebend, vorgestellt ist. Feuchte, von der Erde aufsteigende Dünste verdünnen sich in der Höhe zu Feuer und bilden so Sonne und Mond, von dem Anaximenes allerdings, wie es heißt, als Erster die Vermutung wagte, er habe keine eigene Leuchtkraft, sondern reflektiere das Sonnenlicht. Das Himmelsgewölbe ist glasartig, an ihm sind die Gestirne wie Nägel festgeheftet. Da die Seele nun auch, wie immer schon in griechischer Anschauung, Luft ist, sind Mensch und Tier vom gleichen Element belebt und zusammengehalten wie das Weltall auch. So finden sich bei Anaximenes schon Ansätze zur Vorstellung eines den Menschen und die weitere Natur umfassenden psychisch-physischen Zusammenhangs.

Pythagoras

* um 580 v. Chr. † um 500 v. Chr.

Der berühmte griechische Philosoph wurde auf der Insel Samos geboren. Er soll eine gründliche Bildung, auch im Bereich der Technik, genossen haben. Vermutlich um 531 ging er nach Kroton in Unteritalien; einen Grund dafür hat man darin gesehen, dass er sich der tyrannischen Herrschaft des Polykrates entziehen wollte. Kroton war damals eine der vielen aufblühenden Städte des westlichen, Unteritalien und Sizilien umfassenden griechischen „Kolonialreiches“. Pythagoras selbst hat vermutlich nichts von seiner Lehre aufgeschrieben. In der Fülle der Überlieferungen zeichnen sich zwei Grundideen ab, die wohl auf Pythagoras zurückgehen. Die erste betrifft die Seelenlehre. Vereinfacht ausgedrückt lehrte Pythagoras eine allgemeine Seelenwanderung, die alles Lebende in gewisser Weise zusammenschließt. Er erfasste – und dies wohl als erster der griechischen Denker – die Seele so, dass sie zugleich ein in sich beständiges Dasein hat, dass sie also das hat, was Plato später die „Unsterblichkeit“ nannte. Die zweite Grundidee ist die des Zusammenhangs zwischen Musik und Mathematik. Die Schüler des Pythagoras (namentlich Archytas aus Tarent; nach 400 v. Chr.) entwickelten sehr rasch eine allumfassende mathematische Spekulation, deren tragendes Prinzip der Gegensatz zwischen dem Unbegrenzten und dem Begrenzenden ist, zwischen ungeraden und geraden Zahlen. Der ursprünglich religiös-sittliche Bund der Pythagoreer, geleitet von seinen

Schülern Philolaos, Alkmeion von Kroton (um 500) und dem schon erwähnten Archytas, entwickelte sich sehr bald zu einem einflussreichen und heftig bekämpften politischen Mittelpunkt der Aristokratie. Um 440 wurden der Bund zerschlagen und die Pythagoreer allgemein verfolgt. Als eine asketische, von vielen Legenden umwobene Gruppe tauchten in den ersten beiden nachchristlichen Jahrhunderten in Rom die sogenannten Neupythagoreer auf (u. a. Sotion, Moeratos aus Gades, Apollonios von Tyana); der erste soll Nigidius Figulus, ein Freund Ciceros, gewesen sein.

Pythagoreischer Lehrsatz. Dieser auch „Satz des Pythagoras" genannte, aber wohl schon um 2000 v. Chr. im Euphratgebiet bekannte grundlegende Lehrsatz der Geometrie besagt, dass in einem rechtwinkligen Dreieck die Summe der Quadrate über den Katheten gleich dem Hypotenusenquadrat ist.

Xenophanes

* 580/577 v. Chr. † um 470 v. Chr.

Der zu Kolophon in Kleinasien geborene und in Elea (Unteritalien) hochbetagt gestorbene Xenophanes war ein berühmter Rhapsode, in dessen Lehrgedicht „Über die Natur" der Grundgedanke der Eleatischen Schule von der Einheit des Kosmos zuerst ausgesprochen und zum Gegenstand der Reflexion gemacht ist. Ob begrifflich oder materiell gemeint, sagte er nach Aristoteles, „auf das All blickend, das Eine sei der Gott", der, ganz Geist, Auge und Ohr, das Ganze durch die Kraft seines Denkens mühelos in Bewegung hält. Diese Einsicht machte Xenophanes zu einem scharfen Kritiker anthropomorph-mythologischer Göttervorstellungen des Volksglaubens oder ihrer dichterischen Vermenschlichung bei Homer und Hesiod, denn Götterbilder schaffende Ochsen, Pferde und Löwen würden diesen ihre eigene Gestalt verleihen. – Wenn freilich für den Menschen ein Schein über alles Wissen von Gott und Welt gebreitet ist, so ist doch das unwandelbare und unvergängliche Sein „eines und alles".

Heraklit

* um 550 v. Chr. † um 480 v. Chr.

Der aus dem Geschlecht der Könige von Ephesus in Kleinasien stammende jonische Philosoph Heraklit wird zu den Vorsokratikern gerechnet. Diese Denker – an der Schwelle vom Mythos zum Logos ste-

Bild rechte Seite:
Hendrik ter Brugghens Gemälde des Vorsokratikers Heraklit befindet sich im Rijksmuseum Amsterdam. Der wohl bekannteste Satz des Philosophen aus Ephesus lautet „pantha rhei": alles fließt.

„Wer in denselben Fluss steigt, dem fließt anderes und wieder anderes Wasser zu."

Heraklit

„Man muss sagen und denken, dass etwas ist: denn das Sein existiert, nicht aber das Nicht-Sein."

Parmenides

Bild linke Seite:
Der wohl bedeutendste Forschungsgegenstand des Vorsokratikers Anaxagoras war ein mathematischer: Er versuchte sich sein Leben lang an der Quadratur des Kreises.

Bild rechte Seite:
Empedokles' Lehre ist vor allem durch die Angaben von Plutarch und Aristoteles überliefert. Der Naturphilosoph prägte die Vier-Elemente-Lehre. Feuer, Erde, Wasser und Luft können nach Ansicht des Agrigenters durch Liebe und Streit vereinigt oder geschieden werden.

hend – eröffneten mit ihren Reflexionen den Weg zur philosophischen Begriffswelt des europäischen Kulturkreises. Heraklits vermutlich „Über die Natur" betiteltes Hauptwerk war daher mehr eine Sammlung von Sprüchen in bildhafter Sprache denn ein rationaler Klärungsversuch des Seinszusammenhangs. Seine Zeitgenossen nannten diesen Denker deshalb „den Dunklen". Sein Werk ist nur in wenigen kurzen Fragmenten überliefert. Heraklits Fragestellung ist neu. Statt wie seine Vorgänger danach zu fragen, woraus die Wirklichkeit geworden sei, gibt sich ihm diese Wirklichkeit als Prozess ständiger Veränderung. Das Sein sei ständige Veränderung, vergleichbar dem Feuer, das in seiner Flamme Widersprüchlichstes eint und darin zu höchster Lebendigkeit bringt, jedoch nicht willkürlich, sondern nach einem Gesetz. Dieses Gesetz beherrsche letztlich die ganze Welt in ihrer Vielfalt. Hegel – selbst ein Philosoph des Weltprozesses – fand im Denken Heraklits so grundlegende Einsichten, dass er, wie er sagte, dessen Gedanken in sein Werk „Die Wissenschaft der Logik" einarbeitete.

Parmenides

* um 515 v. Chr. † um 445 v. Chr.

Der griechische Philosoph aus Elea in Unteritalien zählt zu den bedeutendsten der so genannten Vorsokratiker. Obwohl sein Lehrgedicht „Peri Physeos" („Über die Natur") nur in Bruchstücken überliefert ist, reicht sein Einfluss bis in die Gegenwart. Gegen Heraklit („Alles fließt") behauptet er die Einheit und Beständigkeit des Seins. Es gibt kein Nichts, weil immer nur Seiendes gedacht werden kann. Am folgenreichsten wurde in der schulphilosophischen Tradition eine schwer zu übersetzende Stelle seines Gedichts, in der er den Zusammenhang von Denken und Sein herausstellt: „Dasselbe ist sowohl Denken als auch Sein." Gegenüber der Beständigkeit dieses einen Seins erweist sich die Vielheit des Begegnenden als Schein und Täuschung der Sinne. Das Problem der Vielheit und des Werdens, das damit aufgegeben war, und zugleich die These von der Denkbarkeit und Erkennbarkeit des Seins brachten die Philosophie in eine Bewegung, die letztendlich in die Metaphysik einmündete.

Anaxagoras

*499 v. Chr. † 428 v. Chr.

Anaxagoras gehört zu den bedeutenden Männern der menschlichen Geistesgeschichte, die philosophisches Denken begründet haben. In Kleinasien geboren, kam er als Zwanzigjähriger nach Griechenland. Dort lebte er als Freund und vermutlich politischer Berater des Perikles, nach dem später jenes glanzvolle Zeitalter der höchsten Blüte Athens benannt wurde, in den führenden geistigen Kreisen und gab der griechischen Philosophie vor Sokrates eine Stätte. Es ist nicht bewiesen, ob Anaxagoras als Erster die Ursache von Mond- und Sonnenfinsternis richtig erkannt hat. Als „aufgeklärter" Denker wandte er sich jedoch gegen alle abergläubische Furcht vor diesen Naturerscheinungen und betrachtete die Sonne nicht als Gottheit.

In seinem Werk, von dem nur wenige Fragmente erhalten sind, geht er von einer Urmischung verschiedenster Stoffe von verschiedenster Qualität aus, die aus kleinsten Keimen („spermata") besteht. Aus der überwiegenden Zusammensetzung gleichartiger und kleinster Teilchen dieser Elemente, die ursprünglich in chaotischem Gewirr existieren, aus Mischung und Entwicklung entstehen alle Dinge dieser Welt: So viele qualitativ verschiedene Stoffe, so viele Elemente gibt es, die aus einer Unzahl von unsichtbaren Partikeln zusammengesetzt sind. Aus dem Chaos wurde der Kosmos, die „Ordnung" der Dinge: Stein wurde zu Stein, Wasser zu Wasser, Fleisch zu Fleisch. Es existiert für Anaxagoras also kein echtes Entstehen und Vergehen. Ursache, Urheber und Lenker dieses Vorgangs ist ein unpersönlich gedachter Weltgeist (Nus), der in göttlicher Potenz als Weltvernunft das Dasein des Kosmos ordnet und die Herrschaft über dieses Weltgeschehen führt. Anaxagoras wird mit dieser Philosophie zum ersten Vertreter einer teleologischen Naturerklärung, die in der Weltordnung eine zielstrebige Entwicklung sieht.

Als fortschrittlicher Denker wagte er – wahrscheinlich infolge seiner Beobachtungen eines Meteors – die Behauptung, dass Sonne und Mond glühende Steinmassen seien. Daraufhin wurde er öffentlich der Gottlosigkeit angeklagt. Dank Perikles entging er der Todesstrafe, musste aber nach Lampsakos in Mysien in die Verbannung gehen, wo er später starb.

Empedokles

* 490 v. Chr. † 430 v. Chr.

Der aus Agrigent, einem blühenden Zentrum der westgriechischen Kultur, stammende Naturphilosoph Empedokles durchzog als Arzt und Wundertäter hochgeachtet die griechischen Städte Siziliens und Unteritaliens. Gegen Ende seines Lebens geriet er in Parteikämpfe, musste seine Heimatstadt verlassen und starb in der Verbannung auf dem Peloponnes. In Fragmenten sind von ihm zwei philosophische Lehrgedichte erhalten: „Über die Natur" und „Reinigungen"; das erste enthält eine Natur-, das zweite eine Seelenlehre. Die Natur ist immer; es gibt in ihr kein Werden und Vergehen, sondern nur Mischung und Trennung der vier Elemente Feuer, Luft, Wasser, Erde, die die Wurzelkräfte aller Dinge sind. Die Elemente werden gemischt und geschieden durch Liebe

„Jeder glaubt nur das, worauf ihn der Zufall gebracht hat."

Empedokles

Bild linke Seite: Zenon von Elea war ein Vertreter der Lehre, die nur das denkend erfasste Sein als wahr anerkennt. Bei der geschickten Verteidigung seiner Ansichten entwickelte er zudem die ersten Ansätze der Dialektik.

Bild rechte Seite: Der Kopf Sokrates' in der Glyptothek München ist nur eine römische Kopie des griechischen Originals. Sokrates selbst gründete seine Lehren auf der Erkenntnis, nichts zu wissen.

und Streit, die einander periodisch ablösen. Die Seele stammt aus der Welt der Götter und wurde über verschiedene Einkörperungen auf die Erde verschlagen. Durch ein reines Leben können die Menschen über immer edlere Einkörperungen ihrer Seele wieder zur Gemeinschaft mit den Göttern kommen. Empedokles' Lehren übten großen Einfluss auf Platon und Aristoteles, den Stoiker Zenon, die Epikureer und Lukrez aus. Die Legende von seinem heldenhaften Freitod, dem Sturz in den Krater des Ätna, regte Hölderlin zu einer – unvollendeten – dramatischen Nachdichtung an.

Zenon

* etwa 490 v. Chr. † 430 v. Chr.

Zenon von Elea war der Schüler des Parmenides, der in Elea, südlich von Paestum in Unteritalien, eine Philosophenschule gegründet hatte. Er verteidigte die Seinslehre seines Meisters, wonach nur das denkend erfasste Sein wahrhaft ist, die sinnliche Vielfalt des Werdens und Vergehens nicht ist, mit solchem Geschick, dass man ihn den Erfinder der Dialektik, den Entdecker des Satzes vom Widerspruch genannt hat. Denn indem er – in indirektem Beweis – Hypothesen über das Viele und die Bewegung aufstellte, die zu Widersprüchen, den bis heute berühmten „Zenonischen Aporien", führen, suchte er die Wahrheit des einen gedachten Seins zu sichern. Bekannt ist das Argument, dass Achill eine Schildkröte nicht einholen könne, da die unendlichen Teile des sich verkleinernden Vorsprungs nicht in endlicher Zeit zu durchlaufen sind; die These, dass ein fliegender Pfeil ruht, da er in jedem Moment seiner Bahn an einem bestimmten Ort sei; oder der Satz, dass ein halber Zeitabschnitt gleich dem ganzen sei, je nachdem die Bewegung eines Körpers an einem ruhenden oder ebenso schnell entgegenkommenden Körper gemessen wird. Sollte dies den Mangel der Sinnlichkeit, die Undenkbarkeit der Bewegung zeigen, so lag doch in den scharfsinnigen Beweisen ein wichtiges Problem: die begriffliche Beherrschung eines Kontinuums.

Protagoras

* etwa 485 v. Chr. † 415 v. Chr.

Protagoras lebte in Athen als Lehrer für Beredsamkeit und Unterweiser in der „Arete", d. h. in der Kunst der tugendhaften und tüchtigen Lebensführung. Als solcher war er einer der frühesten und auch der erfolgreichsten Sophisten. Perikles ehrte ihn 444 v. Chr., indem er Protagoras mit der Ausarbeitung eines Gesetzeswerks für die neu gegründete Kolonie Thurii im Golf von Tarent beauftragte. Sein Aufsehen erregender, für den Fortgang des philosophischen Denkens folgenschwerer Leitgedanke war, dass der Mensch das Maß aller Dinge sei. Damit setzte er sich zugleich bewusst in Widerspruch zum geforderten unbedingten Glauben an die Existenz der Götter. In Bezug auf das Wissen um die Götter nahm er eine zweifelnde Haltung, eine Haltung des Nichtwissens ein. Damit gab er der philosophischen Richtung des Skeptizismus, die in den Schulen der Sophisten vertreten wurde, ein dauerhaftes Fundament. Der nicht unbestrittenen Überlieferung zufolge soll Protagoras vom „Rat der 400" der Stadt Athen wegen seines Atheismus verbannt worden sein.

Sokrates

* 470 oder 469 v. Chr. † 399 v. Chr.

Mit Sokrates aus Athen, der selbst seine Lehre niemals schriftlich niederlegte, beginnt eine neue Epoche der griechischen und damit der europäischen Philosophie. Nachrichten über ihn besitzen wir von Platon, Xenophon, Aristoteles, Aischines sowie, in karikierender Komödienform, von Aristophanes. Demnach wurde er in Athen als Sohn eines Bildhauers und einer Hebamme geboren. Er las die Schriften der alten Weisen und hörte Vorträge der Sophisten. Sokrates nahm an mehreren Feldzügen seiner Vaterstadt teil. 399 wurde er wegen Verführung der Jugend und Einführung neuer Götter zum Tode durch den Schierlingsbecher verurteilt. Die besten Beschreibungen seines Lebens und Denkens geben einige Dialoge seines Schülers Platon, vor allem die „Apologie" (Verteidigungsrede des Sokrates). Das Interesse des Sokrates galt, im Gegensatz zu den Naturphilosophen und den Sophisten, dem richtigen Leben des Menschen. Im Zwiegespräch auf dem Markt und in den Straßen suchte er das Richtige. Es ergab sich, dass seine Gesprächspartner gar nicht wussten, was sie zu wissen vorgaben. Sokrates war ihnen überlegen, weil er wusste, dass er nichts weiß. Seine Ironie verhalf den Partnern seiner Dialoge für sich zu derselben Einsicht. Mit der Maieutik (Hebammenkunst) brachte er dann die in den anderen schlummernden Wahrheiten ans Licht: Tugend ist ein Wissen. Sie wird

„Der Mensch ist das Maß aller Dinge. Derjenigen, die sind, so wie sie sind. Derjenigen, die nicht sind, so wie sie nicht sind."

Protagoras

„Keiner von uns, so kann man wohl sagen, weiß etwas Schönes und Gutes. Aber dieser glaubt zu wissen und weiß nicht, ich aber, der ich ebensowenig weiß, glaube es nicht. Daher scheine ich ein wenig weiser zu sein als er, da ich nicht glaube zu wissen, was ich nicht weiß."

Sokrates

durch Selbstbeherrschung realisiert. Niemand tut mit Wissen das Unrechte. Das Gute ist das Gesunde und Förderliche. Mit Sokrates' Denken wurde Philosophie Untersuchung der Begriffe. Seine Methode der Unterredung entwickelte sich später zur Dialektik, die bei ihm oft das Gespräch in notwendigen Widersprüchen (Aporien) enden ließ. Der Gegenstand seiner Untersuchungen machte ihn zum Schöpfer der Ethik. Sein bedeutendster und selbstständigster Schüler war Platon. Außerdem entstanden im Wesentlichen zwei verschiedene sokratische Schulen. Einmal die des Aristipp von Kyrene (zwischen 435 und 355) oder die Kyrenaiker. Dieser Schule ging es weniger um die begriffliche Bestimmung des Richtigen als um Orientierung am eigenen Wohlbefinden (griechisch hédoné; daher auch Hedoniker). Besinnung und Einsicht brauche man, um die beste Art des Wohlbefindens mit einer Messkunst der Lust herauszufinden. Die andere sokratische Schule war die des Antisthenes (etwa 440–etwa 366) und der Kyniker. Auch bei ihr trat die Ethik ganz ins Zentrum. Wahre Glückseligkeit brächte nicht das Wissen, sondern das Handeln. Es müsse zur Selbstbezwingung führen. Tugend sei Enthaltsamkeit vom Schlechten, daher Bedürfnislosigkeit. Zum Ideal der Kyniker wurde der Naturzustand ohne Rücksicht auf Konventionen. Von daher kommt die heutige Bedeutung des Wortes „Zyniker". Berühmtester Vertreter dieser Richtung war der bettelarme, schlagfertige Dioge-

nes von Sinope (um 412–323 v. Chr.). Die Kyniker entwickelten die Idee des Kosmopolitismus, des Weltbürgertums. Ihre Lehre wirkte in der Stoa weiter. Eine weitere von Sokrates herkommende Schule, die des Euklid von Megara, versuchte das Prinzip des Guten mit dem metaphysischen Begriff des Einen zu verbinden. Nach ihrer Auffassung gibt es nur ein Seiendes und dieses ist das Gute. In der Neuzeit haben besonders Hegel, Kierkegaard und Nietzsche die Bedeutung des Sokrates herausgestellt.

Demokrit

* 460 v. Chr. † 371 v. Chr.

Demokrit war einer der bedeutendsten Philosophen der griechischen Antike und lebte in Abdera/Thrakien. Er unternahm in seiner Jugend ausgedehnte Forschungs- und Bildungsreisen, vor allem nach Ägypten und in den Orient. In seine Heimatstadt zurückgekehrt, widmete er sich ganz seinen philosophischen Studien. Demokrit wurden im Altertum 60 Schriften zugeschrieben, die er in 15 Tetralogien veröffentlicht haben soll und die wohl die Gebiete der Naturphilosophie und -wissenschaft, Mathematik, Ästhetik, Ethik, Grammatik, Technik und Politik zum Gegenstand gehabt hatte. Es sind indessen nur spärliche Bruchstücke dieser Schriften erhalten geblieben, und die Forschung musste seine Philosophie aus dem, was spätere Philosophen wie Platon, Aristoteles und Epikur über sie sagen, rekonstruieren. Demokrit begründete die Theorie des Atomismus, nach der die Welt aus zahllosen kleinsten und nicht wahrnehmbaren Substanzen besteht, die, weil sie nicht teilbar sind, Atome genannt werden. Es geschieht in der Welt der Atome nichts zufällig, sondern alles aus einem Grunde und unter dem Zwang der Notwendigkeit. Die Seele besteht aus kleinsten, glatten und runden Atomen, die durch den ganzen Leib verbreitet sind. Damit wird Demokrit zum Verkünder eines streng mechanistischen Weltbildes und, da er jede außerhalb der Welt wirkende Gottheit ausschließt, zum ersten materialistischen Philosophen (wie weit ihm dabei Leukippos vorausging, ist umstritten). Demokrits Philosophie, im alten Griechenland neben der des Platon und der des Aristoteles die einflussreichste, war seit Beginn der christlichen Zeit in Vergessenheit geraten und wurde erst von Francis Bacon, dem ersten Philosophen der Neuzeit, wiederentdeckt.

Bild linke Seite:
Jacques-Louis Davids Gemälde „Der Tod des Sokrates" befindet sich im New Yorker Metropolitan Museum of Modern Art.

Bild rechte Seite:
Demokrit als fröhlicher Weiser – ein Bild, das seinem streng mechanistischen Weltbild zu widersprechen scheint.

Bild linke Seite: Auch Platons Kopf findet sich in der Münchner Glyptothek. Der Begründer der Metaphysik stellte erstmals die Vergänglichkeit der Existenz der Unendlichkeit der Ideen gegenüber.

Bild rechte Seite: Platons Philosophenschule in einem attischen Hain.

Platon

* 427 v. Chr. † 348 oder 347 v. Chr.

Er war der erste europäische Philosoph, der, indem er ausdrücklich und wertend zwischen Sinnlichem und Geistigem unterschied, die spezifisch abendländische Metaphysik einleitete. Damit stellte er der nachfolgenden Philosophie das Schema von vergänglicher Wirklichkeit und ewigem Gedankenreich zur Verfügung, das bis in die Gegenwart bestimmend blieb. Der englische Philosoph Alfred North Whitehead konnte deshalb sagen, die ganze seitherige Philosophie bestehe lediglich aus „Fußnoten" zu Platon. Platon war Athener und entstammte, wie sehr viele der älteren griechischen Philosophen, einer vornehmen Familie. Er erhielt eine sorgfältige Ausbildung; bestimmend aber für sein Leben wie für sein Denken war der siebenjährige vertraute Umgang mit Sokrates. Die ersten Philosophen fragten, was das Wahre sei. Sokrates fragte nach dem Guten. Platon entwickelte diese Problematik weiter, indem er nach dem Zusammenhang zwischen dem Wahren, dem Guten und dem Schönen fragte. Sokrates hatte seine Gedanken nur im Gespräch entwickelt; Platon führte, um die sich ihm ergebenden Probleme angemessen darstellen zu können, deshalb schon in seinen ersten Schriften die neue literarische Technik der Unterredung, des Dialogs, ein. Diese Technik hängt, schon vom Wort her, mit der Dialektik zusammen, als deren eigentlicher Erfinder Platon gelten kann. „Dialegesthai" bedeutet im Griechischen „sich unterreden". Dialektik heißt dann bei Platon, in Rede und Gegenrede, mit Fragen, Thesen und Einwänden durch Widersprüche hindurch die Suche nach der Wahrheit voranzutreiben. Es ist jedoch charakteristisch für die frühen Dialoge, die so genannten Tugenddialoge (z. B. „Laches", „Charmides", „Lysis"; sie behandeln Tapferkeit, Besonnenheit, Freundschaft und Liebe), dass sie in Widersprüchen, den so genannten Aporien, stehen bleiben. Das liegt daran, dass Platon einerseits wohl in seiner Intention, Sokrates zu Wort kommen zu lassen, philosophisch nicht über dessen Eingeständnis hinausgehen wollte, nur über das eigene Nichtwissen Bescheid zu wissen; andererseits wollte er auf eine sachliche Schwierigkeit aufmerksam machen. Durch unmittelbaren Zugriff nämlich ist die reine Wahrheit nicht zu fassen. Das hängt mit Platons Konzeption der Wirk-

lichkeit im Ganzen zusammen, die von der Ideenlehre her bestimmt ist. Diese Lehre, der Hauptpunkt der Platonischen Philosophie, ist freilich erst später von ihm ausgesprochen worden. Zwischen Sokrates' Tod (399 v. Chr.) und der Gründung einer eigenen Schule, der Akademie (387), liegen Platons „Wanderjahre". Er besuchte zum Beispiel Dionysos, den Tyrannen von Syrakus, und versuchte auf dessen mutmaßlichen Nachfolger Dion Einfluss zu nehmen; Platon glaubte nämlich, wie aus seiner später geschriebenen Philosophie des Staates hervorgeht, dass es das Beste sei, wenn Philosophenkönige herrschten. Als er in Syrakus scheiterte, ging er nach Athen zurück und widmete sich ganz der Philosophie. – Die Ideen sind so etwas wie die Urbilder der Dinge. Sie sind ewig und nicht erschaffen. Und die einzelnen Dinge der Sinnenwelt sind, was sie sind, dadurch, dass sie an den Ideen teilhaben. Wenn man etwas als etwas erkennt, zum Beispiel ein Haus als ein Haus, dann geschieht das dadurch, dass man in ihm den Abglanz der Idee des Hauses wahrnimmt. Denn angesichts vieler ganz verschieden gebauter Häuser wäre es sonst nach Platons Meinung nicht zu erklären, wie man jeweils an ihnen dieses eine sieht: dass sie Haus sind. Das für uns Befremdliche liegt darin, dass die Ideen nicht etwa Gedanken, vom Philosophen hervorgebrachte Erkenntnisbegriffe sind, sondern vielmehr für sich seiende eigenständige Wesenheiten, zu denen hin als dem wirklich Wahren die Gedanken streben. Die Beständigkeit des Seienden in allem Wandel beweist auch, dass die Ideen nicht etwa nur zur Leitung der menschlichen Erkenntnis dienen, sondern dass sie zugleich das sind, was Beständigkeit überhaupt verleiht. Die Ideen bilden ein eigenes Reich. Und genauso, wie es unter den Dingen mehr oder weniger verwandte Gegenstände gibt, so gibt es auch gleichstrukturierte Ideengruppen, deren Gleichartigkeit durch eine übergeordnete Idee gewährleistet ist. So kommen z. B. die Ideen der vier Kardinaltugenden, Weisheit, Besonnenheit, Tapferkeit, Gerechtigkeit, erst einmal in der Idee des Guten überein. Die Stufen der Ideen reichen dann bis zur Idee der Einheit des Einen, die das äußerste Problem darstellt. Mit ihm beschäftigt sich allerdings erst das Spätwerk Platons. Im „Symposion", dem „Gastmahl", einem seiner schönsten und klarsten Werke, beschreibt Platon den Aufstieg der Seele im Reich der Ideen. Die treibende Kraft dieses Aufstiegs ist der Eros, das Verlangen, das sich zunächst auf die sinnliche Schönheit richtet. Danach geht es auf die Schönheit der Seele, von der es schließlich übergeht zur Schönheit der Erkenntnisse. Weil Eros aber auch zeugend ist, bringt er selber

„Jetzt ist es Zeit, dass wir von dannen gehen, ich um zu sterben, ihr um zu leben. Wer von uns aber einem besseren Lose entgegengeht, das weiß niemand als der Gott."

Platon

„Die Gesetze, glaube ich, sind von den schwachen Menschen und der großen Masse gemacht. Zu ihren Gunsten und zu ihrem eigenen Nutzen stellen sie die Gesetze auf, sprechen sie Lob und Tadel aus. Die Stärkeren unter den Menschen und diejenigen, die imstande sind, ein Übergewicht zu erlangen, wollen sie einschüchtern."

Platon

Bild rechte Seite: Die schimmernde Majolika zeigt Diogenes von Sinope und Alexander den Großen. Der bescheidene Philosoph erhielt in seiner „Tonne" (diese Bezeichnung entstammt vermutlich einem Übersetzungsfehler) Besuch von dem großen Eroberer. Diogenes' Bitte, Alexander möge ihm aus der Sonne gehen, wurde zum Sinnbild der Kulturverächtung des Weisen.

schöne Erkenntnisse hervor, dabei immer auf der Suche nach dem Anblick der alles Schöne begründenden Idee der reinen Schönheit selber. Angesichts ihrer verharrt die nun geläuterte Seele in Glückseligkeit, und teilnehmend an der Unwandelbarkeit dieser Idee, erlangt sie selbst Unsterblichkeit. Dieser Weg der Seele kann klarmachen, warum Platon das wahre Philosophieren für ein Sterben und zugleich für das wirkliche Leben hält. Diese Philosophie wird aufgebaut in den Dialogen vom „Gorgias" bis zum „Theaetet" (etwa 366), mindestens aber bis zur „Politeia" und besonders klar im „Phaidon", der den Tod des Sokrates erzählt und Sokrates die Unsterblichkeitslehre des reifen Platons entwickeln lässt. Das Spätwerk Platons, etwa „Parmenides", „Phaidros", „Sophistes", „Politikos" und „Timaios", beschäftigt sich mit dem Wesen des inneren Zusammenhangs der Ideen untereinander. Das Gemeinsame aller Ideen ist ihre Ideenhaftigkeit. Als bestimmte trägt aber jede das Merkmal der Andersartigkeit. Gleichheit und Andersartigkeit in einem sind die dialektischen Bestimmungen der Idee. Die Beziehung einer jeden auf alle anderen gehört zu ihr. Aber was macht ihre Einheit aus? Was ist überhaupt Einheit? Wenn man sie als seiend denkt, so führt das in Widersprüche. Nur als „überseiend", strukturierend nach Art von Kategorien, kann sie gedacht werden. Mit ihrer Hilfe wird dann in tiefsinnigen Spekulationen im „Timaios" eine Theorie des Kosmos entworfen, die erst in jüngster Zeit wieder das Interesse ernsthafter Naturwissenschaftler wecken konnte. In diesen letzten, schwierigsten Werken formulierte Platon der nachfolgenden Philosophie ihre Grundprobleme vor, ohne diese, anders als spätere Philosophen, einengend zu systematisieren. Diese Schwierigkeiten des Spätwerks haben einige Interpreten dazu veranlasst, aus verstreuten Stellen in Platons Werk, besonders im siebten Brief und am Schluss des „Phaidros", wo Platon eine scharfe Ablehnung jeder schriftlichen Fixierung letzter philosophischer Einsichten ausspricht, eine nicht schriftlich fixierte, „esoterische" Lehre Platons zu rekonstruieren (heute die so genannte Tübinger Schule oder Ungeschriebene Lehre). Es bleibt aber fraglich, ob angesichts des streng konzipierten literarischen Werks Platons, das selber ja auf eine letzte unaussprechbare Einheit von Denken und Sein hinführen will, eine derartige Rekonstruktion überhaupt sinnvoll genannt werden kann. Ein deutliches Zeichen für die sofort einsetzende ungeheure Wirkung der Platonischen Philosophie ist die Tatsache, dass alle seine Werke erhalten sind. Von Anfang an wurde allerdings die Geschichte des Platonismus auch von grundsätzlicher Kritik begleitet (Aristoteles, Nietzsche).

Diogenes von Sinope

* 400/390 v. Chr. † 328/323 v. Chr.

Diogenes begründete die kynische Lebensphilosophie. Auf seinem Grab in Korinth stand das Marmorbild eines Hundes (griechisch: „Kyon", daher Kynismus). Denn seine „Schamlosigkeit", die alle nicht in der Natur begründeten gesellschaftlichen Konventionen als Vorurteile missachtete und ihn angeblich alle Bedürfnisse, auch den Sexualtrieb, in der Öffentlichkeit befriedigen ließ, hatten ihm den Spitznamen „Hund" eingetragen, den er provozierend übernahm. Er versuchte rigoros, ein Leben der Selbstgenügsamkeit und Bedürfnislosigkeit zu führen, schlief in einer Tonne, brauchte keine Geräte beim Essen, trank aus der

hohlen Hand und begnügte sich mit einem einzigen Kleidungsstück.

Mit „Zynismus" tadelte er die Torheiten seiner Mitmenschen und suchte sich für seine Provokationen gerade die hochzivilisierten Städte, vor allem Athen, aus. Eine Unzahl von Legenden und Anekdoten verbindet sich mit diesem populären Lebenskünstler. Bei Tage soll er einmal ein Licht angezündet und erklärt haben, er suche einen Menschen. Von einem Zusammentreffen mit Alexander dem Großen wusste man zu berichten: Der Herrscher stellte dem Philosophen einen Wunsch frei und Diogenes, der sich gerade sonnte, antwortete schlagfertig: „Geh mir ein wenig aus der Sonne." Der große Eroberer reagierte gemäß Plutarchs Bericht erstaunt, wenngleich beeindruckt: „Wäre ich nicht Alexander, ich wollte Diogenes sein."

„Eine gute Bildung ist für die Jugend ein Zuchtmittel, für das Alter ein Trost, für den Armen Reichtum und für den Reichen ein Schmuck."

Diogenes

„Nicht um zu wissen, was die Tugend ist, machen wir die Ethik zum Gegenstand unserer Betrachtung, sondern damit wir tugendhafte Menschen werden, denn was hätten wir sonst für einen Nutzen davon?"

Aristoteles

„Es ist offensichtlich, dass der Staat ein Werk der Natur ist und der Mensch von Natur aus ein staatenbildendes Lebewesen."

Aristoteles

Aristoteles

*384 v. Chr. † 322 v. Chr.

Aristoteles ist neben Plato der fruchtbarste griechische Philosoph. Er stammt aus einer angesehenen und wohlhabenden Arztfamilie der makedonischen Stadt Stagira auf der Halbinsel Chalkidike und erhielt die bestmögliche Ausbildung. 367 kam Aristoteles 17-jährig nach Athen, um die vom damals schon 60-jährigen Plato geleitete Wissenschafts- und Philosophieschule, die Akademie, zu besuchen. Sie war zu dieser Zeit eben Treffpunkt für viele hervorragende Gelehrte aus allen Teilen Griechenlands. Plato verfasste in rascher Abfolge seine bedeutsamsten Dialoge. Sehr bald erkannte Plato die außerordentliche Begabung des jungen Aristoteles, dem man in der Akademie bald den Spottnamen „der Leser" gab, weil er Bücher nicht nur „hörte" – Bücher wurden damals durch öffentlichen Vortrag veröffentlicht –, sondern als einer der Ersten zum heute noch üblichen stillen Bücherlesen weiterschritt und sich aus dem, was er las, eine große Exzerptensammlung anlegte. 347, im Todesjahr Platos, verließ der makedonenfreundliche Aristoteles das damals politisch antimakedonisch eingestellte Athen. In Assos an der kleinasiatischen Küste, seit 345 in Mytilene auf der Insel Lesbos, setzte er seine wissenschaftliche Forschungstätigkeit fort, allerdings mit bereits spürbarer Verschiebung des Interesses. Hier lernte er seinen Lieblingsschüler, den späteren wissenschaftlichen Erben und Fortsetzer seines Werkes, Theophrast, kennen. 343 bat ihn der Makedonierkönig Philipp II., der Vater Alexanders des Großen, die Ausbildung seines Sohnes zu leiten. 334, nachdem Athen unter makedonischen Einfluss gekommen war, kehrte Aristoteles wieder nach Athen zurück. Im „Lykeion" erteilte er Unterricht und ging seinen Forschungsinteressen nach. Zu diesem Zweck baute er hier eine wissenschaftliche Forschungsgemeinschaft größten Stils auf. Unter seiner Leitung trugen die Mitglieder seiner Schule philosophische, philosophiehistorische, naturwissenschaftliche, medizinische, historische, archivarische, politische und philologische Materialien zusammen. Nach Alexanders Tod (323) floh er erneut aus dem ihm noch immer unfreundlich gesonnenen Athen, da ihm – wie einst dem Sokrates – ein Prozess wegen Gottlosigkeit drohte, und zog sich nach Chalkis auf der Insel Euböa in das Haus seiner Mutter zurück. Schon im Oktober 322 starb er hier an einer Krankheit.

Lehre. Aristoteles hat kein geschlossenes philosophisches System aufgebaut. Wohl aber lässt sich aus seinen vielen Einzelschriften eine philosophische Gesamtkonzeption herauslösen. Sie erklärt sich in ihrer Eigenart zu einem erheblichen Teil aus der philosophischen Diskussion, die man zur Zeit des Aristoteles vor allem in der Akademie führte. Man hatte dort Parmenides' Lehre aufgegriffen. Nach ihr ist nur das voll erkenn- und verstehbar, was immer sich selbst gleich bleibt. Das bedeutet: Von der gesamten Natur, die ja dem Entstehen, Sichverändern und Vergehen unterliegt, gibt es keine Wissenschaft im Sinne eines sicheren, immer gültigen Wissens. Damit waren drei Fragen gestellt: Ist wissenschaftliches Naturwissen unmöglich? Gibt es sich immer gleichbleibende Strukturen im sich stets verändernden Naturgeschehen, mit deren Hilfe sich eine Wissenschaft der Natur aufbauen ließe? Wie weit reicht die Verbindlichkeit der menschlichen Erkenntnis? Platos Ideenlehre versuchte diese Frage gleichsam von oben her zu beantworten: Wir können zwar keine Wissenschaft von den Dingen und Erscheinungen der Natur aufbauen, wohl aber von den „Naturen“ der Naturdinge und -erscheinungen, denn das Wissen um sie wird bei aufmerksamem Umgang mit der Natur in uns geweckt.

Aristoteles versuchte die Lösung von unten her. Auf allen Gebieten, auf denen er wissenschaftlich arbeitete, also der Logik, der Metaphysik, der Naturphilosophie, der Ethik und der Philologie, sammelte er zunächst die konkreten, mit den Sinnen wahrnehmbaren Einzelerscheinungen und versuchte sie dann sinnvoll zu ordnen. Zu diesem Zweck schon muss er die Einzelerscheinungen vergleichend daraufhin beobachten und zergliedern, ob ihnen bei aller Verschiedenheit nicht auch übergreifende und umfassende Gemeinsamkeiten zu eigen sind; denn erst sie ermöglichen eine sinnvolle Ordnung der scheinbar verwirrenden Vielfalt der Einzelphänomene. Unbemerkt hat Aristoteles damit Parmenides' Wissenschaftsbegriff erweitert: Wissenschaft ist jetzt nicht mehr nur sicheres, immer gültiges Wissen, sondern auch das Sammeln und Ordnen der Einzelerscheinungen unter übergreifenden Gesichtspunkten.

So beobachtet Aristoteles unser Denken und Sprechen, findet seine „drei Grundelemente“, den Begriff, das Urteil und den Schluss (Syllogismus), und baut aus ihnen die Logik auf, die Wissenschaft vom Denken und Sprechen. Der „Begriff“ ermöglicht es uns, zahllose voneinander verschiedene Dinge in einem und auf einmal zu sagen: „Baum“ statt Kiefer, Eiche, Lärche. Er sagt nicht mehr genau das Einzelding aus, sondern etwas an ihm, etwas Wesentliches zumeist. Alle unsere Begriffe lassen sich auf die oben genannten zehn Grundtypen, die Kategorien, zurückführen. Mithilfe der „Definition“ lässt sich ein Begriff richtig bilden: Man stellt die nächsthöhere Gattung eines Begriffs fest, bei „Indianer“ also „Mensch“, und gibt das Unterscheidungsmerkmal an, wodurch sich dieser Begriff von gleichartigen Begriffen abhebt: „Indianer“ hebt sich von „Schwarzer“ durch das Merkmal „rothäutig“ statt „schwarzhäutig“ ab. Damit ist „rothäutiger Mensch“ die Definition für „Indianer“. Begriffe sagen immer Allgemeines aus, Konkretes wird durch Namen bezeichnet. Wir kommen zu Begriffen, indem wir an den Einzelerscheinungen Nebensächliches Schritt für Schritt weglassen und so aus der Vielfalt allmählich ein gemeinsames Allgemeines herauslösen: Mensch aus Indianer, Schwarzer, Weißer.

Bild rechte Seite:
Die Marmorbüste von Aristoteles ist eine römische Kopie und gehört zur Sammlung des Kardinals Ludovico Ludovisi. Aristoteles' reiche philosophische wie wissenschaftliche Tätigkeit verfolgte stets die Linie „von unten nach oben“, also von dem sinnlich wahrnehmbaren Einzelnen zum allgemeinen Prinzip.

„Denn eine Schwalbe macht noch keinen Frühling und auch keinen Tag; ebenso macht auch ein einziger Tag oder eine kurze Zeit niemanden gesegnet oder glücklich."

Aristoteles

Bild linke Seite:
Das Gemälde von Francesco Hayez – zu sehen in der Gallerie dell'Academia in Venedig – zeigt Aristoteles in schlichtem Gewand und freier Natur.

Aristoteles nennt diesen Vorgang Abstraktion und deutet die dabei gefundene allgemeine Form als eine ursprüngliche Leistung unseres Geistes und nicht als eine aus vielen Einzeldaten mechanisch errechnete Durchschnittsallgemeinheit. Verbindet man mehrere Begriffe, um eine Aussage über die Wirklichkeit zu machen, so ist das ein „Urteil"; z.B.: „Indianer sind schwindelfrei." Urteile sollen wahr sein; sie sind es, wenn die Aussage den Sachverhalt so wiedergibt, wie er ist. Drei in bestimmter Weise zusammengefügte Urteile bilden einen „Schluss". Aus: „Alle Menschen sind sterblich – Sokrates ist ein Mensch – Sokrates ist sterblich" bildet man: „Wenn alle Menschen sterblich sind und Sokrates ein Mensch ist, dann ist auch Sokrates sterblich". Weil sich das abschließende dritte Urteil aus den ersten beiden mit Notwendigkeit von selbst ergibt, kann man mithilfe des Schlusses Beweise liefern und Widerlegungen führen.

Auf dem Weg über naturwissenschaftliche Einzelforschung, über genaue Beobachtung findet Aristoteles bei der Suche nach Grundmerkmalen, die allen Einzelphänomenen zugrunde liegen, zu einer bestimmten metaphysischen Grundkonzeption. Er reflektiert und systematisiert sie und begründet damit die Metaphysik als eigenständige Wissenschaft. Nicht was ein Haus ist, interessiert jetzt, sondern was das ist, das es möglich macht, dass ein Haus überhaupt „ist". Gefragt wird nach den letzten Gründen von allem. Deshalb heißt diese Wissenschaft auch „erste Philosophie" im Sinne von „grundlegende Philosophie". Aristoteles selbst nennt sie Theologik, weil in ihr alle Gründe wieder auf einen einzigen Grund zurückgeführt werden, dem er mit Vorliebe die Beschaffenheit „göttlich" zuschreibt. „Sein" ist zunächst das individuelle Einzelding: dieses Mädchen Monika. Es erklärt sich aber nicht aus sich selbst. Man kann nämlich feststellen, dass es von einem Sinnprinzip gesteuert wird, das dafür sorgt, dass es in aller Veränderung immer es selbst bleibt: Der Säugling Monika ist ebenso diese Monika, wie die spätere Frau diese Monika noch sein wird. Aristoteles nennt dieses Sinnprinzip die Form des Dinges. Ihr gegenüber steht als zweites Prinzip der Stoff, also das, was von der Form geformt wird. Stoff bedeutet nicht einfachhin Materie, sondern die an jedem Ding feststellbare Art der Formbarkeit im weitesten Sinn. Der Vorgang der Formung muss aber einen Anfang haben. Den Formungsprozess selbst beschreibt Aristoteles als Übergang von Möglichkeit in Wirklichkeit. Demgemäß muss am Anfang aller Formungsprozesse eine verursachende Wirksamkeit stehen. Sie ist ihrerseits schon Wirklichkeit (und nur Wirklichkeit) und besitzt alle denkbaren Möglichkeiten in Form von Wirklichkeit. Damit ist diese Wirksamkeit die „höchste Wirksamkeit", denn sie ist die Ursache aller Ursachen. Jeder Formungsprozess ist aber auch zielgerichtet. Dieses „Ziel" hat jedes Ding schon im ersten Moment seines Ursprungs in sich. Es ist das schon am Anfang anwesende Ende, wobei Ende Vollendung bedeutet. Aristoteles betrachtet in diesem Sinn den Menschen als die Vollendung des gesamten Naturgeschehens.

Mit diesen vier Bausteinen, gefunden bei der Beobachtung der Einzelphänomene, erklärt Aristoteles die Welt insgesamt. Leben deutet er als Beseelung, das Leben der Pflanze ebenso wie das des Tieres und des Menschen; denn „Seele" ist nichts anderes als die Kraft, nach dem anderswo herkommenden Anfang aus sich heraus seine Vollstufe zu verwirklichen. Dabei verfügt die höhere Seele immer auch über alle Kräfte der unter ihr gelegenen. Eigentliches Kennzeichen der Menschenseele sind daher nicht die vegetativen und sensitiven, sondern die geistigen Fähigkeiten: Verstand, Vernunft und freier Wille, also logisches Denken, Schau der obersten, ewigen Grundsätze des Wahren und Guten und Urteilskraft. Die „Welt" ist der Ort, wo die Formungs- und Bestimmungsprozesse stattfinden. Sie zerfällt in zwei Bereiche, den Bereich unterhalb und den Bereich oberhalb des Mondes. Unterhalb des Mondes gibt es jede Form von Veränderung, oberhalb ist die Welt der ewigen Sterne, die nur Ortsveränderung kennen. Alle Bewegung und Veränderung in der Welt geht jedoch zurück auf einen ersten unbewegten Beweger. Er muss als Anfang aller Prozesse angenommen, als ganz aus sich selbst seiend gedacht und als reine Wirklichkeit und Wirksamkeit gedeutet

„Das Herrschen und Beherrschtwerden überhaupt gehört nicht nur unter die notwendigen, sondern auch unter die nützlichen Dinge. Ebenso unleugbar ist es, dass zwischen gewissen Dingen schon von ihrer Entstehung an sich ein solcher Unterschied findet, wodurch die einen zur Regierung, die anderen zur Abhängigkeit bestimmt werden."

Aristoteles

„Was zu beweisen war."

Epikur

Bild linke Seite:
Euklids Hauptleistung bestand in der Sammlung und Ordnung des mathematischen Wissens seiner Zeit.

Bild rechte Seite:
Epikur gründete neben den Skeptikern und Stoikern die dritte Schule der hellenistischen Zeit. Seine Lehre beruht auf rein materiellen Beobachtungen und verzichtet auf jedes metaphysische Element. Diese Büste befindet sich heute im Berliner Pergamon-Museum.

werden. Für Aristoteles ist das „Gott", nach dem die gesamte Natur sich sehnt und den sie im Menschen erstrebt.

Das Frühmittelalter kannte von Aristoteles nur einen Teil der logischen Schriften, und zwar in der Übersetzung und mit den Erläuterungen des Boethius und in dessen Übersetzung von Porphyrius Einführungsschrift zu den „Kategorien". Erst seit dem 12. Jahrhundert tritt der ganze Aristoteles in den Gesichtskreis des Abendlands und gewinnt bald bestimmenden Einfluss auf die Scholastik. Um 1140 liegen alle logischen Schriften in lateinischer Übersetzung vor. Ihnen folgen bald auch die übrigen Lehrschriften, vermischt mit viel Unechtem. Sie werden teils über die Araber in Spanien bekannt, teils über den griechischen Osten. Während noch 1210 und später die Pariser Universität, das Zentrum des wissenschaftlichen geistigen Lebens im 13. Jahrhundert, das öffentliche Studium der Physik und Metaphysik des Aristoteles verbietet, wird unter dem Eindruck der Werke des Wilhelm von Auvergne, Alexander von Hales, Albertus Magnus und Thomas von Aquin bald schon volle Aristoteles-Kenntnis von den Studenten verlangt. Aristoteles wird für die mittelalterliche Scholastik der Philosoph schlechthin. Seit dem Ende des 14. Jahrhunderts studiert man ihn unter dem Einfluss der Renaissance im griechischen Text. Zeitweise durch die Naturwissenschaften in den Hintergrund gedrängt, übte Aristoteles über die protestantische Schulphilosophie und die offizielle Lehre der katholischen Kirche bleibenden Einfluss auf die abendländische Geistesgeschichte aus.

Euklid

* etwa 365 † 300 v. Chr.

Als „Vater der Geometrie" gilt Euklid von Alexandria, einer der einflussreichsten Mathematiker aller Zeiten. Sein Hauptwerk „Elemente" (15 Bücher) gibt einen systematischen Aufbau der damaligen Mathematik. Mehr als 2000 Jahre lang haben bedeutende und unbedeutende Mathematiker aus diesem Buch Geometrie gelernt. Weitere Bücher sind die „Data", ergänzende planimetrische Sätze, und die „Optik", die sich mit der Lehre von der Perspektive beschäftigt. Die große Bedeutung seines Hauptwerkes „Elemente" liegt darin, dass er die Mathematik systematisch darstellt und mit großer logischer Strenge auf wenige unbeweisbare, aber notwendige und einleuchtende Sätze, die Axiome, zurückführt. Er stellt die Axiome an die Spitze und folgert aus ihnen Schritt für Schritt immer verwickeltere Sätze. So errichtet er das Gebäude der damaligen Mathematik und Geometrie. Die „Elemente" kennen 14 Axiome und 23 Definitionen. Als Euklidisches Beweisverfahren bezeichnet man das Schema Voraussetzung – Behauptung – Beweis.

Epikur

* 341 v. Chr. † 270 v. Chr.

Der griechische Philosoph Epikur, eine vornehme und anziehende Persönlichkeit, ist Vater des bis ins 4. nachchristliche Jahrhundert lebendigen Epikureismus, einer Philosophie, die mehr um praktische verfeinerte Lebenskunst als um exakte theoretische Erkenntnis bemüht ist. Nach philosophischen Studien bei dem Demokrit-Anhänger Nausiphanes gründete er eine eigene Schule, zuerst in Mytilene auf der Insel Lesbos, dann in Lampsakos am Hellespont. 307/306 verlegte er seine Schule nach Athen, nachdem er dort ein größeres Grundstück mit Wohngebäuden, Gemeinschaftsräumen und einem ausnehmend schönen Garten erworben hatte; schon bald hießen seine Schüler „die Philosophen vom Garten". Hier stand Epikur 36 Jahre lang seiner sich als Kultverein verstehenden Schule vor.

Epikur soll viel geschrieben haben. Erhalten sind nur eine Art Katechismus von 40 Lehrsätzen und drei Lehrbriefe, unter denen der Brief an Menoikeus seine Theorie der Lebenskunst am besten zusammenfasst. In neuerer Zeit fand man bei Ausgrabungen zusätzlich einige Fragmente auf Papyrus. Philosophie ist für Epikur eine geistige Tätigkeit, die dem Menschen das Glück verschaffen soll, indem sie ihm den Weg zu größtmöglicher Daseinsfreude weist. Der glückliche Mensch soll ein Gott unter Menschen sein. Das ist nur möglich, wenn der Mensch frei von Schmerzen und seelischen Erschütterungen ist (ataraxia), um im Frieden und der Stille des Gemüts ganz in sich selbst zu ruhen. Er lebt daher maßvoll, zurückgezogen (lathe biosas) und pflegt tiefe Freundschaft mit Gleichgesinnten. Theoretische Voraussetzung für solches Leben ist Epikurs Natur- und

„Wem das Seinige nicht ausreicht, der ist arm, auch wenn er der Herr der ganzen Welt wäre."

Epikur

„Sich über das Kleine erhaben zu machen ist die Schule zur Größe."

Zenon

Seelenlehre. Die atomistisch verstandene Natur ist Ergebnis rein mechanistischer Gesetzlichkeiten, in denen ursachloser Zufall Raum für spontane Entwicklungen schafft. Die materiell verstandene Seele des Menschen zerfällt bei seinem Tod in nichts. So braucht der Mensch weder in Furcht vor den Göttern noch vor einem über ihn verhängten Leben nach dem Tod zu sein, sondern kann in freier Selbstverantwortlichkeit nach vernünftigem Maß als Lebenskünstler den Tag genießen. Nach Epikurs Tod setzten seine Schüler ihre Lebensgemeinschaft unter einem neu gewählten Oberhaupt fort. Ihr Ziel blieb die Heilung der Seele jedes Mitglieds, was oft über sehr individuelle Seelsorge angestrebt wurde. Seit dem 1. Jahrhundert v. Chr. fand die epikureische Lebensform auch Anhänger im römischen Italien; Lukrez' Lehrgedicht „Über die Natur" ist beredtes Zeugnis davon. In der Kaiserzeit verlor jedoch der Epikureismus seinen Einfluss an die mehr Aktivität betonende Lehre der Stoiker.

Zenon

* um 336/335 v. Chr. † 264/263 v. Chr.

Zenon stammte aus Kition in Zypern. Er ging 315/313 nach Athen, wo er sich philosophischen Studien widmete. Zunächst wandte er sich dem Kyniker Krates zu, dessen Persönlichkeit ihm das sittliche Vorbild des Sokrates zu repräsentieren schien, danach Stilpon, einem Vertreter der megarischen Schule, der wie die Kyniker die sokratische Ethik, das Ideal des selbstgenügsamen und tugendhaften Weisen, lehrte. Nachdem er auch noch an der älteren Akademie unter Xenokrates und Polemon das Werk Platons kennengelernt hatte, gründete er um 300 eine eigene Schule, die der Stoiker. Wenn Polemon ihm vorwarf, er habe seine philosophischen Lehren zusammengestohlen, so zeigte diese Kritik, dass Zenon eine auf bestimmte Schulsysteme nicht festgelegte, weltoffene Haltung besaß, die mehr auf Lebenspraxis und Weltweisheit ausgerichtet war, die auch seinen Werdegang schon bestimmt hatten. Zenon sah in der Tugend das höchste Ziel, das sich in einem naturgemäßen Leben, in der Erfüllung der vom Schicksal gegebenen Rolle verwirklicht. So wurde Zenon zu einem hochgeehrten Lehrer, der nach seinem Freitod wegen seiner Weisheit in Athen eine Bildsäule und ein Grabmal auf Staatskosten erhielt.

Hipparch

* um 190 v. Chr. † um 125 v. Chr.

Hipparch gilt als der bedeutendste Astronom des Altertums. Er wurde in Nikäa in Bithynien (Kleinasien) geboren und lebte auf Rhodos, zeitweise vielleicht auch in Alexandria. Über sein Leben ist wenig bekannt. Auch seine Werke sind nicht direkt überliefert, abgesehen von einer Schrift, in der er eine poetische Sternbeschreibung des Dichters Aratos kommentierte. Von seinen wissenschaftlichen Leistungen wissen wir fast ausschließlich durch Ptolemäus. Aufgrund sorgfältiger Beobachtungen und Berechnungen entdeckte Hipparch die verschiedene Länge der Jahreszeiten und führte dies auf eine exzentrische Bewegung der Sonne um die Erde zurück. Er fand auch die durch die exzentrische Mondbahn bedingte Ungleichförmigkeit der Mondbewegung, die sogenannte Mittelpunktsgleichung, für die er allerdings noch keine Erklärung geben konnte. Er bestimmte die Mondentfernung fast richtig auf 59 Erdradien, fand die Präzession und baute die Epizykeltheorie weiter aus. 134 v. Chr. entdeckte er eine Nova im Skorpion, was ihn dazu anregte, den ersten brauchbaren Sternkatalog der astronomischen Geschichte aufzustellen. Hipparch führte auch die Trigonometrie in die Astronomie ein.

Cicero

* 106 v. Chr. † 43 v. Chr.

In der Beurteilung des Schriftstellers, Staatsmanns und Redners Marcus Tullius Cicero ist seit dem jahrzehntelang widerspruchslos akzeptierten Verdammungsurteil durch Theodor Mommsen – der Cicero als eine „gefallene Größe" bezeichnet und ihn der „Charakterlosigkeit" bezichtigt hatte – ein gewaltiger Umschwung eingetreten.

In Cicero findet die lange Auseinandersetzung mit der griechischen Kultur ihren Abschluss; Cicero ist der typische Vertreter der zur Einheit verschmolzenen griechisch-römischen Weltkultur. Er ist der größte römische Redner und der bedeutendste Meister der lateinischen Prosa. Darüber hinaus zeigt sein Leben, welche politische und moralische Bedeutung ein Einzelner haben kann, der in Zeiten der Willkür und Rechtlosigkeit redlich bleibt, ein Mann historischer Größe, „einzig und unersetzlich", wie es Jacob Burckhardt formuliert hat. In der unruhigen Epoche, in der sich die republikanische Staatsform auflöst und die

„Wenn die gesamte politische Handlungsbefugnis in der Hand des Volkes liegt, so ist gerade die Gleichheit eine Ungleichheit, da sie keine Abstufungen nach dem wahren Wert der einzelnen Persönlichkeit zulässt."

Cicero

Bild linke Seite:
Zenon von Kition begründete die Schule der Stoa, die eine heiter-gelassene, „stoische" Lebenshaltung forderte.

Bild rechte Seite:
Der Politiker Cicero beschäftigte sich vorrangig mit sozialen, juristischen und politischen Themen, bei denen er die griechischen mit den römischen Ansichten verschmolz.

Bild linke Seite:
Die Zeichnung von John Leech aus dem Jahre 1850 stellt Ciceros Redegewalt, hier gegen seinen politischen Konkurrenten Catilina, karikaturistisch-überzeichnet dar.

Bild rechte Seite:
Wenzel Hollars Kupferstich feiert das Andenken an den Dichter Lukrez, der seine Sicht der Weltgeschichte und ihre Unabhängigkeit von menschlichem Handeln in dem Lehrgedicht „De rerum natura“ darlegte.

altrömische bürgerliche Lebensordnung zerfällt, in einer Zeit der Rechtsunsicherheit und Diktatur, wo private Armeen im politischen Spiel eingesetzt werden, kämpft Cicero für die alte „res publica“. Der Theoretiker des Völkerrechts und glänzende Stilist kann als Konsul einen der Usurpatoren, Catilina, durch Aufdeckung der „catilinarischen Verschwörung“ unschädlich machen. Nach Cäsars Ermordung hofft er noch einmal, die Freiheit wiederherstellen zu können, und greift rücksichtslos die Terrorherrschaft des Antonius an, unterstützt den jungen Octavian. Als die Machthaber sich dann im Triumvirat (Antonius, Lepidus, Octavian) einigen, wird der Tod des letzten geistig bedeutenden Republikaners beschlossen, denn Cicero wurde zugetraut, dass er es wagen könnte, die untergehende Republik noch zu retten. Er wurde in seinem Landhaus ermordet. Seinen Kopf und seine abgehauenen Hände soll Antonius auf der Rednerbühne in Rom ausgestellt haben. Als Philosoph glaubte Cicero an eine festgefügte moralische und ästhetische Ordnung der Welt. Er ist der große Lehrer klassischen Denkens und klassischer Beredsamkeit bis in unsere Tage, und dass das Latein in seiner Fülle von Ausdrucksmöglichkeiten für Jahrhunderte die Sprache der Gebildeten wurde, ist zum großen Teil ihm zu verdanken. Als Politiker war Cicero ein Mann des Friedens und des Ausgleichs, ein Feind der Extreme. Er hat Pate gestanden bei der Geburt der modernen Demokratien.

Lukrez

* 94 v. Chr. † 55 v. Chr.

Der Dichterphilosoph Titus Lucretius Carus stammte vermutlich aus einer alteingesessenen römischen Aristokratenfamilie und war ein Freund des Memmius, des Mäzens von Catull und Cinna. Darüber hinaus ist wenig aus seinem Leben bekannt. Einem hartnäckigen Gerücht zufolge soll er nach dem Genuss eines Liebestranks in zeitweilige geistige Umnachtung gefallen sein. Die scharfen Angriffe Lukrez' auf die Liebesleidenschaft („De rerum natura", Buch IV) werden gerne herangezogen, um dieses Gerücht zu erhärten. Wahrscheinlicher ist, dass er – von manisch-depressiver Konstitution – an den moralischen Aufweichungen des gesellschaftlichen Lebens in diesem politisch instabilen, von Umwälzungen bedrohten Zeitalter so gelitten hat, dass er schließlich seinem Leben durch Rauschmittel ein Ende bereitete. Lukrez' einziges Werk ist ein in sechs Bücher aufgeteiltes Lehrgedicht – „De rerum natura" („Über die Natur") –, das von Cicero herausgegeben wurde. Das ganz im Geist des epikureischen Materialismus verfasste Werk schildert die Weltentstehung und die Weltgeschichte als einen in sich kausalen, den Leiden der Menschen gegenüber indifferenten Mechanismus. Lukrez' Anliegen war dabei die Ausrottung des Aberglaubens, vor allem jener religiösen Vorstellungen, denen zufolge die Götter strafend, belohnend oder korrigierend in das menschliche Schicksal eingreifen. Der Hauptteil des Werks ist der Rekonstruktion und Darstellung der epikureischen Physik gewidmet – mit den Mitteln der Dichtkunst und erstmals in lateinischer Sprache. Die spontane Zusammenballung und Wiederauflösung einer unendlichen Zahl von Atomen, die sich frei im leeren Raum bewegen, lassen in unablässiger Folge Welten und Lebewesen entstehen. Auch die Seele, die sich aus feinsten rundlichen Atomen zusammensetzt, ist daher ein vergängliches Wesen. Lukrez war wie Epikur ein Feind der passiv-deterministischen Schicksalsgläubigkeit. Als Endziel und Sinn des Lebens galt ihm die individuelle Glückseligkeit. Diese liegt jedoch nicht in der Entfaltung der Sinnlichkeit, sondern beruht wesentlich auf der Freiheit des Willens, die wiederum die Frucht einer durch die Vernunft von den Schrecknissen der Religion und der Todesfurcht befreiten Lebensführung ist. – Ein weiteres Werk, eine Abhandlung über das Wesen der Götter, das er in den „Rerum natura" ankündigte, verfasste Lukrez dann doch nicht mehr.

„Nichts ist so wunderbar und so groß, das nicht durch Gewohnheit nach und nach die Bewunderung verlör' und mindre die Achtung."

Lukrez

„Wie lange ich lebe, liegt nicht in meiner Macht; dass ich aber, solange ich lebe, wirklich lebe, das hängt von mir ab.“

Seneca

Bild linke Seite:
Die Miniatur zeigt den Tod Senecas, angeordnet von Nero, seinem einstigen Förderer, und von dem Philosophen mit stoischer Gelassenheit erwartet.

Philon von Alexandria

* etwa 25 v. Chr. † 40 n. Chr.

Philon von Alexandria war der hervorstechendste Vertreter der alexandrinisch-jüdischen Religionsphilosophie, die den Ausgleich zwischen hellenistischer Bildung und dem Alten Testament durch die unter stoischer Einwirkung aufgenommene allegorische Schriftauslegung erreichte. Philons Werk ist weniger durch denkerische Schärfe als durch tiefe Religiosität ausgezeichnet, und es hat auf die Entwicklung sowohl der christlichen als auch der griechischen religiösen Spekulation herausragenden Einfluss ausgeübt. Er verfasste zahlreiche Schriften, meist Kommentare zu alttestamentlichen Büchern. Seine in sich wenig geschlossene philosophische Gedankenwelt zeigt platonische, stoische und neupythagoreische Einflüsse. Philon fasst den Gottesbegriff transzendent, eigenschaftslos und undefinierbar. Im absoluten Gegensatz zu Gott steht die Materie (griechisch hüle). Zwischen Gott und Materie vermitteln die Mittelwesen, die logoi, die Teilkräfte der allgemeinen Vernunft sind. Die vornehmste Stellung nimmt der logos ein, der Mittler der göttlichen Offenbarung und der Weltschöpfung. Der rein negativen transzendenten Fassung des Gottesbegriffs entspricht eine negative, asketische Ethik und das Ausmünden der Frömmigkeit in die Ekstase, bei Philon in das Anschauen des „reinen Seins der Gottheit“. Von Philons Leben ist historisch nur greifbar, dass er im Jahr 39 n. Chr. im fortgeschrittenen Alter eine Gesandtschaft alexandrinischer Juden zu Kaiser Caligula angeführt hat. Er selbst stammte wohl aus einer der vornehmsten und wohlhabendsten jüdischen Familien seiner Zeit.

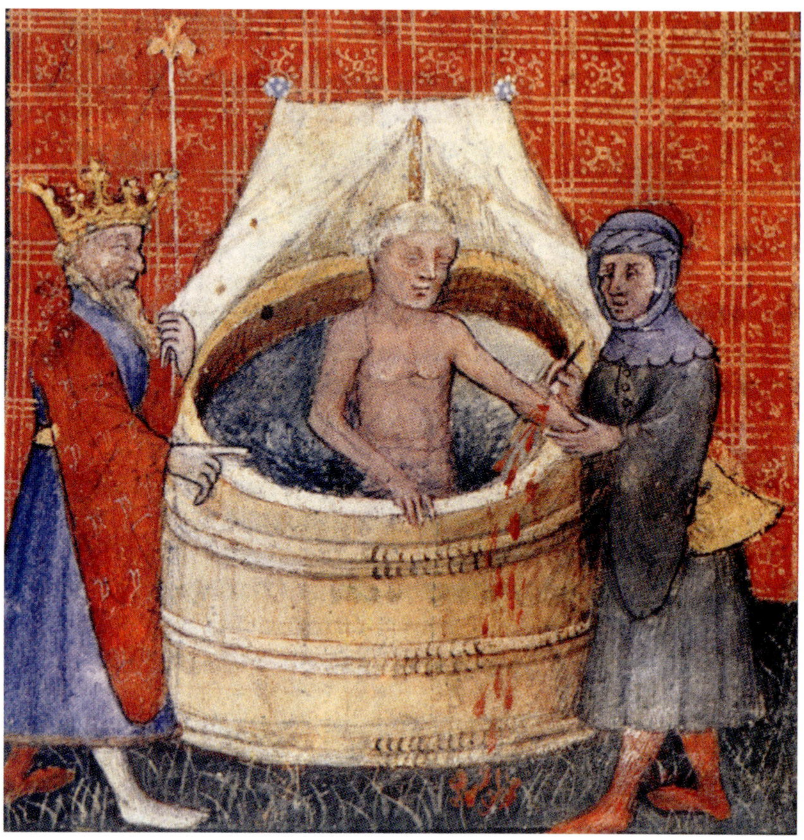

Seneca (Lucius Annaeus) der Jüngere

*etwa 4 v. Chr. † 65 n. Chr.

Sein Vater, Seneca der Ältere, schickte das Kleinkind aus dessen Geburtsstadt Cordoba, Spanien, nach Rom, damit es von Anfang an eine höherwertige Ausbildung genösse. Seneca der Jüngere wurde in Rhetorik – der sich bereits sein Vater intensiv gewidmet hatte – unterrichtet sowie in Grammatik und Philosophie. Besonders sein Lehrer Sotion, Stoiker, aber auch in Ansätzen Pythagoreer, beeinflusste Seneca tief. Nachdem er unter Caligula Mitglied des Senats gewesen war, schickte ihn dessen Nachfolger Claudius 41 in die Verbannung nach Korsika. Hier zeigte sich in den „Trostschriften“, dass die stoische Schicksalserduldung Senecas nicht weit genug reichte. Das Ende Claudius‘ und der Aufstieg der Agrippina, die Seneca zum Erziehungsbeistand ihres Sohnes Nero ausersah, führten 49 zur Begnadigung des gebürtigen Spaniers und seiner Rückkehr nach Rom. Beim Regierungsantritt Neros wurde er dessen Ratgeber und Leiter der Regierungsgeschäfte. Wegen angeblicher Teilnahme an der pisonischen Verschwörung gegen Nero verlor er die Gunst des Kaisers, der ihm 65 den Selbstmord befahl, den Seneca mit stoischer Gelassenheit ausführte.

Als vielseitiger Schriftsteller hinterließ Seneca der Jüngere ein umfangreiches literarisches Œuvre, vorwiegend philosophische Werke, „Der Zorn", „Die Milde", „Die Vorsehung", „Das kurze Leben", die auf der Grundlage stoischer Philosophie eine neue Ethik verkünden. Senecas Werk befasst sich vorrangig mit Fragen der rechten Lebensführung. Glück kann der Mensch nicht aus Reichtum, sondern lediglich aus dem Geist schöpfen; Mittel hierzu sind ein Leben nach den Gesetzen der Natur, aber durchaus auch das politische und soziale Engagement. Die meisten Schriften Senecas richten sich an eine konkrete Person, zumeist aus dem Freundeskreis des Philosophen, der er eine Lehre mitgeben will. So gehören auch 124 moralphilosophische Briefe an seinen Freund Lucilius zum Werk. Darin bezeichnet Seneca unter anderem den aktuellen gesellschaftlichen Zustand als degeneriert gegenüber dem, was die Natur vorsieht; der Mensch besitze nicht mehr das Ganze, weil einzelne Menschen Teile als Eigentum betrachteten. Dabei soll durchaus ein Einzelner eine Führungsposition innehaben. Er muss aber seine Macht ganz in den Dienst der Pflicht stellen. – Des weiteren verfasste Seneca in stofflicher Anlehnung an griechische Heldensagen (u. a. Troades, Medea, Ödipus, Agamemnon, Thyestes) neun Tragödien und eine hassvolle Satire „Verkürbissung" („Apocolocyntosis") auf den ermordeten Kaiser Claudius. Seine physikalischen Untersuchungen („Quaestiones naturales") zu Naturerscheinungen und kosmischen Zusammenhängen wurden bis ins hohe Mittelalter als grundlegendes Lehrbuch benutzt. Dabei behandelte Seneca in diesem Werk die Naturphilosophie unter einem – wie ihm Kritiker vorwerfen – populärwissenschaftlichen Aspekt.

Plotin

*um 205 † um 270

Plotin war der bedeutendste Vertreter des Neuplatonismus. Seine innere Berufung zur Philosophie erfuhr er durch die Begegnung mit Ammonios Saccas, dem Sackträger, bei dem er zusammen mit anderen berühmten Schülern elf Jahre blieb. Später ging er nach Rom, wo er 244 eine Philosophenschule gründete. Er gewann großen Einfluss und bedeutende Schüler wie den Kaiser Gallienus und Porphyrios, den späteren Herausgeber seiner Schriften und Biographen. Bis 268 n. Chr. lehrte Plotin hier. Details über das Leben Plotins sind nicht bekannt; alle Angaben hierzu entstammen der eher knappen Biographie, die Porphyrios Plotins Enneaden voranstellte.

Ähnlich wie die uns nicht erhaltene Geheimlehre des Ammonios, der Plotin nach eigener Auffassung zu folgen meinte, ist Plotins Neuplatonismus eine Weltanschauungslehre, die das Heil der Seele mit begrifflichen Mitteln nicht nur zu erkennen, sondern zu verwirklichen sucht. Das Heil liegt im Doppel des geistigen Strebens und der Begnadung, das zur mystischen Vereinigung mit Gott, zur ekstatischen Erfahrung der Gottähnlichkeit führt. Für die Erkenntnis des Heilsweges bediente sich Plo-

„So bedenke denn erstlich jede Seele dies, dass sie selbst es ist, die alle Lebewesen geschaffen hat und ihnen Leben einhauchte, welche die Erde nährt ... und die göttlichen Gestirne am Himmel; dass sie die Sonne und sie unsern gewaltigen Kosmos geschaffen hat, sie ihn formte, sie ihn in bestimmter Ordnung kreisen lässt; und dass sie das alles tut, als eine Wesenheit, die verschieden ist von den Dingen, die sie formt, die sie bewegt und lebendig macht: dass sie notwendig wertvoller ist als diese, denn sie werden oder vergehen, je wie die Seele sie verlässt oder ihnen das Leben dargibt, sie selbst aber ist immerdar, weil sie sich selbst nicht verlässt."

Plotin

Bild linke Seite:
Dieses bildhauerische Porträt Plotins befindet sich im Museo Ostiense in Ostia.

Bild rechte Seite:
Aurelius Augustinus wird vom Heiligen Ambrosius von Mailand getauft. Augustinus sah die christliche Lehre als die wahre und reinste Form der Philosophie.

tin der rationalen Mittel der Platonischen Philosophie, wie sie ihm der Platonismus der alten, mittleren und neueren Akademie überlieferte.

Betrachtet man den Heilsweg vom Menschen her, ist er zugleich ein Aufstieg zum Ureinen wie eine Rückwendung der körperbehafteten Seele zur reinen Vergeistigung der Gottähnlichkeit, in der alles Glück, die Überwindung irdischen Scheins, die Schau wahren Seins beschlossen liegen. An ihr hat der Mensch seinem Wesen nach teil, wenn er sie auch durch seine sittliche Bemühung ergreifen und entfalten muss. Die Möglichkeit einer solchen Rückkehr beruht der Sache nach in einer Lehre, die die Welt von Gott her zu deuten sucht; auf dem umgekehrten Weg sei Gottes absolute Jenseitigkeit nicht zu erreichen. Selbst dem Irdischen verhaftet, sprach die Philosophie Plotins in Bildern, z. B. vom Ureinen als dem göttlichen Licht, aus dem durch Emanation das Eine, das Sein, das Gute überströmend hervorgehen. Eine derartig umschreibende Sprache ist nötig, da sich das Ureine jeder Bezeichnung absolut entzieht. Gutes, Sein und das Eine dagegen sind Teilhaber dieses Ureinen, ohne ihm jedoch gleich zu sein. Wie auch bezeugt durch Paulus' Hebräerbrief 1,2, ist Gott Urbild, der Geist als Gottsohn ist Abbild dieses Urbildes. Erst aus dem Wesen des Abbildes als dem Inbegriff aller Wesenheiten geht die Welt hervor. Die christliche Trinitätslehre hat hier ihre Wurzel.

In einer Stufenfolge von Emanationen über die Weltseele, die Einzelseele, die sinnliche Welt und die Materie entfernt sich dann das Licht von seinem Ursprung, zu dem aus dem Dunkel seiner stofflichen Entfremdung zurückzukehren die menschliche Aufgabe bleibt.

Porphyrios

* um 234 n. Chr. † 301 oder 305 n. Chr.

Porphyrios (geboren in Tyros unter dem Namen Malik, syrisch für „König“, worauf auch der Name Porphyrios, „der Purpurgewandete, anspielt; gestorben in Rom) war der Schüler zweier bedeutender Anhänger des Ammonios Saccas aus Alexandria, dem Stifter der neuplatonischen Schule. Zuerst folgte er der Lehre des Philologen Longinus in Athen, dann der des Plotin in Rom, dessen Werke und Biographie er herausgab. In zahlreichen Schriften entwickelte er eine umfassende Gelehrsamkeit auf verschiedenen Gebieten und erwarb sich als Lehrer und Kommentator der Gedanken Plotins, aber auch

Platons und Aristoteles' hohes Ansehen. Bis ins Mittelalter berühmt war seine oft übersetzte Schrift „Eisagoge" („Einführung") über fünf aristotelische Grundbegriffe. Mehr noch als Plotin betonte er aber die praktisch-religiöse Aufgabe der Philosophie. Ihr Ziel ist das durch Askese und Gotteserkenntnis gewonnene Seelenheil in der Vereinigung mit Gott, wenn er auch vor magisch-mystischen Praktiken warnte. Eine umfangreiche Schrift „Gegen die Christen" wandte sich kritisch gegen die Vergöttlichung Jesu, dessen Persönlichkeit er gleichwohl hoch schätzte.

Aurelius Augustinus

* 354 † 430

Bedeutendster und einflussreichster Denker des lateinischen christlichen Altertums. Augustinus verlor als 17-Jähriger seinen Vater. In seinen „Bekenntnissen" („Confessiones") schildert er seine pubertären Unsicherheiten bevor er als Student in Karthago einem ungezügelten Leben verfiel. Schon bald gab ihm aber ein festes Liebesverhältnis, aus dem sein Sohn Adeodat (372–388) hervorging, einen gewissen Halt. Bis 385 hielt er seiner Geliebten die Treue und löste schließlich in Mailand das Verhältnis, jedoch mehr auf Betreiben seiner Mutter. Im Verlauf seines Studiums in Karthago begeisterte ihn Ciceros Schrift „Hortensius" – ein Aufruf zu philosophischer Lebensführung im Anschluss an Aristoteles' Schrift „Ermunterung zur Philosophie" – für die Philosophie. Er erkannte sein eigenes Suchen und sich selbst in der darin aufgeworfenen zentralen Frage: Wie gelange ich zu wahrem Glück? Die gegebene Antwort, wahres Glück sei nur in der Philosophie zu finden, weil sie die unsterbliche Weisheit vermittle, blieb bestimmend für sein weiteres Leben. Zwar schloss er sich, abgeschreckt vom Stil der Heiligen Schrift, zunächst der Sekte der Manichäer an, einer religiösen Bewegung, die christliches und altpersisches (Zarathustra) Gedankengut verband, doch blieb er über das Fachstudium hinaus jetzt zeitlebens vom Ideal philosophischer Bildung begeistert. Nach Abschluss seines Studiums wirkte er etwa ein Jahr lang in seiner Geburtsstadt als Lehrer der Grammatik und ließ sich dann als Lehrer der Rhetorik in Karthago nieder. Angeekelt von der Disziplinlosigkeit der karthagischen Studenten verließ er es 383 und ging nach Rom. Im Herbst 384 erhielt Augustinus die Stelle eines Rhetoriklehrers in Mailand. Hier veränderte die Begegnung mit Ambrosius, dem Bischof von Mailand, und mit den Schriften Plotins sein Leben entscheidend. Ambrosius, dessen Güte und rhetorische Fähigkeiten ihn begeisterten, überwand den Manichäismus

„Die Zurechtweisung und die Auflage einer bessernden Strafe ist ein Werk der Barmherzigkeit. Man kann manchen Menschen auch gegen ihren Willen Gutes tun, wenn man es darauf absieht, nicht ihren Willen zu tun, sondern ihren Vorteil zu suchen. Sie selbst sind sich nämlich oft Feind, und die sie für Feinde halten, sind eher ihre Freunde."

Augustinus

„Wandle das Herz, und das Werk wird sich wandeln! Reiß' aus die Begierde, pflanz' ein die Liebe! Wie nämlich die Begierde die Wurzel allen Übels ist, so ist auch die Liebe die Wurzel alles Guten. Warum also murren die Menschen unter sich oder führen Streitgespräche, indem sie sagen: Was ist das Gute? Wenn du doch nur wüsstest, was das Gute ist!"

Augustinus

des Augustinus, da er in seinen Predigten zeigte, dass der christliche Glaube nicht unvernünftig ist und die Heilige Schrift, wenn sie allegorisch ausgelegt wird, wahre Weisheit enthält. Die Lektüre der Schriften Plotins erneuerte in Augustinus das Bestreben, das erstmals bei der Lektüre des „Hortensius" in ihm aufgebrochen war, sich über das Irdische erheben zu können. Gleichzeitig entdeckte er, wie sehr das Ziel des Christentums auch das Ziel der plotinischen Philosophie ist, und kam zu der Überzeugung, der christliche Glaube sei die wahre Philosophie, und wahre Philosophie sei notwendig christlich. So zog er sich 386 zusammen mit einigen Freunden und seiner Mutter, die ihm aus Nordafrika nach Mailand gefolgt war, aus Mailand und dem Lehrbetrieb auf das Landgut eines seiner Freunde zurück, um dort in Askese und philosophischer Muße zu leben. Hier entstanden seine frühen Schriften „Über glückseliges Leben", „Über die Ordnung in der Welt" und „Selbstgespräche". Im Frühjahr 387 kehrte Augustinus nach Mailand zurück und ließ sich Ostern von Ambrosius taufen. Die Schrift „Von der Unsterblichkeit der Seele" ist das Ergebnis dieser wenigen Wochen. Nach seiner Taufe brach er nach Nordafrika auf. Auf der Rückreise starb in Ostia seine Mutter. Er blieb noch etwa ein Jahr in Rom, wo er vor allem die Schriften „Vom freien Willen" und „Über die wahre Religion" abfasste. Wieder in Tagaste lebte Augustinus mit einigen Freunden auf dem väterlichen Grundstück in philosophisch-asketischer Zurückgezogenheit. Zu Anfang des Jahres 391 entdeckte man ihn bei einem Besuch des Gottesdienstes in Hippo und weihte ihn trotz seines Sträubens zum Priester. Seit Ostern dieses Jahres war er Seelsorger in Hippo Regius und wurde 395 dort Bischof. Fast 35 Jahre lang bekleidete er dieses Amt. Es prägte sein Denken wiederum entscheidend. Er neigte jetzt zu einer tiefen Wertschätzung der Demut und stellte tiefsinnige Betrachtungen an über die Probleme Sünde, Gnade und Vorherbestimmung zu Verdammnis und Seligkeit. Als Mann der Kirche bekämpfte er den Pelagianismus, der die Erbsünde leugnete und die Fähigkeit des Menschen zu Selbsterlösung lehrte. Wichtige Schriften aus dieser Zeit seiner größten literarischen Fruchtbarkeit sind seine „Bekenntnisse", „Über die Gnade und den freien Willen", „Über die christliche Lehre", „Über die Dreieinigkeit" und „Vom Staat Gottes", eine groß angelegte Verteidigungsschrift des Christentums gegen Vorwürfe, die Christen seien an dem Fall Roms von 410 schuld. Augustinus starb im 76. Lebensjahr in Hippo Regius.

Lehre. Augustinus' zentrales Problem ist die Frage, wie dem Menschen ein Leben in wahrer Glückseligkeit gelingen könne. Er greift die Antwort der antiken Philosophie, das Glück bestehe im Erreichen und Genießen des höchsten Guten, auf und füllt sie mit christlichem Inhalt, indem er das höchste Gute mit dem christlichen Gott gleichsetzt. Gott erreichen und genießen bedeutet dann, ihn erkennen und schauen, indem man die ewigen und unveränderlichen Wahrheiten erkennt und versteht. Das sei möglich, behauptet er gegen die Skeptiker, die dem Menschen solche Fähigkeiten absprechen; denn schon wenn man – wie diese – behauptet, man könne überhaupt nichts erkennen, gestehe man eine gewisse unveränderliche Erkenntnis ein, nämlich die, nichts zu wissen. Die Darlegung beweist also die Möglichkeit der Erkenntnis. Diese sei zuerst möglich in der unveränderlichen Gewissheit des Selbstbewusstseins, der eigenen Existenz. Unveränderliche Gewissheit aber sei das Merkmal jeder ewigen Wahrheit. Die

„Menschen reisen, um die Höhe der Berge zu bestaunen, die riesigen Wellen des Meeres, die Länge der Flussläufe, die ungeheure Ausdehnung des Ozeans, die Umlaufbahnen der Sterne – und sie gehen an sich selbst vorüber, ohne zu staunen."

Augustinus

Bild rechte Seite:
Der Heilige Augustinus auf dem Altarretabel von Cambridge, um 1320. Augustunus verband die platonische Philosophie mit der christlichen Lehre und setzte Gott mit dem „höchsten Guten" und damit der Basis jeden Glückes gleich.

Bild linke Seite:
Der Heilige Augustinus, „im betrachtenden Gebet" von Botticelli dargestellt.

Bild rechte Seite:
Boethius unterrichtet Studenten mithilfe eines Manuskripts von „Der Trost der Philosophie".

ewigen Wahrheiten seien uns unmittelbar gegeben. Augustinus deutet dieses Phänomen, das man in der Neuzeit die Apriorität des menschlichen Geistes nennt, als göttliche Einstrahlung in die menschliche Seele. Über diese Einstrahlungen hat der Mensch Anteil an Gottes Ideen und damit an Gott selbst. Gott erkennen, indem man aus dem Veränderlichen das sich auf dem Weg der Einstrahlung offenbarende Unveränderliche als seinen Grund herauslöst und darin an Gottes Leben teilnimmt, heißt ein Leben in innerem Glück führen: Ein solcher Mensch lebt in der Ruhe inneren Friedens, aus dem heraus er die Welt als geordnete Ganzheit verstehen kann. Gott selbst deutet Augustinus als eine in einer Dreiheit lebende und wirkende Einheit. Sie ist einerseits die Zusammenfassung und positive Aufhebung aller uns erkennbaren unveränderlichen Wahrheiten, andererseits der Grund, von dem die wandelbare Welt ausgeht und in den sie wieder einmündet. Die Dinge entstehen nach ihren Ideen im Geist Gottes. Mithilfe von Keimkräften, die in der Materie verborgen vorhanden sind, wird alles Werden sinnvoll auf ein Ziel hingesteuert: auf seine Vollendung und Erfüllung in Gott. Augustinus deutet damit die Welt- und Menschheitsgeschichte nicht mehr, wie in der antiken Philosophie üblich, als einen immer wiederkehrenden Kreislauf, sondern als einmaligen linearen Ablauf von der Schöpfung bis zum Endgericht. Das Endgericht ist die letzte Entscheidung des Kampfes, der die Weltgeschichte ausmacht: des Kampfes zwischen Gottes- und Teufelsreich, das heißt zwischen denen, die sich in einer Gemeinschaft der Gottes- und Menschenliebe zusammenfinden, und denen, die aufgrund der ihnen gemeinsamen Selbstsucht eine gegnerische Scheingemeinschaft bilden. In seiner Gnadenlehre versteht Augustinus auch den Glauben selbst als Gnade Gottes. Gott ist das Leben der Seele. Es wird greifbar als Freude am Ewigen. Sünde ist Abkehr vom Ewigen und Hinwendung zur Welt als einem Eigenwert, ein Merkmal, das nur Gott selbst zukommen kann. Die Kirche ist die in Christus von Gott gestiftete Institution, die seine Lehre und seine Gnade vermittelt. Über sie ist Befreiung von der Sünde als rückkehrende Hinwendung zu Gott wieder möglich geworden.

Augustinus' Philosophie hat das abendländische Christentum tief beeinflusst. Die Konzeption des mittelalterlichen Denkens geht auf ihn zurück; es ist ein Denken, das eine aus der christlichen Offenbarung abgeleitete Axiomatik nach Vernunftregeln theoretisiert und bestrebt ist, in zunehmendem Maß auch die Axiomatik selbst in Sätze zu verwandeln, die allein aus der Vernunft abgeleitet sind. Auf diese Weise soll die absolute Vernünftigkeit des Christentums aufgezeigt und zweifelsfrei bewiesen werden. Auch auf die Mystik des Mittelalters, die Reformatoren (Wiclif, Luther, Karlstadt, Calvin) und den Jansenismus hat Augustinus großen Einfluss ausgeübt. Die römisch-katholische ebenso wie die anglikanische Kirche feiert ihn jährlich am 28. August als einen ihrer größten Kirchenlehrer.

Anicius Manlius Severinus Boethius

* 480 † 524

Boethius schuf mit seiner zwischen Todesurteil und Hinrichtung abgefassten Schrift „De Consolatione Philosophiae" („Der Trost der Philosophie") ein klassisches Werk philosophischer Weltliteratur. Als Spross einer der angesehensten römischen Adelsfamilien erhielt er eine ausgezeichnete Ausbildung und wurde wegen

„Wenn du geschwiegen hättest, wärest du Philosoph geblieben."

Boethius

> „Es gibt zwei Tage, um die Du Dich nicht zu kümmern brauchst: um den Tag, der noch nicht gekommen, und um den, der vergangen ist."
>
> *Avicenna*

seiner Begabung vom Ostgotenkönig Theoderich zum Kanzler berufen. Hier fiel er 523 in Ungnade, wurde der Konspiration mit dem Kaiser von Ostrom zum Sturz Theoderichs angeklagt, zum Tode verurteilt und im Herbst 524 im Norden Pavias hingerichtet. Boethius verstand sich als Staatsmann und Philosoph. Wie 500 Jahre vor ihm Cicero wollte auch er den Römern die geistige Kultur der Griechen erschließen. So schrieb er an griechische Vorbilder angelehnte Lehrbücher zu den vier mathematischen Disziplinen der sieben freien Künste (Arithmetik, Geometrie, Musik, Astronomie), übersetzte Aristoteles' logische Schriften ins Lateinische und erschloss sie den Römern durch Erläuterungen. Mit seinen Übersetzungen und Kommentaren wurde er für das Frühmittelalter der Lehrmeister der Logik und die fast ausschließliche Quelle für Aristoteles. Daneben verfasste er auch fünf kleine theologische Traktate, die in der Methode der Philosophie Probleme der Theologie angehen. Sie wurden wegweisend für die mittelalterliche Scholastik. Sein Hauptwerk, „Der Trost der Philosophie", geht den Fragen nach, welcher Sinn dem Übel in der Welt zukomme, was wahre Glückseligkeit sei und wie göttliche Vorsehung und menschliche Schicksalsgebundenheit mit der Freiheit des Menschen vereinbar sein könnten. Es fand im Mittelalter weite Verbreitung und wurde von Notker ins Deutsche, von König Alfred, Goeffrey Chaucer und Königin Elisabeth I. ins Englische übersetzt.

Avicenna

*980 † 1037

Avicenna – Abu-Ali al Husain ibn Abdullah ibn Sina (geboren in Turkistan, gestorben in Hamadan/Iran) – war Staatsmann, Arzt und Philosoph in dem von den islamischen Arabern besetzten Persien. Bei medizinischen Studien stieß er auf Aristoteles' Schriften und verfasste teilweise recht eigenwillige Erläuterungen dazu. Dadurch und durch andere Schriften – er soll etwa 160 wissenschaftliche Werke geschrieben haben – wurde er der bedeutendste Vermittler griechischen Denkens an den Orient.

Neben seiner Aristotelesdeutung lernten die Scholastiker des Mittelalters aus seiner philosophischen Enzyklopädie, dem „Buch der Genesung der Seele", auch die Metaphysik des Aristoteles kennen. Mit dieser Schrift wirkte er auf die mittelalterliche Scholastik mehr als auf den Islam. Er lehrt darin ein Sein, auf das der denkende Mensch notwendig stoßen muss, und deutet es als die erste Wirklichkeit, die sich ganz aus sich selbst erklärt. Sie ist der Grund allen anderen Seins, der gesamten geistigen und wahrnehmbaren Welt.

Noch stärker als der Philosoph wirkte der Mediziner Avicenna auf das Abendland. Sein „Lehrbuch der Medizin" („Canon Medicinae"), seit dem 12. Jahrhundert im lateinischen Europa bekannt, schuf die Grundlage für eine wissenschaftliche Medizin und blieb bis ins 17. Jahrhundert an den Universitäten das maßgebliche Lehrbuch.

Anselm von Canterbury

* 1033 † 1109

Der Sohn einer piemontesischen Adelsfamilie aus dem Tal von Aosta ging auf der Suche nach weltlichem Wissen und Ruhm nach Frankreich und wurde, angelockt vom Ruhm des Gelehrten Lanfranc, dessen Schüler in dem neu gegründeten Benediktinerkloster Bec in der Normandie und trat 1060 als Mönch in dieses Kloster ein. Schon bald erregte er Aufmerksamkeit durch seine bildhaften religiösen Ansprachen, in denen er eine geistige Vertiefung des Mönchtums und der Askese zu geben versuchte. 1063 war er Prior, 1078 Abt des Klosters Bec. 1093 wurde er als Nachfolger Lanfrancs Erzbischof von Canterbury und damit Metropolit der Kirche von England. Als solcher trat er entschieden für die Freiheit der englischen Kirche von der Bevormundung durch den König ein, musste daher zweimal, von 1096 bis 1100 und von 1103 bis 1106, ins Exil gehen und erreichte schließlich einen Kompromiss in den zwischen Staat und Kirche strittigen

Bild linke Seite:
Eine Miniatur aus einer Ausgabe der Gedichte Avicennas. Der vielseitige Gelehrte wird teilweise als der berühmteste Wissenschaftler des Islam angesehen.

Bild rechte Seite:
Der gebürtige Italiener Anselm von Canterbury gilt als „Vater der Scholastik".

„Wir haben nichts so wenig in der Hand, wie unseres Herzens Stimmung, wir müssen ihm gehorchen, statt dass wir ihm befehlen könnten."

Abaelard

Bild rechte Seite: Das Ölgemälde von Angelica Kauffmann stellt den Abschied Abaelards von Heloise dar. Abaelard verstand die Aneignung von Wissen als sichersten Weg zu Gott. Seine Lehre von Gut und Böse knüpfte er an die Intention des Handelnden, nicht an die Tat oder ihre Folgen selbst.

Fragen. 1720 wurde er zum Kirchenlehrer der katholischen Kirche erhoben. Anselm wird – nicht zu Unrecht – „Vater der Scholastik" genannt. Seine Schriften, verfasst für seine Mitbrüder, verfolgen das Ziel, den Glauben verständlich und einsichtig zu machen. So wird der Gegenstand des Glaubens Gegenstand verstandesmäßiger Überlegung, über deren Stichhaltigkeit allein die Vernunft entscheidet: Glaube, der die Vernünftigkeit des Glaubens sucht (fides quaerens intellectum). Anselm verzichtet zugunsten der Vernunft auf Beweise aus der Heiligen Schrift oder aus den Texten der Kirchenväter und begründet so eine wissenschaftliche Theologie. Gerade diese rationale Methode der Glaubenserklärung wirkte außerordentlich stark auf die Denker des 13. Jahrhunderts und damit entscheidend auf die Entwicklung der Scholastik. In seinen drei Hauptschriften versucht Anselm in dem um 1070 entstandenen „Monologion" eine Theodizee, also eine Rechtfertigung Gottes angesichts des Bösen in der Welt, liefert in dem etwas später abgefassten „Proslogion" einen Gottesbeweis, der darauf beruht, dass der Begriff Gottes als des vollkommensten Wesens („dasjenige, größer als das nichts gedacht werden kann") nur deswegen gebildet werden kann, weil es dieses vollkommenste Wesen tatsächlich geben muss, und deutet in dem zwischen 1094 und 1098 niedergeschriebenen Dialog „Cur deus homo" („Warum wurde Gott Mensch?") die Erlösung durch Christus als stellvertretende Genugtuung.

Abaelard

*1079 †1142

Peter Abaelard (Abélard; geboren in Palais bei Nantes, gestorben in Saint Marcel bei Chalon-sur-Saône), einer der bedeutendsten Philosophen der Frühscholastik, war Schüler der beiden Kontrahenten in der Universalienfrage, des Nominalisten Roscelin und des Realisten Wilhelm von Champeaux. Abaelard kam zu einer völlig neuen, seiner Zeit weit vorauseilenden Lösung des Problems: Die Allgemeinbegriffe (Universalien) sind für ihn verschwommene Vorstellungen. Wirkliches Wissen hat der Mensch von den sinnlich wahrnehmbaren Dingen. Wegen dieser Skepsis gegenüber dem Metaphysischen galt er als Vorläufer der Aufklärung.

Für Abaelard war das Wissen keine Abwendung vom Glauben, sondern der notwendige Weg zu Gott, der allwissend ist. In seiner Ethik lehrte er, die Absicht zu einer Tat als gut oder böse zu bewerten, nicht die Tat selbst. Wer Böses tut, ohne es zu wollen, ist nicht schuldig. Abaelard beeinflusste die scholastische Methode der Gegenüberstellung sich widersprechender Autoritäten. Sein streitbarer Geist verwickelte ihn immer wieder in heftige Auseinandersetzungen mit seinen beiden Lehrern Wilhelm und Anselm von Laon. Das Liebesverhältnis zu seiner jungen und hochbegabten Schülerin Heloise (1101–1164) gab seinem Leben eine jähe Wendung. Er heiratete Heloise. Um jedoch seine Karriere als Gelehrter nicht zu gefährden, hielten sie die Ehe geheim. Darüber aufgebracht, ließ Heloises Onkel, der Kanoniker Fulbert, Abaelard eines Nachts überfallen und entmannen. Auf Abaelards Wunsch wurde Heloise daraufhin Nonne, er selbst Mönch in St. Denis bei Paris (1118/19).

1121 wurde sein Buch über die Dreifaltigkeit wegen angeblicher Irrlehren durch die Synode von Soissons verurteilt. Bald darauf zog Abaelard sich zu einem Eremitenleben in die Einsamkeit zurück, wo sich jedoch schnell wieder Studenten

um ihn sammelten. Von seinen Gegnern – vor allem Bernhard von Clairvaux – wegen seiner Lehre abermals verfolgt und als Abt eines verwilderten Klosters von seinen Mönchen mit dem Tode bedroht, schrieb er die „Geschichte meiner Leiden". Neuen Lehrerfolgen in Paris folgte eine zweite Verurteilung seiner Lehren auf der Synode von Sens, 1141. Abaelard appellierte an Papst Innozenz II.; dieser verurteilte ihn jedoch zu Klosterhaft und lebenslangem Schweigen.

Abaelard und Heloise sind gemeinsam auf dem Friedhof Père-Lachaise in Paris begraben. Unter den Nachwirkungen ihres Briefwechsels ist Jean Jacques Rousseaus „La nouvelle Heloise" („Julie oder die neue Heloise") hervorzuheben.

„Wir mögen die Strafe nicht, die gerecht ist, wohl aber die Handlung, die ungerecht ist."

Abaelard

Averroes

*1126 †1198

> „Eine Wahrheit kann der anderen nicht widersprechen. Die Philosophie stimmt mit dem Glauben überein und legt Zeugnis für ihn ab."
>
> *Averroes*

Averroismus ist die Philosophie des in Cordoba geborenen und in Marrakesch gestorbenen arabisch-islamischen Philosophen und Wissenschaftlers Averroes, wie sie von den Scholastikern des lateinischen Mittelalters teils übernommen, teils umgeformt wurde. Man spricht daher häufig von lateinischem Averroismus. Er ist vor allem durch drei Lehren gekennzeichnet. Die erste besagt, dass die Welt ewig und zugleich erschaffen ist, erschaffen von einer einzigen Ursache, und dass sie mithilfe geistiger Kräfte geleitet wird.

Die zweite Lehre behauptet, die menschliche Vernunft sei eine einzige, allgemeine. Das bedeutet, dass die geistigen Fähigkeiten jedes menschlichen Individuums nur Erscheinungsformen dieser umfassenden, in sich unendlichen Vernunft sind. Sie ist es, die eigentlich in den Individuen lebt. Im Tod zieht sie sich aus dem Menschen zurück. Folglich ist seine Seele auch nicht unsterblich.

Drittens lehrt der Averroismus, der gleiche Sachverhalt könne für den Philosophen wahr, für den Theologen aber falsch sein.

Averroes hat zahlreiche Werke auf dem Gebiet der Medizin, der Astronomie und der Philosophie verfasst. Seine größte philosophische Leistung war eine umfassende Erläuterung des Gesamtwerks des Aristoteles, also der erhalten gebliebenen Lehrschriften. Sie waren den Arabern von den Syrern vermittelt worden. Mit seinen

Erläuterungen machte Averroes Aristoteles zu einem wichtigen Faktor im geistigen Leben der Araber. In der ersten Hälfte des 13. Jahrhunderts wurden seine Aristoteles-Erläuterungen in der lateinischen Welt bekannt, bald häufig benutzt und allmählich so geschätzt, dass ihn die Scholastiker nur noch „den Kommentator" nannten.

Erst Thomas von Aquins Aristoteles-Kommentare verdrängten ab etwa 1270 langsam seine Erläuterungen zu Aristoteles.

Albertus Magnus (Albert der Große)

*um 1200 † 1280

Albert der Große ist der erste große Theologe des Mittelalters, der der Scholastik das Denken des Aristoteles erschloss. Er schrieb Kommentare zu den meisten seiner Schriften und vermittelte dem Abendland außerdem philosophische Gedanken des Neuplatonismus und wissenschaftliche Kenntnisse aus dem arabisch-jüdischen

„Naturwissenschaft besteht nicht darin, dem, was andere sagten, zuzustimmen, sondern darin, die Ursachen der Phänomene zu suchen."

Albertus Magnus

Bild linke Seite:
Die fiktive Diskussion zwischen dem arabisch-islamischen Philosophen Averroes und dem Neuplatoniker Porphyrios stammt aus dem 14. Jahrhundert.

Bild rechte Seite:
Albertus Magnus' Lehre basierte auf der des Aristoteles und beeinflusste die Scholastik nachhaltig. Das Gemälde von Tommaso da Modena befindet sich im Dominikanerkloster von Treviso.

„Weil Gott die Güte ist, schuf er die Welt."

Albertus Magnus

Bild linke Seite: Albertus Magnus' Büste von Vincenzo Onofri befindet sich in Bologna.

Bild rechte Seite: Darstellung der Mechthild von Magdeburg im Chorgestühl der Merazhofener Pfarrkirche. Die Mystikerin hatte früh ihre ersten Visionen und zeigte in „Das fließende Licht der Gottheit" auf, wie sich die Seele mystisch mit Gott vermählt.

Kulturkreis in Spanien und Nordafrika. Damit beeinflusste er entscheidend das scholastische Denken. Nicht nur in der philosophischen Tradition, auch auf verschiedenen naturwissenschaftlichen Gebieten, vor allem der Botanik und Zoologie, verfügte er über hervorragende Kenntnisse. Durch Experimente und genaues Beobachten der Natur war er seiner Zeit weit voraus. Man hat ihn deshalb nicht zu Unrecht schon damals Albert den Großen genannt.

Albert stammte aus der Familie der Ritter von Bollstädt und wurde um 1200 zu Lauingen in Schwaben geboren. Er studierte in Padua, wo er auch 1223 durch Jordan den Sachsen für den Dominikaner-Orden gewonnen wurde. Anschließend lehrte er an Ordensschulen in Hildesheim, Regensburg und Straßburg; ebenso an der Universität in Paris, wo er im Jahre 1247 „Lehrer der Glaubenslehre" wurde. Drei Jahre später ging er als Leiter der zentralen Studienstätte (Generalstudium) der deutschen Dominikaner nach Köln, das er bis an sein Lebensende nur noch vorübergehend verließ: für Reisen nach Italien oder Böhmen, wo er den Kreuzzug predigte, aber auch (zwischen 1260 und 1262) für seine Amtsführung als Bischof von Regensburg oder zuvor (1254/57) als Provinzial der deutschen Ordensprovinz der Dominikaner. In Köln war in den Jahren 1248 bis 1252 Thomas von Aquin sein Schüler. Alberts Einfluss auf ihn war so groß, dass das Denken des jungen Thomas erst verständlich wird, wenn man Alberts Kommentare zur Metaphysik des Aristoteles und zu den Schriften des Neuplatonikers Pseudo-Dionysius (6. Jahrhundert) kennt.

Ein Angebot, zum zweiten Mal an der Universität Paris zu lehren, lehnte Albert ab; nur 1277 trat er dort noch einmal auf, um verschiedene Lehren Thomas von Aquins zu verteidigen. Albertus Magnus starb in Köln gestorben und liegt in der Andreaskirche begraben; sein Leben und Werk wurde rasch mit zahlreichen Legenden ausgeschmückt. Albert wurde 1622 selig- und 1931 heiliggesprochen; die katholische Kirche verehrt ihn als den Schutzpatron der Naturforscher.

Mechthild von Magdeburg

* um 1210 † 1282

Sie ist die hervorragendste Vertreterin der deutschen Frauenmystik des Mittelalters. Mit 20 Jahren begann sie in Askese und Armut ohne bindendes Gelübde nach der Dominikanerregel zu leben. Um 1271 trat sie in das Zisterzienserinnenkloster Helfta bei Halle ein. Schon mit zwölf Jahren hatte Mechthild ihre ersten Visionen. Von ihrem Beichtvater ermutigt, begann sie seit 1250 ihre Visionen unter dem Titel „Das fließende Licht der Gottheit" aufzuzeichnen. Dieser in einer mittelhochdeutschen Handschrift überlieferte Text gilt als bedeutendstes Zeugnis der deutschen Mystik vor Meister Eckart. In bildhafter, ausdrucksstarker Sprache feiert er die mystische Vereinigung mit Gott als geistliche Hochzeit. Vom „fließenden Licht der Gottheit" getroffen – die Lichtmetaphysik geht auf Philon von Alexandria zurück –, öffnet sich die Seele in erotischer Ekstase der Einung mit Gott. Die Sprache des Minnesangs formte Mechthild zu einer neuen und einmaligen Sprachgebärde für die tiefe Erschütterung ihrer Visionen um.

Bonaventura

* 1221 † 1274

Die bedeutendste Persönlichkeit der Hochscholastik neben Thomas von Aquin, hieß mit weltlichem Namen Johannes Fidanza. Er trat 1243 in den noch jungen Franziskanerorden ein, weil er während seiner Kindheit von einer schweren Krankheit genesen war, nachdem seine Mutter zu Franz von Assisi gebetet hatte. Bonaventura studierte Theologie und lehrte seit 1248 an der Universität von Paris. Zusammen mit Thomas von Aquin kämpfte er um das Recht, auch als Ordensmann einen

„Gott lehrt mich dies, dass ich nie ein Werk so gut getan habe, als dass ich es nicht noch besser hätte tun können."

Mechthild von Magdeburg

„Das Gefühl versteht, was der Verstand nicht begreift."

Bonaventura

Lehrstuhl an der Pariser Universität bekleiden zu dürfen. 1257 wurde es ihnen zugestanden. Im gleichen Jahr wählte ihn sein Orden zum Generaloberen. 1273 wurde er gegen seinen Willen zum Bischof von Albano ernannt und als Kardinal zugleich Mitglied der Kurie in Rom. Er bereitete das zweite Konzil von Lyon vor und leitete es

erfolgreich (Wiedervereinigung der Ost- und der römischen Kirche unter dem Primat Roms). 1482 wurde er heilig gesprochen, 1587 zum Kirchenlehrer erklärt.

Seine philosophisch bedeutsamsten Schriften sind seine „Erläuterungen der theologischen Sätze des Petrus Lombardus" (1250/52), seine „Kurzgefasste Theologie" (1257) und die nur in der Nachschrift seiner Hörer überlieferten und unvollendet gebliebenen „Unterhaltungen über das Sechstagewerk Gottes" (1273). Bonaventuras Denken kreist darin ganz um Gott: Er ist das Ersterkannte, denn wir erkennen zuerst das Vollkommene und verstehen von ihm her erst richtig das Unvollkommene, die Welt und den Menschen. Die Welt ist von Gott geschaffen und insofern Ausdruck oder Bild Gottes, nicht Gott selbst. Bonaventuras Denken hat die mittelalterliche Mystik stark befruchtet, vor allem Seuse, aber auch Meister Eckehard, später Franz von Sales.

Thomas von Aquin

* um 1225 † 1274

Thomas von Aquin gilt innerhalb des Katholizismus als der Denker, der die theoretische Ausarbeitung des Glaubensverständnisses vollendet und damit der Theologie ihre klassische Gestalt gegeben hat. Thomas (geboren in Roccasecca bei Neapel, gestorben in Fossanova), der aus einer lombardischen Adelsfamilie stammte, wurde von den Benediktinern von Monte Cassino erzogen und trat als 20-Jähriger gegen den heftigen Widerstand seiner Familie in den Dominikanerorden ein, von dem er um 1245 zum Studium generale nach Paris (oder Köln) geschickt wurde; 1248 bis 1252 war er Schüler Albertus Magnus' in Köln. Sein erster Pariser

„Das Zeichen der Vollkommenheit in den niederen Wesen ist: dass sie etwas sich selbst Ähnliches zu schaffen vermögen."

Thomas von Aquin

Bild linke Seite:
Der Heilige Bonaventura hält den Baum der Erlösung auf einem Gemälde Vittore Crivellis. Bonaventura war ein führender Vertreter der Scholastik; Papst Leo XIII. bezeichnete ihn gar als „Fürst unter allen Mystikern".

Bild rechte Seite:
Thomas von Aquin triumphiert über den islamischen Gelehrten Avarroes; an seiner Seite Aristoteles und Platon. Der Theologe bekämpfte die Lehre Avarroes', die die geistige Bildung an erste Stelle setzte, als blasphemisch.

Aufenthalt als Lehrer (1252–59) war bestimmt durch die Aufgabe, die Ansprüche der Orden auf Teilnahme an der akademischen Lehrtätigkeit gegen die Angriffe des Weltklerus zu verteidigen; 1257 erwirkte Alexander IV. seine Aufnahme in die Professorenschaft der Universität. 1259 bis 1268 übte Thomas seine Lehrtätigkeit am Päpstlichen Hof und am römischen Studium seines Ordens aus. In dieser Zeit vollendete er „Contra gentiles" („Gegen die Heiden") und begann mit der Abfassung seines Hauptwerks „Summa theologiae" („Summe der Theologie") und der Aristoteles-Kommentare. Während des zweiten Pariser Aufenthalts (1269–1272) gewann seine theologische Konzeption in der Auseinandersetzung mit der Franziskanerschule sowie mit dem radikalen Aristotelismus Sigers von Brabant ihr eigentümli-

Bild linke Seite:
Thomas von Aquin besiegt die Häretiker.

Bild rechte Seite:
Meister Eckhart, einer der bedeutendesten deutschen Mystiker, ist selbst in vielen Bereichen ein Mysterium. So sind weder eine eigenhändige Niederschrift noch ein Bildnis von ihm erhalten. Das Foto zeigt das Meister-Eckhart-Portal der Erfurter Predigerkirche; sie war eine der Hauptwirkungsstätten des Dominikaners.

ches Gepräge. Auf dem Weg zum Konzil von Lyon gestorben, wurde er 1323 heiliggesprochen (Tag: 7. März) und 1527 zum „Kirchenlehrer" erhoben. Thomas' Denken zeichnet sich durch eine einzigartige synthetische Energie aus, kraft deren es die denkerischen Entwürfe seiner Zeit zu einem System zu vereinigen vermag, das sein eigentümliches Profil durch den entschiedenen, wenngleich nicht unkritischen Anschluss an Aristoteles gewinnt. Die moderne Forschung neigt dazu, die reifste und originellste Leistung des Thomas in seiner Lehre vom Sein zu sehen, die entscheidend über die aristotelischen Vorlagen hinausgeht und möglicherweise einen Vorgriff auf die erst zu Beginn des 20. Jahrhunderts von Heidegger explizierte „ontologische Differenz" von Sein und Seiendem darstellt. Die zentrale Bedeutung dieser Lehre für Thomas erhellt sich daraus, dass sie ihm erlaubt, die Identität und Differenz des ungeschaffenen göttlichen und des geschaffenen endlichen Seins zusammenzudenken: Das Sein ist das selber nicht seiende formale Prinzip alles Seienden, das bewirkt, dass etwas wirklich ist, und insofern die Wirklichkeit alles Wirklichen. Wirklich ist das Sein auf eine doppelte Weise: als das partizipierte (teilgenommene) Sein im endlichen Seienden und als das subsistierende (für sich bestehende) Sein in Gott. Alle endlichen Dinge nehmen ja nach ihrer Wesenheit auf unterschiedliche Weise und in unterschiedlichem Grade am Sein teil, und aufgrund dieser Teilnahme wird das Sein in den konkreten endlichen Seienden ein bestimmtes, d. h. begrenztes und vielfältiges. Liegt die Endlichkeit des Endlichen eben darin, dass ihm sein Sein von einem anderen mitgeteilt sein muss, so verweist es damit auf eine erste Ursache, die ihr Sein aus sich selbst hat: auf Gott als das für sich bestehende Sein selbst. Bei aller Bewunderung für den geschlossenen Systementwurf des Thomas weist die moderne Theologie jedoch nachdrücklich auf zwei kritische Punkte hin: auf die mangelnde Integration der Heilsgeschichte und der Christologie in den Gesamtentwurf. Doch überwiegt die Ansicht, dass die Betonung der Prädestination Christi zum Mittler und Erlöser zumindest die sachliche Christozentrik des thomanischen Systems garantiert und dass die Grundeinsichten dieser primär an übergeschichtlichen Wesensstrukturen interessierten Theologie doch auch für ein heilsgeschichtlich orientiertes Denken fruchtbar gemacht werden können.

Als Thomismus bezeichnet man die Lehre des Thomas und deren Weiterentwicklung – oder genauer: Umbildung, sodass sich in der neueren Forschung die Unterscheidung der Begriffe „thomanisch" („thomasisch") für das authentische Denken des Thomas und „thomistisch" für die Lehre der Nachfolger einbürgerte. Die Geschichte des Thomismus weist eine eindeutige Entwicklung von bloßer unkritischer Konservierung des thomanischen Denkens zur Konfrontation mit den jeweiligen aktuellen Fragestellungen auf; so folgen auf die Verteidigungsschriften der ersten Schülergenerationen die großen Kommentarwerke (darunter der 1507–1522 verfasste Kommentar Kardinal Cajetans zur „Summa theologiae“), auf diese die durch die Reformation erzwungenen kritischen Erörterungen und schließlich seit der Mitte des 18. Jahrhunderts die Thomas-Renaissance (Neuthomismus).

Meister Eckart

* um 1260 † 1328

Meister Eckart, der bedeutendste Vertreter der deutschen Mystik, wurde in Hochheim bei Gotha oder Erfurt geboren und starb an unbekanntem Ort. Früh trat er in Erfurt in den Dominikanerorden ein, studierte in Köln und lehrte 1293/94 in Paris Theologie. Danach wählte man ihn in Erfurt zum Klostervorsteher, bald auch zum Verwalter der thüringischen Ordensprovinz. In dieser Zeit entstanden die „Reden der Unterweisung“, Ansprachen philosophisch-religiösen Inhalts.

1302 erhielt er in Paris den zweiten Lehrstuhl der Dominikaner an der theologischen Fakultät der dortigen Universität. 1304 bis 1311 unterbrach er seine Lehrtätigkeit, weil man ihn zum Provinzial der norddeutschen Ordensprovinz gewählt hatte. In dieser Zeit entstand das der Königin Agnes von Ungarn gewidmete „Buch der göttlichen Tröstung“. Nach Paris zurückgekehrt, konzipierte er sein Bruchstück gebliebenes Werk „Opus tripartitum“.

1314 bis 1322 stand er dem Dominikanerkonvent von Straßburg vor. Nach 1322 berief man ihn zum Leiter der Ordenshochschule in Köln. Hier wurde Anfang 1326 vom Kölner Erzbischof ein Verfahren wegen Irrlehre gegen ihn eingeleitet. 108 Sätze wurden verdächtigt. Erst 1329 endete das Verfahren mit einem Spruch Papst Johannes' XXII., der 28 Sätze Eckarts verurteilte. Das Urteil nennt Eckart bereits einen Verstorbenen. Eckart verstand es besonders, als hervorragender scholastischer Gelehrter in seinen Predigten und Traktaten die trockene Gelehrsamkeit der Scholastiker für die innere Lebensführung der Mönche und Nonnen fruchtbar zu machen; seine Predigten und Schriften setzen stets eine hohe Bildung in scholastischem

„Der höchste Engel und die Seele und die Mücke haben ein gleiches Bild in Gott.“

Meister Eckart

„Wenn du also dazu kommst, dass du um nichts mehr Leid noch Kummer trägst und dass dir alles eine reine Freude ist, dann ist das Kind in Wahrheit geboren."

Meister Eckart

Geistesgut voraus. Sein Denken zeigt eine neue Art der spekulativen Theologie: Sie reflektiert philosophisch vor allem die unmittelbare Begegnung zwischen Mensch und Gott. Er erschloss der deutschen Sprache erstmals die Möglichkeit, auch abstrakte Gedankengänge angemessen auszudrücken.

Duns Scotus

* um 1265 † 1308

Scotus, genannt „Doctor subtilis", war einer der größten mittelalterlichen Philosophen und Theologen. Im Dorfe Duns (Berwickshire) geboren, trat er etwa 1280 in den Franziskanerorden ein. Er studierte Theologie in Paris und Oxford und wurde 1291 Priester. Um 1300 war er Dozent (Bacalaureus) in Cambridge, dann in Oxford und schließlich ab 1302 in Paris. 1305 promovierte er, wurde „magister regens" und hielt eine feierliche „Disputatio de Quodlibet". 1307 wurde Scotus Professor in Köln, wo er starb. Er wurde in der Kölner Minoritenkirche beigesetzt. Scotus beschäftigte sich in seiner Philosophie überwiegend mit metaphysischen Problemen, insbesondere dem Hylomorphismus, der Frage nach dem Wesen des Körperhaften, der Univozität des Seins, dem Formalismus und dem Individuationsprinzip, dem Grund jener Bestimmtheit, die ein Seiendes zum Individuum macht. Die Materie ist ein positiv Seiendes, das durch Gottes absolute

Potenz auch ohne Anfang (principium informans) existieren könne. Hauptgegenstand (objectum primum) des Verstandes sei nicht Gott (essentia divina), wie es die Augustin-Schule behauptete, noch das Wesen der materiellen Dinge, wie die aristotelische Richtung der Scholastik meinte, sondern das Sein an sich. Die Einheit des Seins bestehe nicht in seiner absoluten Einfachheit. Stattdessen bestehe jedes Sein aus metaphysischen Elementen, die trotz ihrer realen Identifikation formal verschieden blieben. Wenn der Vorrang des Seins im gnoseologischen und metaphysischen Bereich bezeichnend für die Philosophie Duns Scotus' ist, so ist der Primat des Willens die Besonderheit der scotischen Ethik. Der göttliche Wille ist danach die Quelle aller geschaffenen Dinge und sittlichen Werte. „Gott ist die Liebe" („Deus est caritas") lautet der Kernsatz seiner Theologie. Die Liebe Gottes zum Menschen offenbart sich im Tod Christi (summum opus Dei); er ist das Zentrale im göttlichen Heilsplan, gleichzeitig aber auch die größte Verherrlichung Gottes. Die Liebe aber überragt alle anderen Tugenden. Scotus hat durch seine kritische Methode, die Betonung des freien Willens, der Freiheit menschlichen Tuns, der Liebe und seine christozentrische Argumentation die mittelalterliche Scholastik entscheidend geprägt.

Wilhelm von Ockham

* kurz vor 1300 † 1349/1350

Der englische Franziskaner, in Ockham südlich von London geboren, in München gestorben, war nicht der erste, aber doch der bedeutendste Vertreter des Nominalismus, dessen gewandeltes Realitätsverständnis noch vor Descartes die ersten Grundlagen moderner Naturforschung erarbeitete. In Oxford lehrend, wurde er wegen 51 philosophisch-theologischer Lehrsätze wegen Häresie verklagt und 1324 vor die Kurie nach Avignon geladen, von wo er nach vier Jahren Haft zum Kaiser Ludwig dem Bayern nach Pisa entfloh. Hier schrieb er Kommentare zu Aristoteles, eine Naturphilosophie und eine Reihe politischer Traktate, in denen Papst Johannes XXII. heftig angegriffen wurde, darunter einen Dialog zwischen Lehrer und Schüler über die Macht der Kaiser und Päpste. Mit Ockhams Nominalismus gewann die Partei der „Nominales" gegen den gemäßigten Realismus des Duns Scotus und Thomas' von Aquin erneut Einfluss, welche Allgemeinbegriffe (universalia) nicht als Reales in den Dingen, sondern als Vorstellungen, d. h. psychische Realitäten, oder als Konzeptionen verstehen, deren Sein im Gedachtwerden liegt. Eigentliche Realität komme nach dieser Auffassung nur dem wahrgenommenen Einzelding zu. Die sich durchsetzende Differenzierung des Realitätsbewusstseins in Bezug auf die Bedeutung der Sprache gegen Ende des mittelalterlichen Universalienstreites führte zu einem Wandel in der Deutung von Wirklichkeit, durch die deren metaphysische Substantialität in eine moderne Vorstellung von Gegenständigkeit übergeführt wurde: Das Reale wurde dabei aber weder zur subjektiven Vorstellung degradiert, noch zu einer allgemeinen Substanz erhöht, sondern seine sprachliche Erfassung in ihrer Signifikanz für die Sache verstanden.

Francesco Petrarca

* 1304 † 1374

Er war an der Schwelle des italienischen Humanismus und der Renaissance durch seine klassische Bildung, seine damit kon-

„Wohlbehagen ermattet den Geist, Schwierigkeiten erziehen und kräftigen ihn."

Francesco Petrarca

Bild linke Seite: Duns Scotus erhielt aufgrund seiner rhetorischen Finesse und Schlagfertigkeit den Beinamen „Doctor subtilis". Der einflussreiche Theologe befasste sich unter anderem mit Fragen der göttlichen Erleuchtung und der Natur der Freiheit des Menschen. In einer hochkomplexen Kausalreihe bewies Duns Scotus die Existenz Gottes.

„Alle Lust der Welt ist kurzer Traum nur."

Francesco Petrarca

trastierende modern wirkende seelische Selbstdarstellung und seine formenbildende Sprachkraft eine der einflussreichsten Gestalten seiner Zeit. In den klassischen Fächern Grammatik, Rhetorik und Dialektik geschult, studierte er in Montpellier und Bologna Jurisprudenz und lebte ab 1326 in Avignon. 1327 begegnete er jener berühmten „Laura", die er von da an bis in sein hohes Alter hinein zum angebeteten Mittelpunkt seiner lyrischen Dichtung machte. Auf der Sammlung dieser Gedichte, dem „Canzoniere" (erschienen 1470), beruht Petrarcas Hauptwirkung. In Anlehnung an Dantes Verklärung der Beatrice, im Ton den provenzalischen Dichtern und dem so genannten „dolce stil nuovo" verpflichtet, mit einem im Grund sehr beschränkten und dadurch monomanisch konzentrierten und bezwingenden Metaphernvorrat, beschreibt Petrarca hier in über dreihundert Sonetten mit einer für die Zeit unerhörten psychologischen Intensität sein eigenes an der Liebe leidendes und doch an ihr hängendes Ich. Im ersten Teil des Buches, das der lebenden Laura gewidmet ist (sie soll, nach seinen Angaben, 1348 an der Pest gestorben sein), erscheint die Geliebte – und damit geht Petrarca entscheidend über Dante hinaus – als durchaus welthafte Frau mit Zügen der aufkommenden Renaissancekultur. Im zweiten Teil wird die tote Laura dann wieder in die Höhen Dantescher Verklärung hinaufstilisiert. Mit der artifiziellen Virtuosität und berückenden Schönheit seiner Verse verschaffte Petrarca dem Seelenzustand einer „Liebeskrankheit“ eine solche Wirkung, dass sich im 16. und 17. Jahrhundert eine gesamteuropäische Strömung des „Petrarkismus“ ausbreiten konnte. Auf lateinisch schrieb Petrarca zwischen 1338 und 1342 ein unvollendet gebliebenes Epos „Africa“, das der Größe Roms gewidmet ist und für das der Dichter 1341 in Rom feierlich gekrönt wurde. Die reine Kontemplation als Höchstes schätzend, verbrachte er danach gleichwohl viele Jahre als Gesandter und als Reisender in politischen Missionen. Gerade in dieser Widersprüchlichkeit prägte er entscheidend die mit ihm anbrechende neue Epoche.

Nikolaus von Kues

* 1401 † 1464

Einer der bedeutendsten Philosophen des ausgehenden Mittelalters, wird nach seinem Geburtsort Kues an der Mosel auch Cusanus genannt. Er wurde in Deventer bei den „Brüdern vom gemeinsamen Leben“ erzogen. In Heidelberg und Padua studierte er von 1418 bis 1423 Jurisprudenz, Mathematik und Naturwissenschaften. Seit 1425 widmete er sich dann der Theologie und wurde 1430 zum Priester geweiht. 1431 Dekan in Koblenz, nahm er 1432 am Basler Konzil teil und entschied sich bei den ausbrechenden Streitigkeiten für den Papst. In dessen Auftrag verhandelte er mit Byzanz. 1440 vollendete Nikolaus in Kues sein erstes philosophisches Werk, das zugleich sein Hauptwerk darstellt, „De docta ignorantia“ (Die belehrte Unwissenheit). In ihm entwickelt er, beeinflusst vom Pythagoreismus, Platonismus und Neuplatonismus, den Gedanken von der „Coincidentia oppositorium“, dem Zusammenfallen der Gegensätze im Unendlichen, in Gott. Weil Gott der Unendliche ist, sind in ihm die Verschiedenheiten des Mannigfaltigen eins. Das Denken kann das nicht begreifen, aber geometrische Analogien machen es klar, denn im Unendlichen fallen auch Kreis und Gerade, Mittelpunkt des Kreises und seine Peripherie zusammen. Gott ist zugleich die „complicatio“ (Einfaltung) aller Dinge, die Dinge sind die „explicatio“ (Ausfaltung) Gottes. Die Welt ist der sichtbare Gott. Wenn der Mensch sie erkennt, dann gleicht er sich anmessend der schöpferischen Ausfaltung Gottes an und wird so erst recht sein Ebenbild. Indem so von Nikolaus das schöpferische Erkennen als wahrer Gottesdienst gerechtfertigt wurde, eröffnete er den Weg für die Weiterentwicklung der Wissenschaften. Giordano Bruno hat von ihm gelernt. 1448 wurde Nikolaus Kardinal, 1450 Bischof von Brixen. 1462 befasste er sich in seiner Schrift „De non aliud“ (Vom Nicht-Anderen) erneut mit dem Gottesproblem. Gott

„Und doch ist selbst die größte Sammlung des Weltgeistes, das Zusammentragen der wichtigsten Gedankengüter, nur ein lächerlicher Ausschnitt aus der Unendlichkeit des Geistes selber. Also bedenke in Demut, mein Freund.“

Nikolaus von Kues

Bild linke Seite:
Petrarca auf einem Gemälde Altichiero da Zevios. Petrarca, einer der Begründer des Humanismus, wollte die Antike im Ganzen wiederbeleben; Er übertrug antike geschichtliche Beispiele auf die Gegenwart, um so Empfehlungen für das beste Handeln geben zu können.

Bild rechte Seite:
Das Stifterbildnis des Nikolaus von Kues befindet sich in der Kapelle des St.-Nikolaus-Hospitals im Geburtsort des Heiligen.

Bild linke Seite: Johannes Reuchlin begründete die moderne Bibelkritik, indem er sich als einer der Ersten mit dem althebräischen Schrifttum auseinandersetzte.

Bild rechte Seite: Erasmus von Rotterdam auf einem Kupferstich von Albrecht Dürer. Leitmotiv seines Lebens und Schaffens war die „humanitas christiana“.

als das Nicht-Andere liegt allem voraus, damit es sein kann, ist aber selber nicht unmittelbar erreichbar. Dieser Gedanke macht die Welt der Forschung frei zugänglich. In anderen Schriften wird dann das Erkennen untersucht und als Messen bestimmt. Durch Wägen und Vergleichen aller Dinge kommt es zu genauer Erkenntnis. Nikolaus wurde in die politisch-religiösen Auseinandersetzungen seiner Zeit hineingezogen. Im Auftrag des Papstes sollte er die deutschen und niederländischen Klöster reformieren. Dabei geriet er mit dem Herzog Sigismund von Tirol aneinander. Er starb während einer Mission zu 5.000 Kreuzfahrern in Ancona und wurde in S. Pietro in Vincoli in Rom begraben.

Johannes Reuchlin

* 1455 † 1522

Der deutsche Humanist übernahm nach Sprach- und Rechtsstudien 1481 ein Lehramt in Tübingen, stand seit 1482 im Dienste Graf Eberhards V. im Barte, wirkte dann im Heidelberger Humanistenkreis, war 1502 bis 1513 Richter des Schwäbischen Bundes und lehrte schließlich, unbeeinflusst von der Reformation, der er sich verschloss, 1520 in Ingolstadt und 1521 in Tübingen.

Auf seinen drei Italienreisen (1482, 1490, 1499) hatte er u. a. durch Kontakte mit Manutius Aldus hebräische und griechische Texte entdeckt, die er der deutschen Humanistenwelt zugänglich machte. Sein Studium der alten Sprachen, das ihn als den ersten bedeutenden deutschen Gräzisten charakterisiert, verband er mit der Erschließung des bis dahin in Deutschland praktisch unbekannten althebräischen Schrifttums, die ihn zum Wegbereiter der hebräischen Philologie („Rudimenta linguae Hebraicae“, 1506) und damit zum Begründer der modernen Bibelkritik werden ließ. Der damit geöffnete wissenschaftliche Zugang zum Alten Testament geht ebenso auf ihn zurück wie das Platonverständnis der Renaissance, das er durch Hinweise auf die chaldäischen Orakel („De verbo mirifico“, 1494; Vom wundertätigen Wort) und auf die Kabbala („De arte cabbalistica“, 1517; Über die kabbalistische Kunst) erweiterte.

In den Mittelpunkt einer die Humanistenwelt Jahre bewegenden Affäre wurde Reuchlin (gräzisiert Kapnion), ein Großonkel Melanchthons, gezogen, als er sich gegen den Antrag des getauften Juden Pfefferkorn wandte, alle jüdische Literatur zu vernichten. Das brachte ihm zwar einen Ketzerprozess durch die Kölner Dominikaner und sogar Verurteilung und erzwungene Unterwerfung (1520), vielleicht auch die Priesterweihe ein, doch bezeugen die als „Clarorum virorum epistolae" (Briefe berühmter Männer) 1514 von ihm veröffentlichten Zustimmungen fast aller Humanisten die Parteinahme der wissenschaftlichen Welt ebenso wie die von seinen Freunden veröffentlichte aggressiv-satirische Schmähschrift gegen die Dominikaner „Epistolae obscurorum virorum" (1515, 1517; Dunkelmännerbriefe), die die Engstirnigkeit des Klerus, besonders der Kölner Dominikaner, lächerlich zu machen versuchen.

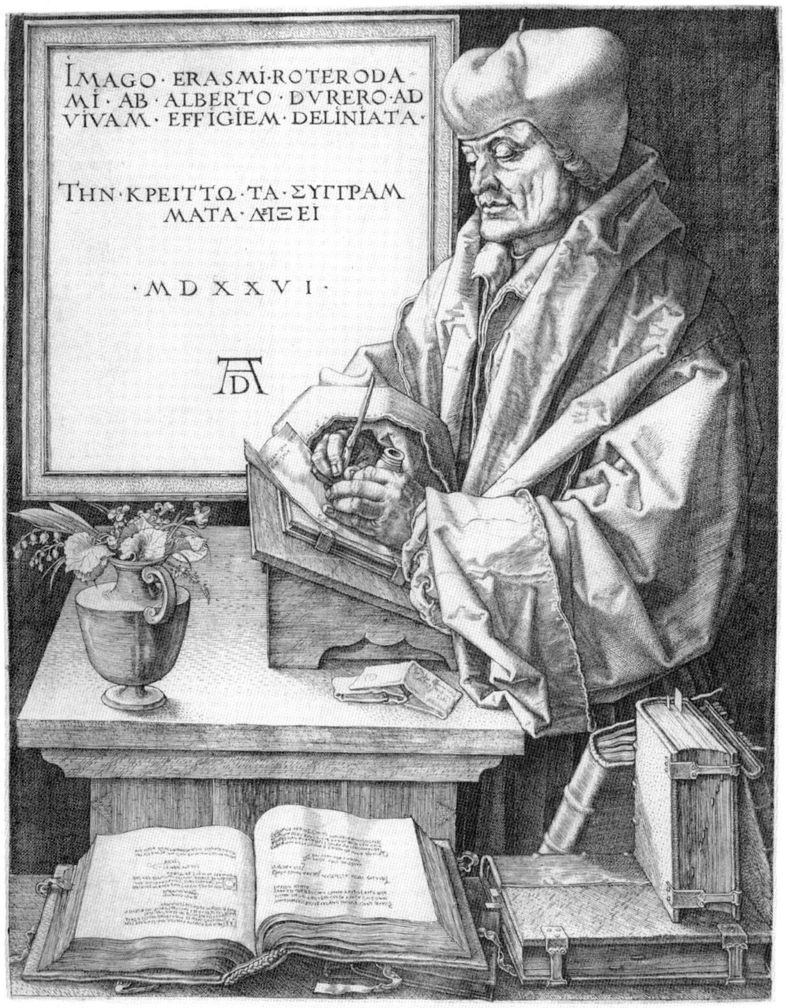

Erasmus von Rotterdam

* 1466 oder 1469 † 1536

Desiderius Erasmus, genannt Erasmus von Rotterdam (geboren in Rotterdam, gestorben in Basel), erhielt seine von der „Devotio moderna" und dem Humanismus geprägte Schulausbildung in Deventer und Herzogenbusch. 1488 trat er in das Augustinerchorherrenkloster Steyn bei Gouda ein und wurde 1492 zum Priester geweiht. Sein Studium in Paris konfrontierte ihn mit der Scholastik und der diktatorischen Geisteshaltung des College Montaigu, die seine missbilligende Kritik hervorriefen. In dieser Zeit entstanden seine später publizierten humanistischen Werke „Adagia" (1500), „Colloquia" (1518) und „Antibarbari" (1520).

Die Begegnung mit John Colet in England brachte für Erasmus den entscheidenden Durchbruch zum christlichen Humanismus, der seinen literarischen Niederschlag fand im „Enchiridion militis Christiani", 1503 („Handbüchlein des christlichen Streiters", 1952), in dem sich biblische Schlichtheit mit platonischem Ideengut verbindet. Während eines Studienaufenthaltes in Italien wurde die „humanitas christiana" zum Inbegriff seines Lebens. Während einer erneuten Reise nach England lernte Erasmus in Thomas Morus den Repräsentanten der nordeuropäischen Renaissance kennen und schrieb – durch ihn veranlasst – sein Meisterwerk „Morias encomion", 1509 („Lob der Torheit", 1950). Mit der Veröffentlichung der „Annotationes" des Lorenzo Valla zum Neuen Testament (1505) und der ersten Ausgabe des Neuen Testaments in griechischer Sprache (1516) begründete Erasmus seinen Ruf als Bibelwissenschaftler und Theologe. In einer dem Neuen Testament vorausgeschickten „Präfatio" fordert er die

„Ist das menschliche Leben etwas anders, als ein Schauspiel, in welchem Jeder in einer besondern Larve auftritt, und so lange seine Rolle wegspielt, bis sein Principal zu ihm spricht: Tritt ab!"

Erasmus von Rotterdam

„Fortuna ist ein Weib; um es unterzukriegen, muss man es schlagen und stoßen. Man sieht auch, dass es sich leichter von Draufgängern bezwingen lässt als von denen, die kühl abwägend vorgehen."

Niccolo Machiavelli

wissenschaftliche Erforschung des Bibeltextes. Als Anleitung zur Bibelauslegung verfasste er von 1517 bis 1524 die „Paraphrasen" zu den Römer- und Apostelbriefen, den Evangelien und zur Apostelgeschichte. Seit 1521 gab er die Schriften der Kirchenväter heraus. Der Streit Luthers mit der katholischen Kirche stürzte Erasmus in einen Gewissenskonflikt. Um sich nicht für oder gegen den Reformator entscheiden zu müssen, ging er von Löwen nach Basel. Hier distanzierte er sich allerdings 1524 eindeutig von Luther: „De libero arbitrio", zu deutsch: „Vom freien Willen", 1956. 1528 sagte er sich im „Ciceronianus" auch von dem zu einseitig auf Cicero eingeschworenen italienischen Humanismus los. Reformatorische Neuerungen im Kirchenleben Basels zwangen ihn 1529 zur Übersiedlung nach Freiburg im Breisgau. Erst 1535 kehrte er nach Basel zurück. In den Schriften seiner letzten Lebensjahre plädiert Erasmus für die Unität der Kirche und bekräftigte die Suffizienz des apostolischen Glaubens.

Niccolo Machiavelli

* 1469 † 1527

Machiavelli [makjaw'əllɪ] stammte aus einer verarmten Familie der toskanischen Nobilität. 1498 wurde er als Sekretär Chef der Zweiten Staatskanzlei der „Signoria" von Florenz und hatte dieses zentrale Verwaltungs- und Außenamt bis 1512 inne. Machiavelli begleitete seine praktische Tätigkeit mit kleinen Abhandlungen z. B. über den Umgang mit Rebellen vom Val di Chiana oder die Bewaffnung des Staates von Florenz. Während der Reise an den Hof des deutschen Kaisers Maximilian I. (1507/1508) notierte Machiavelli seine Eindrücke von der Schweiz und Deutschland in kurzen Berichten. Als 1512 Florenz trotz der mehrmaligen Vermittlungsversuche Machiavellis in Frankreich von der Heiligen Liga Papst Julius' II. eingenommen wurde, verlor Machiavelli seine Position; die einst vertriebenen Medici übernahmen das Regiment der Stadt wieder. Machiavelli wurde als angeblicher Mitwisser einer republikanischen Verschwörung 1513 ins Gefängnis geworfen, jedoch bald wieder entlassen. In dieser Zeit der Verbitterung und Verarmung liegt seine schriftstellerisch fruchtbarste Periode. 1513 entstanden „Il principe" („Der Fürst") und große Partien der „Discorsi sopra la prima deca di Tito Livio" („Untersuchungen über die erste Dekade des Titus Livius"), seiner großen Studie zur alten und zeitgenössischen Geschichte und Politik. Aber nicht nur politikwissenschaftlich betätigte er sich, sondern auch poetisch: Die Komödie „Mandragola“ (1518) und andere Stücke und Gedichte wurden verfasst sowie der „Dialog über die Sprache“. Im „Principe“ und den „Discorsi“ ging Machiavelli von einer neuen Geschichtstheorie aus: Das Gleichbleiben der menschlichen Charaktere sei die Ursache für die – bei aller äußerlichen Unterschiedenheit – Gleichartigkeit historischer und politischer Abläufe. Insofern sei es durchaus möglich, aus der Geschichte zu lernen, wie richtige, erfolgreiche Politik der Fürsten („Principe“) und Republiken („Discorsi“) zu betreiben sei. Machiavelli konnte so anhand der untersuchten Versatzstücke in technisch-praktischer Absicht Anweisungen für das richtige oder falsche (nicht das gute oder böse) Vorgehen der Politiker geben. In der Zeit weitgehender eigener politischer Abstinenz unter der Herrschaft der Medici versuchte Machiavelli immer wieder ein praktisches Betätigungsfeld zu erlangen. Zu diesem Zweck verfasste er seine „Kriegskunst“ und erhielt auch vom „Studio“, der Universität Florenz, den Auftrag zu seiner „Storia Fiorentina“ (verfasst von 1521 bis 1525). Aber all diese Anbiederungsversuche führten nur dazu, dass nach Wiedereinführung der Republik 1527 Machiavelli als ein Mann der Medici-Partei galt und auch bei seinen politischen Freunden kein Ansehen mehr genoss.

Nikolaus Kopernikus

* 1473 † 1543

Kopernikus war Astronom und gilt als der Begründer des heliozentrischen („kopernikanischen“) Weltbildes. Er entstammte einer vornehmen Familie, sein Onkel war der Bischof von Ermland, Lukas Watzelrode. Seit 1491 trieb Kopernikus mathematische, astronomische und humanistische Studien an der Universität von Krakau. 1496 begann er Studien an der berühmten Rechtsschule der Universität Bologna, die er 1500 beendete. Im Jahre 1497 wurde er Mitglied des Domkapitels zu Frauenburg. Weitere Studien führten ihn an die Universitäten Padua und Ferrara, wo er 1503 zum Doktor des Kirchenrechts promovierte. Nach einem anschließenden Studium der Medizin führte er seit 1506 die Geschäfte seines Onkels, bis er 1512 nach Frauenburg übersiedelte. Trotz intensiver wissenschaftlicher Forschungen versah er hohe Ämter in der bischöflichen Verwaltung, der er seit 1523 als Generaladministrator vorstand.

„Die größte, erhabenste, folgenreichste Entdeckung, die je der Mensch gemacht

Bild linke Seite:
Machiavelli ging als unbedingter Fürsprecher der Machtpolitik in die Geschichte ein – ein Bild, das seinem differenzierten Entwurf erfolgreicher Staatsführung nicht gerecht wird.

Bild rechte Seite:
Nikolaus Kopernikus' heliozentrisches Weltbild hatte umfassende Folgen unter anderem für die Entwicklung der Philosophie.

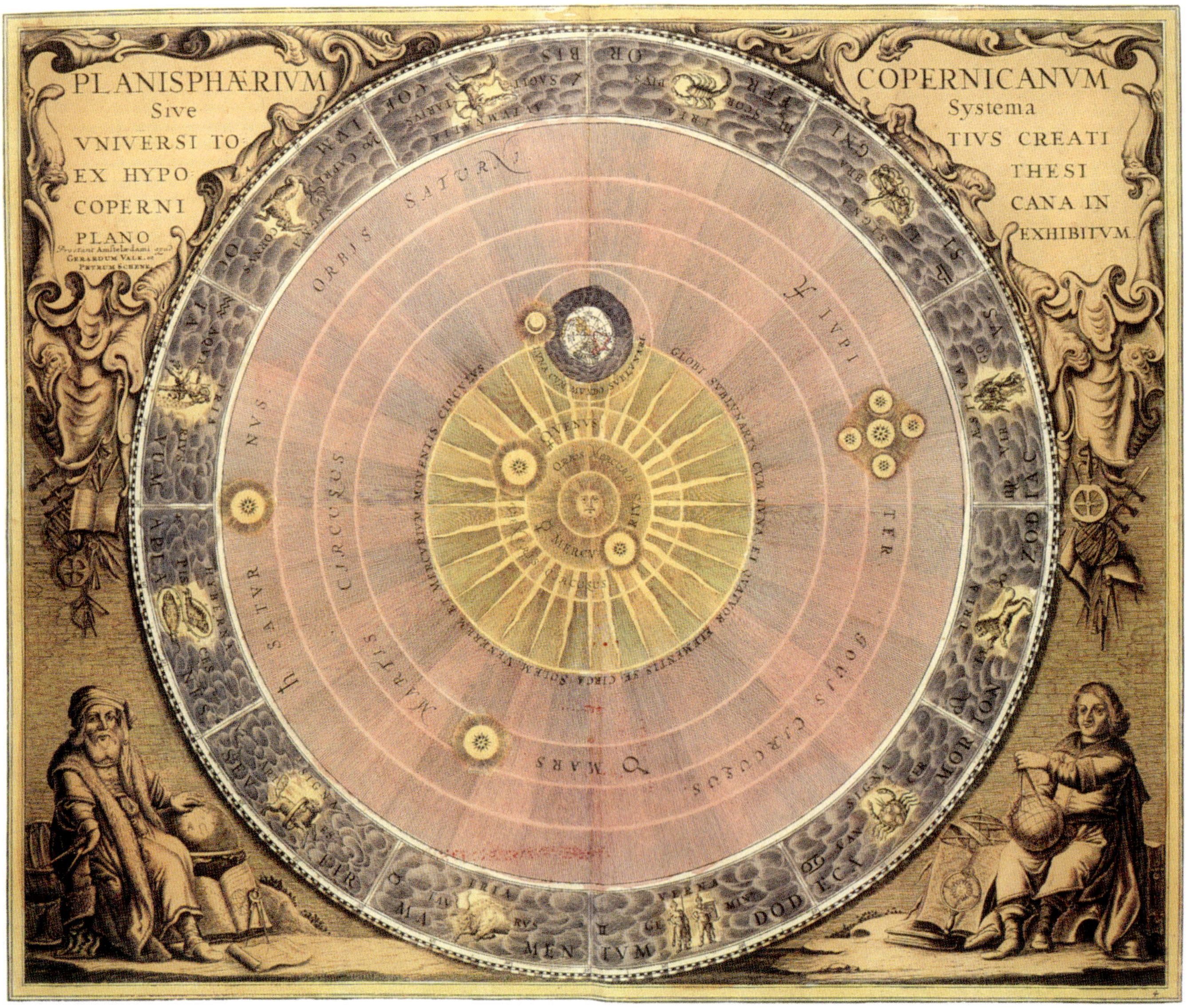

Bild linke Seite:
Karte des kopernikanischen Weltbildes mit der Sonne im Zentrum.

Bild rechte Seite:
Thomas Morus, der Verfasser der ersten politischen Utopie, auf einem Gemälde von Hans Holbein dem Jüngeren.

hat, wichtiger als die ganze Bibel" nannte Goethe diejenige Entdeckung, die Kopernikus zugeschrieben wird: dass sich die Erde um die Sonne dreht. Neu war indes nicht die Entdeckung, sondern der Anspruch von Wahrheit, den Kopernikus erhob und der noch 1616 von der Indexkongregation bestätigt wurde. Die scholastische Lehre, in deren universale Geltung hinein die Erkenntnisse des Kopernikus gesprochen wurden, nahm im Gefolge der aristotelischen Philosophie an, dass alles, was sich bewegt, auch von etwas bewegt würde. Dem stellte Kopernikus die Wahrheit der Bewegung als Zustand gegenüber. Damit war für die Theologen gewissermaßen der Himmel zum Stehen gekommen; die Erde war nicht mehr der Mittelpunkt der Schöpfung. Der Pluralität und Relativität als den Folgen der Beobachtung des Himmels stand das geschlossene Weltbild der Schöpfung als Gnadenakt des unbewegten Bewegers gegenüber. Die Schöpfung war nicht mehr Grund, sondern Zustand des Seins. Der Mensch begann, die ganze Natur als den Bereich seiner theoretischen Herrschaft sich zuzuschreiben und darin seiner praktischen Naturbemächtigung das Fundament zu schaffen. Das – und nicht in erster Linie die Tatsache der „Entdeckung" selbst – war der kopernikanische Punkt, dass sich seit Kopernikus die Wissenschaft in der europäischen Welt erstmals nicht in der Theologie, sondern gegen sie durchgesetzt hat.

Thomas Morus

* 1478 † 1535

Das politische und literarische Wirken des englischen Humanisten und Staatsmannes ist von dem Bewusstsein des Gegensatzes eines Ideals vernünftigen menschlichen Zusammenlebens und der europäischen Gesellschaftsordnung seiner Zeit getragen. In seinem Hauptwerk „Utopia" (1516) unternimmt er den Versuch, auf zeitkritische und satirische Weise einen Idealstaat zu entwerfen, in dem die Bewohner auf einer „glücklichen Insel" in Übereinstimmung mit den natürlichen Tugenden leben; die „Utopien", die alle Attribute äußerer Unterscheidung abgeschafft haben, lassen jeden nach seinem Glauben leben und tolerieren jedes Bekenntnis, ausgenommen die Gottlosigkeit und Leugnung der Unsterblichkeit der Seele. In seinem Wirken hält Morus engen Kontakt zu Erasmus von Rotterdam, philosophiegeschichtlich steht er als Humanist am Ende einer Phase der christlichen Rezeption der antiken philosophischen Tradition. Als Lordkanzler Heinrichs VIII. verweigerte er seine Zustimmung zu dessen Eheschließung mit Anna Boleyn und hielt die antiklerikale Gesetzgebung Heinrichs für einen ruinösen Angriff auf die Kirche, in der er das unerlässliche Fundament der Gesellschaftsstruktur erblickte. Dieser Widerstand führte zu Morus' Haft im Tower von London und seiner Hinrichtung. Als „Märtyrer der Wahrheit und Gewissensfreiheit" wurde er heilig gesprochen.

Theresia von Avila

* 1515 † 1582

Theresia von Avila, eigentlich Teresa de Cepeda y Ahumada mit dem Ordensnamen Teresa de Jesús, ging als bedeutendste spanische Mystikerin, die ihre geistigen Erlebnisse nach dem Willen ihrer Beichtväter und Ordensoberen schriftlich niederlegte, in die Weltliteratur ein.

Die schon als Kind schwärmerisch religiöse Adelstochter wurde im Kloster erzogen und trat 1535 in den Karmel von Avila ein. Sie wurde zur großen Reformatorin ihres Ordens und gründete, trotz der Anfeindungen durch die Inquisition, zahlreiche Klöster der auf sie zurückgehenden „unbeschuhten" Karmeliter und

„Es ist ausgeschlossen, dass alle Verhältnisse gut sind, solange nicht alle Menschen gut sind, worauf wir ja wohl noch eine hübsche Reihe von Jahren werden warten müssen."

Thomas Morus

„Ich vermag nicht einzusehen, wie man Demut ohne Liebe oder Liebe ohne Demut habe oder haben könne."

Theresia von Avila

Bild linke Seite:
Die Mystikerin Theresia von Avila wurde durch ihre schwere Krankheit zu Gott gelenkt. Sie stellte in ihren Werken den Weg zur Erlangung der Vollkommenheit dar, der letztlich zur Vereinigung mit Gott führt.

Bild rechte Seite:
Jean Bodin auf einem zeitgenössischen Kupferstich; er sprach sich für die zeitlich wie inhaltlich unbegrenzte Staatsautorität aus.

Karmeliterinnen. Wenige Jahre vor ihrem Tod wurde Theresia von Avila nach Toledo verbannt. 1622 erfolgte ihre Heiligsprechung. Literarisch schlugen sich Theresias mystische Visionen in Autobiographien, Lehrschriften, Briefen und einigen Gedichten nieder. Ihr schlichter, von natürlicher Anmut getragener Bekenntnisstil gab ihr den Rang einer Klassikerin der kastilischen Sprache. Inhaltlich kreisen ihre Hauptwerke, die mystischen Lehrschriften „Camino de perfección" (1585; „Weg der Vollkommenheit") und „El Castillo interior o Las Moradas" (1588; „Die Seelenburg oder innerliche Wohnungen", 1621) sowie die Lebensbeschreibung „Libro de su vida" (1588; „Das Buch ihres Lebens") um den kontemplativen Weg zur Erlangung der Vollkommenheit, wobei in „Las Moradas" die angestrebte unio mystica, die Vereinigung mit Gott, nach einem Gang der Seele durch sieben Wohnungen, die einzelne Gebetsstufen versinnbildlichen, erreicht wird.

Jean Bodin

* 1529/30 † 1596

Der Staatstheoretiker und Hauptvertreter des französischen Humanismus übernahm zum Abschluss seiner juristischen Laufbahn das Amt des Anwalts der französischen Krone. Sein Werk entstand unter dem Eindruck der blutigen französischen Bürgerkriege im 16. Jh. In der religionsphilosophischen Schrift „Colloquium heptaplomeres" (1576) tritt er für ein gleichberechtigtes Nebeneinander der verschiedenen Religionen ein, da sie für ihn alle dieselbe Wurzel besitzen. In seinem Hauptwerk „Les six Livres de la République“ gibt Bodin eine politische Antwort auf die Situation seiner Zeit. Die Souveränität des Staates ist nur als „absolute und zeitlich unbegrenzte Gewalt“ denkbar, wenn sie ihren zentralen Aufgaben des Eigentums- und Familienschutzes nachkommen will. Natürliche und göttliche Gesetze sowie internationale Verträge bilden die Schranken staatlicher Herrschaft. Da Bodin den konkreten Inhalt dieser Gesetze nicht bestimmte, wurde sein Werk zur Grundlage absolutistischer Staatstheorien.

Michel Evquem Seigneur de Montaigne

* 1533 † 1592

Er war der bedeutendste Späthumanist Frankreichs und verfasste mit seinen „Essais“ das erste philosophische Werk in französischer Sprache. Nach einer humanistischen Erziehung und einem Jurastudium wirkte er zwanzig Jahre – anfangs als Gerichtsrat in Perigueux, ab 1557 als Parlamentsrat in Bordeaux – im öffentlichen Leben. 1571 zog er sich auf sein Schloss zurück, um sich fortan hauptsächlich schriftstellerischen Arbeiten und wissenschaftlichen Studien widmen zu können. Im Auftrag des Königs vermittelte er zwischen Katholiken und Protestanten, deren blutige Auseinandersetzungen die Geschichte Frankreichs in der zweiten Hälfte des 16. Jahrhunderts bestimmten. 1580/1581 unternahm er eine Reise durch Deutschland und Italien, die er in seinem Reisetagebuch („Journal du voyage“) beschrieben hat. Von 1881 bis 1885 war er Bürgermeister von Lyon.

Montaignes [mɒn(g)'tænj(ə)] Ruhm als einer der hervorragendsten Schriftsteller Frankreichs gründet sich auf sein Hauptwerk, das 1580 erschien, 1588 in erweiterter Neuauflage herauskam und 1595 nach dem korrigierten Handexemplar des Autors publiziert wurde: die „Essais“. Damit begründete er die neue literarische Gattung des Essays, einer offenen Prosaform zwischen Brief und Dialog. Im Unterschied zu der wissenschaftlich-philosophischen Abhandlung erlaubt sie, in lockerer Folge Reflexionen, Selbstanalysen und allgemeine Beobachtungen aneinanderzureihen, und tendiert stilistisch zu aphoristischer und sentenzhafter Ausdrucksweise. Man hat seine Essays treffend „Gespräche ohne Partner“ genannt,

„Die Philosophie ist, und zwar auch bei gescheiten Leuten, nur ein leeres Wort, das keine Beziehung zur Wirklichkeit hat.“

Michel de Montaigne

„Wenn also Geist, Seele und Leben sich in allen Dingen vorfindet und in Abstufungen die ganze Materie erfüllt, so ist der Geist offenbar die wahre Wirklichkeit und die wahre Form aller Dinge."

Giordano Bruno

da die verschiedenen Meinungen wie in einer Unterhaltung gegeneinander abgewogen und modifiziert werden. Der Leser wird unmerklich in diesen Prozess miteinbezogen und aufgefordert, die angeschnittenen Überlegungen selbstständig weiterzuentwickeln. Das zentrale Thema der Erörterungen – weitgehend Selbstanalysen, die Montaignes Vorliebe für die stoische Lebensauffassung (Seneca, Cicero, Epiktet) zeigen – ist der diesseitige Mensch in seiner „verwickelten Widersprüchlichkeit und konkreten Alltäglichkeit" (H. Friedrich). Die Wirkung der „Essais" auf die gesamte europäische Literatur war außerordentlich, und auch heute noch finden seine Betrachtungen und „Selbstgespräche" aufgrund ihrer allseitigen geistigen Beweglichkeit und geschliffenen, espritvollen Form Leser, denen die ständige kritische Überprüfung ihrer Denkansätze Bedürfnis ist.

Giordano Bruno

* 1548 † 1600

Der in Nola/Kampanien geborene und in Rom auf dem Scheiterhaufen verbrannte italienische Philosoph ist Repräsentant des späten Renaissancedenkens. Der äußere Ablauf seines Lebens zeigt Bruno als einen Mann, der gegenüber Autoritäten auf seiner geistigen Unabhängigkeit bestand und die Fähigkeit besaß, neue Denkansätze sofort in ihren Folgen zu verstehen. 15-jährig trat er in Neapel in den Dominikanerorden ein. Als er nach ausgedehnten Studien Zweifel an bestimmten theologischen Lehren äußerte, klagte ihn 1576 sein Ordensoberer der Häresie an. Dem Prozess entzog er sich durch Flucht nach Genf, wo er 1579 zur calvinistischen Konfession übertrat. Kritik an einem calvinistischen Professor brachte ihn vorübergehend ins Gefängnis und trieb ihn weiter nach Frankreich, wo ihm 1581 sein Lehrerfolg in Paris die Gunst des Königs eintrug. Mit seiner Empfehlung ging er zwei Jahre später nach Oxford. 1586 lehrte er in Wittenberg, musste jedoch, als hier die Calvinisten die Oberhand bekamen, nach Frankfurt ausweichen, wo er seine bereits in Wittenberg verfassten Schriften veröffentlichte. 1591 nahm er eine Einladung nach Venedig an, wurde aber 1592 von seinem Gastgeber der Inquisition verra-

ten. Diese hielt ihn sieben Jahre lang in Haft. Anfangs zum Widerruf geneigt, widerstand er doch den endlosen Verhören. So wurde er verurteilt und öffentlich verbrannt. Von einem ihm entgegengehaltenen Kruzifix soll er sich verachtungsvoll abgewandt haben.

Sein Denken fußt auf Kopernikus' Lehre, weitet sie aber aus, indem es die Unendlichkeit der Welt als Endlosigkeit aufeinander bezogener Sonnensysteme deutet. In seinen philosophischen Hauptschriften lehrt er, dass die Dinge Teiloffenbarungen des einen unendlichen, alles in sich einbegreifenden Gottes sind, hervorgegangen aus der einen, allumfassenden Materie mittels der einen, allumfassenden Form, der Weltseele. Über Spinoza und Leibniz, der von Bruno den Monadenbegriff übernahm, gewann Bruno Einfluss auf die deutsche Philosophie, vor allem auf Schelling.

Francis Bacon

* 1562 † 1626

Bacon ['bɔ(ɪ)kn], der Begründer des Empirismus und philosophische Wegbereiter des naturwissenschaftlichen Denkens, fand auch als Staatsmann Zugang zu den höchsten Ämtern, die ihm als Sohn einer alten Adelsfamilie offenstanden. 1576 ging er mit dem englischen Gesandten für drei Jahre nach Frankreich. Anschließend übernahm er in London eine Rechtsanwaltspraxis und wurde unbesoldeter Rat Elisabeths I. Eine steile politische Karriere machte er unter Jakob I.: Er wurde 1607 Generalstaatsanwalt, 1613 erster Thronanwalt, 1617 Lordsiegelbewahrer, 1618 Lordkanzler mit dem Titel Baron Verulam und 1620 Viscount of St. Albans. Hier, auf dem Gipfelpunkt seines politischen Ruhms, wurde Bacon, nicht ohne eigenes Verschulden, in einen Korruptionsskandal

„Ein Kluger wird sich mehr Gelegenheiten schaffen, als sich ihm bieten."

Francis Bacon

Bild linke Seite:
Michel de Montaigne meditierte vor allem über die Erfahrungen des Alltagslebens und zeigte sich allen neuen Entdeckungen offen. Das höchste Gut des Menschen war ihm der Seelenfrieden.

Bild rechte Seite:
Das Relief zeigt Giordano Bruno vor der römischen Inquisition.

„Wir dürfen das Weltall nicht einengen, um es den Grenzen unseres Vorstellungsvermögens anzupassen, wie der Mensch es bisher zu tun pflegte. Wir müssen vielmehr unser Wissen ausdehnen, sodass es das Bild des Weltalls fassen kann."

Francis Bacon

Bild linke Seite:
Francis Bacon verfasste – neben seiner bekannten Utopie – unter anderem eine erste Universalenzyklopädie, in der er das Wissen seiner Zeit strukturiert zusammenfasste und um künftige Forschungsgebiete erweiterte.

Bild rechte Seite:
Galilei auf einem Porträt von Justus Sustermans, sechs Jahre vor dem Tod des Universalwissenschaftlers und Begründers der „klassischen Wissenschaft", die auf Experimenten und messbaren Ergebnissen beruhte.

verwickelt. Er verlor alle Ämter und wurde zu einer hohen Geld- und Haftstrafe verurteilt, die ihm der König jedoch erließ.

Bacon hat mit der grundlegenden Forderung, alles Wissen in der Erfahrung zu begründen, die scholastisch-aristotelische Philosophie verworfen, von der er sich dennoch nicht völlig lösen konnte. Sein Hauptwerk, die „Instauratio Magna", blieb Fragment. Im ersten Teil „Über die Würde und die Mehrung der Wissenschaften", stellt Bacon deren Stammbaum dar. Die Wissenschaft besteht im Grunde aus Geschichte, Poesie und Philosophie. Diesen drei Zweigen entsprechen drei Grundfähigkeiten der menschlichen Seele: Gedächtnis, Einbildungskraft und Verstand. Der zweite, bedeutendere Teil, „Neues Organon der Wissenschaften", begründet eine Methodenlehre der Wissenschaften. Bacons Interesse hierbei gilt nicht so sehr den Gesetzmäßigkeiten des richtigen Denkens als vielmehr den störenden Elementen darin, den Quellen der Irrtümer und Trugschlüsse. Um das Denken von ihnen zu befreien, entwickelt er die berühmte Idolenlehre, eine Vorstufe der französischen Aufklärungsphilosophie. Instrument der Wahrheitsfindung ist der Zweifel an herkömmlichen Verfahren der Wissenschaft. Die wahre Erkenntnis, so lehrt Bacon, wird durch „Idole", Götzenbilder, getrübt oder ganz verstellt, von denen er vier Arten nennt: 1. „die Idole des Stammes", die anthropozentrische Befangenheit des Menschen, die ihm die Einbildung erlaubt, er selbst sei das „Maß aller Dinge"; 2. „die Idole der Höhle", die entstehen, weil der Verstand jedes einzelnen Menschen subjektive Verzerrungen infolge psychischer und sozialer Einflüsse aufweist; 3. „die Idole des Marktes", die in Vorurteilen und Konventionen bestehen, wie sie in die Sprache als gesellschaftliches Kommunikationsmittel eingegangen sind; 4. „die Idole des Theaters", die aus Leichtgläubigkeit gegenüber der theologischen und philosophischen Überlieferung resultieren. Ein derart kritisch korrigiertes Denken führt die Wissenschaft zur Herrschaft über die Natur. Bacon sagt: „Wissen ist Macht" – jedoch lässt sich diese Macht nur erwerben, indem sich der Forscher den Dingen unterwirft: „Die Natur wird besiegt, wenn man ihr gehorcht." Das Wesen der Dinge kann nur mithilfe der induktiven Methode aufgedeckt werden, d. h. man steigt von der Beobachtung einzelner Erfahrungen stetig und langsam zu allgemeineren Definitionen auf. In „Neu-Atlantis", einer unvollendeten, naturwissenschaftlichen Utopie, versuchte Bacon ein vollkommenes Staatswesen darzustellen, dessen Stabilität auf der induktiven Methode der Wissenschaft und dem technischen Fortschritt beruht.

Galileo Galilei

* 1564 † 1642

Zusammen mit Johannes Kepler ist der italienische Mathematiker, Astronom und Physiker Galileo Galilei der Begründer der neuen, so genannten „klassischen Naturwissenschaft", weil er auf Erfahrung baute und das Experiment, die messenden Versuche, als Beweisgrundlage bevorzugte. Galilei studierte in Pisa Medizin und mathematische Wissenschaften. Mit 25 Jahren wurde er auf den mathematischen Lehrstuhl der Universität Pisa berufen. Er zeigte, dass Körper verschiedenen Gewichts ihren Fall in fast gleicher Zeit zurücklegen. Die glücklichste und fruchtbarste Zeit seines Lebens waren die 18 Jahre, die er ab

„Ich glaube nicht, dass derselbe Gott, der uns Sinne, Vernunft und Verstand gab, uns ihren Gebrauch verbieten wollte."

Galileo Galilei

1592 als Professor der Mathematik in Padua wirkte. 1610 wurde er Mathematiker und Philosoph am großherzoglichen Hof zu Florenz. In Padua kam Galilei zur Erkenntnis der richtigen Fall-, Wurf- und Pendelgesetze der Ortsbewegungen, der „movimenti locali", und entwickelte seine „meccanica", die Lehre von der Tragfähigkeit und Bruchfestigkeit der Balken und Stäbe, zwei neue Wissenschaften, deren erweiterte Ergebnisse er erst 1638 in seinem physikalischen Hauptwerk „Discorsi e dimostrazioni matematiche intorno a due nuove scienze" („Unterredungen und mathematische Demonstrationen über zwei neue Wissenszweige", 1890/91) veröffentlicht hat. Größeres Aufsehen als diese Grundlagen wissenschaftlicher Mechanik und moderner Physik erregten damals die astronomischen Entdeckungen Galileis. Auf das Gerücht von der Erfindung des Fernrohrs in Holland hin konstruierte er 1609 selbstständig ein „telescopio". Er stellte fest, dass die Erde keine Sonderstellung unter den Planeten einnimmt, dass es auf dem Mond Berge gibt und Flecken in der Sonne, entdeckte die Jupitermonde, die Sichelgestalt der Venus und ihre Phasen, woraus er den Schluss zog, dass sich die Venus um die Sonne bewegen muss. Zusammengefasst sind die astronomischen Entdeckungen in dem allgemein verständlichen „Dialog" (1632), in dem durch Vergleich der alten ptolemäischen mit der neuen kopernikanischen Lehre die wissenschaftliche Unhaltbarkeit des alten Systems, wenn auch vorsichtig versteckt, bewiesen wird. Bereits 1616 hatte Rom die Lehre von der Erdbewegung als „absurd in der Philosophie und mindestens irrgläubig in der Theologie" bezeichnet. Weil eine bewegte Erde angeblich der Heiligen Schrift widersprach, wurde gegen Galilei und sein Buch das Inquisitionsverfahren eingeleitet. 1633 musste Galilei seiner Lehre von der Erdbewegung abschwören. Eine später erfundene Sage ist, dass er nach dem Widerruf den Ausspruch „Und sie bewegt sich doch" getan haben soll. Bis zu seinem Tode blieb Galilei der Aufsicht der Inquisition unterstellt.

Tommaso Campanella

* 1568 † 1639

Der Philosoph Tommaso Campanella (geboren in Stilo/Kalabrien, gestorben in Paris) trat schon mit 15 Jahren in den Dominikanerorden ein und trieb erfahrungswissenschaftliche Studien. Sein eigentlicher Name ist Giovanni Domenico. 1591 wegen Ketzerei verhaftet und in Rom in den Kerker geworfen, bemühte er sich 1592 um einen Lehrstuhl an der Universität in Pisa, den ihm aber der Großherzog und Ex-Kardinal Ferdinand I. de Medici verweigerte. Im Jahre 1598 nach Kalabrien zurückgekehrt, beteiligte er sich am Kampf gegen die spanische Gewaltherrschaft in Süditalien. Im August 1599 wurde er verhaftet, mehrmals gefoltert und in den Kerkern von Castel dell'Ovo und St. Elmo schließlich 27 Jahre lang gefangen gehalten. Dem Papst Urban VIII. gelang es durch einen Trick, Campanella zu befreien und ihn 1629 nach Frankreich ausreisen zu lassen. Hier hatte er in Aix vertrauten Umgang mit dem Naturforscher Gassendi, später lebte er unter dem Schutz des Kardinals Richelieu in Paris im Dominikanerkloster St. Jacob, wo er 71-jährig starb. Campanella verfasste mehr als 80 wissenschaftliche Schriften, die Probleme der Philosophie – Naturwissenschaften, Astronomie, Astrologie, Medizin, Pädagogik und Politologie – behandeln. Sie wurden zumeist im Gefängnis geschrie-

„In einer wahren Gemeinschaft jedoch sind alle arm und reich zugleich: reich, weil alle das haben, was sie brauchen, arm, weil keiner etwas besitzt; zugleich dienen sie nicht den Sachen, sondern die Sachen ihnen."

Tommaso Campanella

Bild linke Seite: Galileo Galileis Astrolabium, mit dem er den Himmel vermaß. Bei seinen astronomischen Forschungen kam Galilei zudem das Fernrohr zunutze, eine Erfindung des Niederländers Hans Lipperhey, die der Italiener 1609 nachbaute. Galilei entdeckte unter anderem die Sonnenflecken und stellte fest, dass die Milchstraße ein Sternenband ist.

„Es gibt nichts Wunderbares, nichts, was die Weisheit des Schöpfers bei den Verständigen heller bezeugt, als die Bewegung der fünf Planeten."

Johannes Kepler

ben, von Freunden herausgeschmuggelt und in Deutschland gedruckt. Sein bedeutendstes, auch heute noch gelesenes Werk ist der „Sonnenstaat" („Città del Sole"), das 1602 zunächst in italienischer Sprache erschien. Campanella entwickelt hierin, an Platons „Staat" und Thomas Morus' „Utopia" anknüpfend, die Utopie eines christlichen Staates. An seiner Spitze steht der Priester Sol, der Offenbarungsglauben und Erfahrungswissen in sich vereint, und ihm zur Seite drei Würdenträger: Pon (= Macht), Sin (= Weisheit) und Mor (= Liebe). Breiten Raum in der Erzählung vom Sonnenstaat nehmen die Weibergemeinschaft, menschliche Fortpflanzung, Gattenwahl, Kinderpflege und -erziehung sowie Astrologie und Astronomie ein. In Campanellas utopischem Staat gibt es nur Gemeineigentum und einen vierstündigen Arbeitstag. Campanella, dessen „Sonnenstaat" die Sozialphilosophie der Aufklärung stark beeinflusste, wird zu den Vorläufern des Sozialismus und Kommunismus gezählt.

Johannes Kepler

* 1571 † 1630

Kepler besuchte die Klosterschulen von Maulbronn und Adelsberg, 1589 trat er in das protestantisch-lutherische Stift zu Tübingen ein und sollte Theologe werden. Dort beschäftigte er sich erstmals durch Vermittlung seines Lehrers Michael Mästlin mit Astronomie und Mathematik sowie dem Kopernikanischen Weltsystem.

Nachdem er 1591 die Magisterwürde erworben hatte und 1594 als Mathematiklehrer nach Graz gegangen war, veröffentlichte er 1596 seine Schrift „Mysterium Cosmographicum" (Weltgeheimnis), in der er den Bau des Planetensystems mit den fünf regelmäßigen geometrischen (platonischen) Körpern in Verbindung brachte. 1600 wurde er vom kaiserlichen Mathematiker und Hofastronomen Tycho Brahe als Gehilfe nach Prag an den Hof Kaiser Rudolfs II. gerufen. 1601, nach dem Tod Brahes, trat er dessen Nachfolge an.

Die kurze Zusammenarbeit zwischen Brahe und Kepler hatte für die Weiterentwicklung der Astronomie große Bedeutung: Kepler versuchte mithilfe der für die damalige Zeit genauesten Beobachtungen der Marsbahn, die Brahe noch in Dänemark machte, die Planetenbahnen zu berechnen. Nach jahrelangen Bemühungen kam er zu dem Ergebnis, dass es sich nicht um Kreise handeln könne, wie es Jahrhunderte lang als selbstverständlich vorausgesetzt wurde, sondern um Ellipsen. Er stellte damit die Gesetze der Planetenbewegung, die Keplerschen Gesetze, auf:

1. Die Planeten bewegen sich auf Ellipsen, in deren einem Brennpunkt die Sonne steht. 2. Die Verbindungslinie Planet-Sonne (der Radiusvektor) überstreicht in gleichen Zeiten gleiche Flächen.

Praktisch bedeutet dies, dass ein Planet sich im sonnennächsten Punkt am schnellsten, im sonnenfernsten Punkt am langsamsten bewegt. Diese beiden ersten Gesetze wurden von Kepler 1609 in seiner „Astronomia nova" (Neue Astronomie) veröffentlicht. 1612 siedelte er nach dem Tod Rudolfs II. nach Linz über und war dort Gymnasiallehrer. 1619 erschien „Harmonice mundi"(Weltharmonik). Darin ist das letzte Gesetz der Planetenbewegung dargestellt: Die dritten Potenzen der großen Halbachsen der Bahnen zweier Planeten verhalten sich zueinander wie die Quadrate der Umlaufzeiten. Außerdem vertrat Kepler in seiner „Weltharmonik" die Ansicht, dass die von der Sonne aus betrachteten Winkelgeschwindigkeiten der Planeten in Sonnennähe und -ferne in einem Verhältnis zueinander stehen, die bestimmten musikalischen Harmonien entsprechen.

Kepler beschäftigte sich auch mit der Optik. In seinem Werk „Dioptrice" (1611) beschreibt er Bau und Wirkungsweise des astronomischen Fernrohrs. 1604 entdeckte und beobachtete er eine Supernova im Sternbild Schlangenträger (Ophiuchus). 1627 erschienen die „Rudolfinischen Tafeln", die Vorausberechnungen der Planetenbahnen enthielten. Kepler stand in seiner astronomischen Denkweise zwischen der Geometrie von Altertum und Mittelalter und der Physik und Dynamik eines Isaac Newton und der Neuzeit. Tatsächlich tritt in seinen Werken erstmals der Gedanke an eine in der Sonne sitzende, das Planetensystem bewegende Kraft in dem Begriff der anima motrix, der „bewegenden Seele", auf.

Kepler lebte stets in dürftigen finanziellen Verhältnissen, die er durch das Stellen von Horoskopen und die Herausgabe astrologischer Kalender zu verbessern versuchte. Ab 1927 fand er in Albrecht von Wallenstein einen Förderer. 1630 wollte Kepler vor dem Reichstag zu Regensburg seine rückständigen Gehälter einfordern; dort starb er nach kurzer Krankheit.

Hugo Grotius

* 1583 † 1645

Hugo Grotius, eigentlich Huigh de Groot, begann 1594 in Leiden Literaturwissenschaft zu studieren. Vier Jahre spä-

Bild linke Seite:
Johannes Kepplers großer Verdienst war die Erkenntnis der Ellipsoidbewegung der Planeten um die Sonne und die damit zusammenhängend variierende Geschwindigkeit der Planetenbewegung.

Bild rechte Seite:
Hugo Grotius gilt als Begründer des modernen Völkerrechts und setzte sich darüber hinaus für die zu seiner Zeit brisante Idee des Freihandels ein.

„Es ist unleugbar, dass Krieg der natürliche Zustand der Menschen war, bevor die Gesellschaft gebildet wurde, und zwar nicht einfach der Krieg, sondern der Krieg aller gegen alle."

Thomas Hobbes

ter, mit nur 15 Jahren, begleitete er Oldenbarneveldt bei seiner Mission nach Paris zu Heinrich IV. Auf dem Rückweg nach Holland promovierte er in Orléans zum Doktor der Rechte. 1607 wurde er Generalanwalt der Provinz Holland und 1613 Mitglied der Generalstaaten. 1619 wurde seine Karriere jäh unterbrochen: Im Zusammenhang mit einem religiösen Disput über die Prädestination (Remonstrantenstreit) wurde er zu lebenslanger Haft verurteilt, konnte aber nach Frankreich fliehen. Nachdem er 1631 vergeblich versucht hatte, wieder in seine Heimat zurückzukehren, nahm er 1634 ein Angebot des schwedischen Reichskanzlers Oxenstierna an, schwedischer Botschafter in Paris zu werden. Als er 1643 nicht in die schwedische Friedensdelegation aufgenommen wurde, trat er von diesem Posten zurück, ging zwar nach Stockholm, weigerte sich aber, dort zu bleiben. Er wollte nach Holland zurück, starb jedoch auf der Reise 1645 in Rostock.

Grotius begründete das moderne Völkerrecht, indem er positive, die Staaten bindende Rechtsgrundsätze entwickelte. In seinem Hauptwerk „De jure belli ac pacis" (1625) entwickelte er das Völkerrecht als einen Teil der alle Menschen und Staaten umfassenden Rechtsordnung, die ihren Grund im „appetitus socialis", dem Ver-

Bild linke Seite: Thomas Hobbes' Schaffen bezog sich auf die Ethik wie auf die Naturwissenschaften; die Nachwelt prägte jedoch vor allem seine politische Philosophie.

Bild rechte Seite: Titelbild des „Leviathan", in dem Hobbes den Weg des Menschen aus dem von Furcht geprägten Naturzustand beschreibt. Erst durch die Gründung eines Staates und die Übertragung der Macht zugunsten des Souveräns erhält der Einzelne Sicherheit.

gesellschaftungstrieb des Menschen hat und inhaltlich durch das „dictatum rectae rationis“ (Zwang zum rechten Vernunftgebrauch) bestimmt ist. In seiner Haftzeit schrieb Grotius 1627 sein theologisches Hauptwerk „De veritate religionis christianae“. Bedeutsam für die Entwicklung der Bibelexegese wurden seine „Annotationes“ zum Alten und Neuen Testament.

Thomas Hobbes

* 1588 † 1679

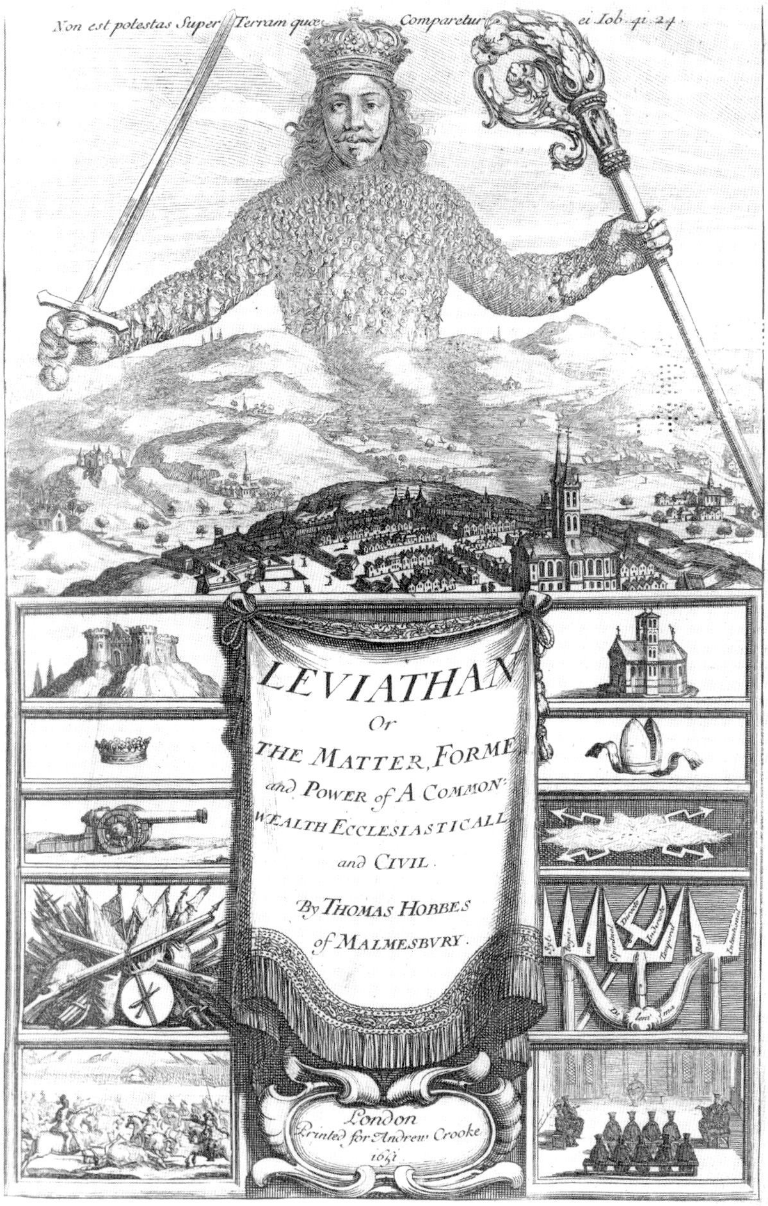

Hobbes [hɒbs], der die längste Zeit seines Lebens als Hauslehrer bei den Grafen von Devonshire tätig war, blieb dennoch nicht den Bürgerkriegen seiner Zeit entzogen. Der rationalistische Philosoph verließ England bereits 1640 und ging nach Frankreich ins Exil. Nach dem Sieg der englischen Revolution kehrte er 1651 unter Cromwell zurück und unterwarf sich zunächst dem neuen Machthaber. Hobbes lehnte die spekulative Metaphysik entschieden ab und plante ein dreiseitiges Erklärungsmodell physikalischer (de corpore), körperlich-geistiger (de homine) und gesellschaftlicher (de cive) Vorgänge. Theoretischer Ausgangsort war ihm die Lehre von der Bewegung der Körper als mathematische Deduktion. Die Zeit des Übergangs von der hauswirtschaftlich gebundenen Produktionsweise zum am Markt orientierten Warenverkehr hatte bereits in den mathematischen und naturwissenschaftlichen Anstrengungen neue Wege beschritten: Galilei und Descartes hatten vorgezeichnet, dass mit einem deduktiv mathematischen Vorgehen neue Erkenntnisse erschlossen werden konnten, die der Einsicht aller mit „natürlicher Vernunft“ Begabten zugänglich waren. Der entscheidende Schritt, der Hobbes zum bedeutendsten Gesellschaftstheoretiker seiner Zeit machte, bestand nunmehr darin, die Prinzipien rationalmathematischen Denkens auf den Zusammenhang von Staat und Gesellschaft anzuwenden. Es galt ein Balancesystem zu konstruieren, das die grundsätzlich widersprüchlichen Kräfte eines frei wirtschaftenden Bürgertums und der auf Effektivitätssteigerung und Wirtschaftsexpansion bedachten Zentralgewalt nicht gegeneinander wirksam werden ließ, sondern zusammenspannte. Der

„Und Verträge sind ohne das Schwert leere Worte und vermögen in keiner Weise dem Menschen Sicherheit zu geben.“

Thomas Hobbes

„Wenn es keine Bücher gäbe, wären wir alle völlig roh und ungebildet, denn wir besäßen keinerlei Kenntnisse über das Vergangene, keine von göttlichen oder menschlichen Dingen."

Johann Amos Comenius

so geführte Krieg aller gegen alle („bellum omnium contra omnes") – von Hobbes zum Naturgesetz erhoben – konnte nach Auffassung des erklärten Royalisten nur beendet werden, indem durch vertragliche Absicherung die Bürger ihre Rechte einem absoluten Herrscher überließen, der in alleiniger Entscheidungsgewalt den Gesellschaftsprozess regulierte. Unter diesem Schutzschirm des politischen Souveräns wäre es denn möglich, ein freies, „humanes" Wirtschaften zu entfalten. Bereits in der Emigration hatte Hobbes begonnen, seine neue Lehre zu vertreten („Elements of law natural and political", verfasst 1640; deutsch 1926) und in seinem Hauptwerk auszuführen („Leviathan or the Matter, Form and Authority of Gouvernment", 1651; deutsch 1794). Nach der Rückkehr widmete er sich in antiklerikalen Schriften dem Kampf gegen die Macht, die seinen politischen Souverän einzuschränken versuchte („On Liberty and Necessity", 1656), ebenso wie der Ausarbeitung der Ursachen des englischen Bürgerkrieges („Behemoth", 1668) und der Darlegung seines mathematisch bestimmten philosophischen Systementwurfs.

Petrus Gassendi

* 1592 † 1655

Bedeutender Philosoph und vielseitiger Gelehrter des 17. Jahrhunderts, wurde nach dem Studium der Theologie 1614 Domgeistlicher zu Digne. 1617 bis 1622 war er Philosophieprofessor in Aix und lehrte 1645 bis 1648 Mathematik, Physik und Astronomie am College Royal in Paris. Bekannt wurde Gassendi als Verfasser zahlreicher philosophischer und naturwissenschaftlicher Schriften. Die 1624 veröffentlichten „Exercitationes paradoxicae adversus Aristoteleos" sind eine rigorose Absage an die aristotelische Philosophie. In der gegen die „Meditationes" von Descartes gerichteten Kritik (1642) und den durch dessen Gegenschrift hervorgerufenen „Dubitationes et Instantiae" (1644) wird die Diskrepanz zwischen Empirismus und Rationalismus bekräftigt. Gassendi verwarf Descartes' naturgegebene Begriffe und formulierte die Ansicht, die menschliche Erkenntnis stamme primär aus den Sinneseindrücken. In der Erkenntnistheorie machte Gassendi den Versuch, die auf Demokrit und Epikur zurückgehende atomistische Naturphilosophie zu erneuern und sie mit dem christlichen Dogma zu verknüpfen.

Johann Amos Comenius

* 1592 † 1670

Der Pädagoge und Didaktiker war ein Schüler Alsteds. Seine Pädagogik orientiert sich an der Erwartung des nahen tausendjährigen Reichs Christi. Dem Anbruch seiner Herrschaft soll eine grundlegende Reform der Menschheit vorhergehen. Comenius fasste eine universale Weisheitslehre ins Auge, die das gesamte Wissen und die vollkommene Erkenntnis darzustellen hat. Durch Überwindung der Irrtümer und Gegensätze im Christentum stellt sich die Einheit der Menschheit her. Die Verwirklichung seiner Ideen versuchte Comenius v. a. durch die Zusammenfassung der gelehrten Gesellschaften zu erreichen.

René Descartes

* 1595 † 1650

Der französische Philosoph und Mathematiker besuchte acht Jahre lang das Jesuitenkolleg in La Fleche (Anjou) und studierte später, da ihn das Studium der scholastischen Philosophie nicht befriedigte, intensiv Mathematik. Zu Beginn des Dreißigjährigen Krieges war er als Soldat in Deutschland. 1621 ging er auf Reisen, von 1629 bis 1649 lebte er in verschiedenen Orten Hollands. Hier entstanden seine bedeutendsten Werke und es sammelten sich zahlreiche Schüler um ihn. Auf Wunsch der Königin Christine von Schweden ging Descartes 1649 nach Stockholm, schrieb in ihrem Auftrag das Ballettlibretto „La naissance de la paix" und unterwies die Königin in der Philosophie.

Descartes gehört zu den Begründern der Philosophie der Neuzeit. Er begründete den von der philosophischen Souveränität der Vernunft überzeugten modernen Rationalismus. Seine Fragestellung hat zunächst die Form des Suchens nach einem neuen Zugang zu den Wissenschaften. So steht bei ihm am Anfang aller Erkenntnis die Prüfung der Erkenntnisfähigkeit des eigenen Intellekts. Er versuchte, vom Nullpunkt aus zu philosophieren. Als methodisches Vorbild diente ihm die logische Klarheit der Mathematik, die er zum Urbild der Wissenschaft erklärte. Der deduktiven Methode folgend stützte er die Erkenntnis auf die Gewissheit exakter Vernunftein-

Bild linke Seite:
Porträt Petrus Gassendis, der eine rein materialistische Weltauffassung vertrat.

Bild rechte Seite:
Comenius' Lehre befasste sich vorrangig mit der christlich-humanistischen Lebensgestaltung.

Bild linke Seite:
Porträt des René Descartes von Frans Hals. Der französische Philosoph entwickelte einen modernen Rationalismus und prägte den Satz „cogito, ergo sum".

Bild rechte Seite:
Grundgedanken der „Pensées" von Blaise Pascal waren das Elend des Menschen ohne und seine Glückseligkeit mit Gott.

sichten. Die Erkenntnisbedeutung der sinnlichen Wahrnehmung lehnte er ab. Die Basis der Abhandlungen „Discours de la méthode" (1637), „Meditationes" (1641) und „Principia philosophiae" (1644) sind seine Zweifel an der überlieferten Auffassung von Natur- und Menschenwelt, auf deren Grundlage eine systematische Neugestaltung des gesamten menschlichen Wissens zu konstituieren sei. Absolut gewiss ist nur die Tatsache, dass man zweifle und damit denke. Das „Ich denke, also bin ich" (cogito ergo sum) wird zum unumstößlichen Fundament aller Erkenntnis. Die Kriterien der Wahrheit sind „Klarheit und Distinktion". Der Irrtum entsteht nur durch die Menschen, wenn sie weiter denken wollen, als ihr begrenzter Intellekt es kann. In der Ideenlehre unterscheidet Descartes die von außen gekommenen und die eingeborenen Ideen, die der Geist aus sich selbst gewinnt. Zu den eingeborenen Ideen gehört für ihn die Idee Gottes; als endliches Wesen kann der Mensch nicht selbst „Ursache" dieser Idee vom göttlichen Unendlichen sein. Es gibt zwei Arten von Substanzen: Geist und Materie (Dualismus). Diese stehen einander gegenüber und haben verschiedene Eigenschaften. Beide können nicht aufeinander einwirken. Ihre Existenz und Beziehung zueinander erklärt Descartes durch den „concursus Dei", durch göttliche Assistenz.

Für die Erkenntnis der Körperwelt gilt ihm die Geometrie als Basis. Die Merkmale der Körper sind: Ausdehnung, Größe, Gestalt und Bewegung. Alles sinnlich Wahrnehmbare ist rein subjektiv bestimmt. Die Körper werden also nicht durch die Sinne erfasst, sondern durch das Denken. Sie bestehen aus „Korpuskeln" (Korpuskularphilosophie), durch deren Bewegung alle ihre Erscheinungen erklärt werden. Materie und Bewegung sind konstant, weil Gott sie in bestimmten Größen geschaffen hat und unveränderlich erhält. Auch das organische Leben wird von Descartes mechanistisch erklärt. Die Seele ist eine vom Körper verschiedene, immaterielle Substanz. Tätig ist sie nur im Denken und Wollen, sonst wird sie vom Leib und dessen Situationen bestimmt, mit dem sie durch Gott vereinigt ist. Für Descartes gibt es kein Bewusstsein der Tiere, sogar deren Schmerzempfindung verneint er. Tiere sind nur belebte Maschinen. Descartes erlangte auch als Mathematiker große Bedeutung. Er hat die mathematische Zeichensprache vereinheitlicht, die analytische Geometrie begründet und wichtige Beiträge zur Potenzrechnung verfasst.

Blaise Pascal

* 1623 † 1662

Pascal [pas'kal] (geboren in Clermont, gestorben in Paris), eine der eindrücklichsten und einflussreichsten Gestalten christlicher Philosophie, begann, von seinem Vater, einem reichen Steuerbeamten, sehr eigenwillig erzogen, als in kurzer Zeit berühmter Mathematiker und Physiker. Leitend für sein Denken war dabei das auf Klarheit und Logik gegründete Vorgehen Descartes'. 1646 begegnete er zum ersten Mal dem christlichen Denken der Cartesianer des Klosters Port-Royal. Hier wurde ein antijesuitisches, von Augustin sich ableitendes sehr verinnerlichtes Christentum vertreten, von dem aus die cartesianische Denkmethode ganz auf die Wissenschaft beschränkt blieb, während für die Moral und das menschliche Leben andere, intuitive und offenbarte Wissensquellen maßgebend waren. Nach einigen weiteren Jahren wissenschaftlicher Tätigkeit trat Pascal 1654 endgültig dem Kreis dieser Denker bei. 1656/1657 erschienen von ihm pseudonym die ungeheures Aufsehen erregenden „Provinzialbriefe" („Les provincials"), worin er auf ungewöhnlich heftige Weise die laxe Moral der Jesuiten angriff und die auf Gott angewiesene Freiheit des Menschen gegen die Autorität der Kirche verteidigte. Im Ansatz spricht sich hier jener Grundgedanke Pascals aus, den er schon in früheren logischen Arbeiten angedeutet, später dann in dem berühmten „Memorial" vom 23. November 1654 und in den von seinen Freunden nach seinem Tode, im Jahr 1669, herausgegebenen „Pensées sur la réligion" klar formuliert hat. Danach ist der Mensch ein verzweifelt widerspruchsvolles und entgegen allen rationalistischen Doktrinen ganz zweideutiges, unfassbares Wesen. Einerseits hat er die Möglichkeit des klaren, gewissen und evidenten Denkens, wie es am deutlichsten in der Mathematik auftritt. Der „Logik des Verstandes", die hier ihren Ort hat, ist andererseits aber eine „Logik des Herzens" entgegengesetzt, die den Menschen zwingt, über die „menschliche" Philosophie hinauszugehen zu einer „heiligen" Philosophie. In dieser sieht sich der Mensch als ein „unbegreifliches Ungeheuer", dessen ganze Größe nur darin bestehen kann, das eigene Elend offen und klar anzuerkennen. Hier löst sich der Mensch von der Herrschaft der Denkprinzipien und erkennt, dass er den Zusammenfall gerade seines Elends mit der Liebe Gottes nur noch mit dem Herzen begreifen kann.

„Der Mensch ist weder Engel noch Tier, und das Unglück will es, dass, wer einen Engel aus ihm machen will, ein Tier aus ihm macht."

Blaise Pascal

Bild linke Seite:
Die Grundlage der Lehre Spinozas ist die Dualität Gott und Natur, aus der alles – Erkenntnis, Moral, Recht, Religion und Staat – deduziert werden kann. Die menschliche Einsichtsfähigkeit aber ist gering.

Bild rechte Seite:
John Locke gilt als „Vater des Liberalismus"; er war entscheidender Mitbegründer des Empirismus und der britischen Aufklärung.

Benedictus de Spinoza

* 1632 † 1677

Spinoza [spɪ'nɒsa], eigentlich portugiesisch Bento Despinoza (geboren in Amsterdam, gestorben in Den Haag), entstammte einer portugiesisch-jüdischen Flüchtlingsfamilie. In talmudischem Geist erzogen, jedoch durch das Studium des Humanismus, auch der naturwissenschaftlichen Schriften Descartes' beeinflusst, löste sich sein kritischer Geist von der jüdischen Tradition. Wegen seiner Irrlehren wurde er 1656 aus der Synagoge ausgeschlossen. Finanziell durch Freunde gesichert, lebte Spinoza sehr zurückgezogen. Er beschäftigte sich mit naturwissenschaftlichen Studien und, dem Interesse der Zeit folgend, mit dem Schleifen optischer Gläser. Zugleich entwickelte er sein philosophisch-weltanschauliches System. Spinoza veröffentlichte nur zwei ihm zugeschriebene Schriften: „Descartes' Prinzipien der Philosophie" (1663) und anonym seinen „Theologisch-politischen Traktat" (1670), in dem er staatliche und kirchliche Übergriffe auf einen frei gelebten Glauben der Liebe und Gerechtigkeit brandmarkte, zu einer Bibelkritik vorstieß, die Wissenschaft allein auf die Erforschung der Wahrheit ausrichtete. Das Verbot dieser Schrift und die Schmähung als Atheisten verhinderte die Herausgabe von Spinozas berühmtester Schrift, der nach geometrischer Methode erwiesenen „Ethik" (1665) und ihres Vorentwurfs sowie der unvollendeten Traktate „Über die Läuterung des Verstandes" (vor 1662) und des „Politischen Traktates" kurz vor seinem Tode. Sie alle erschienen erst postum.

Spinozas metaphysisches System spiegelt den naturwissenschaftlichen Geist seiner Zeit. Es deduziert Erkenntnis, Moral, Staat, Recht und Religion aus einem absoluten Prinzip: „Deus sive natura" (Gott und/oder Natur), einer Substanz mit unendlichen Attributen, von denen uns nur zwei – Denken und Ausdehnung – erkennbar sind, sodass vernünftige oder intuitive Erkenntnis der Identität der gedachten und der materiellen Ordnung gewiss sein darf. Der materialistische und zugleich spiritualistische Aspekt dieser deterministischen Weltanschauung machte den Spinozismus lange zu einem Gegenstand der Kontroverse.

John Locke

* 1632 † 1704

Die Lehre des Empirismus, dass alle Erkenntnisse aus der Erfahrung abzuleiten seien, hat ihre Wurzeln in der englischen Wirtschaftstradition, die speziell auf den Handel ausgerichtet war. Ihr klassischer Vertreter war John Locke [lɒk], der mit seinem vierbändigen „An Essay concerning human understanding" (1690; deutsch „Versuch über den menschlichen Verstand", 1911 und 1913) Ursprung und Grenzen des Verstandes zu bestimmen suchte. Unsere einfachen oder komplexen Vorstellungen bzw. „Ideen" von den Dingen entstehen aus Empfindungen, Reflexionen und Verallgemeinerungen, die wir uns zu körperlichen oder geistigen Gegenständen zusammenzufassen und zu benennen angewöhnt haben, ohne deren absolute Substanz zu kennen. Da Locke gleichwohl annahm, dass solche Erfahrungen dem Sein der Dinge außer uns entsprechen, war er auch der Auffassung, dass wir intuitiv wie durch Beweise zu einer begründeten Einsicht gelangen können. Die Erfahrung habe die leere Tafel unserer Seele beschrieben, nicht eingeborene Ideen wie z. B. Prinzipien oder angeborene moralische Grundsätze seien für den Menschen leitend. Auf diesem Grunde entwickeln sich dann – beeinflusst vom persönlichen Lebensschicksal und von politischen Ereignissen – Lockes Gedanken über Politik und Religion, Moral und Erziehung. Nach naturwissenschaftlichen und medizinischen Studien war Locke in enge Beziehung zu Lord Shaftesbury, dem späteren Lordkanzler von England, getreten, in dessen Haus er als Sekretär, Arzt und Erzieher tätig war. Dessen politisch liberale Haltung gegenüber den absolutistischen Tendenzen des Hauses Stuart beeinflussten ihn, ließen ihn später die „glorreiche Revolution" des Prinzen Wilhelm von Oranien begrüßen, zu dem er zuvor als Freund des eingekerkerten Shaftesbury hatte fliehen müssen. So ist es verständlich, dass Locke die Herrschermacht nicht

auf Gottesgnadentum, sondern auf freie Übereinkunft gründete, wenn er vom Staat Sicherung der Freiheitsrechte der Person, wenn er Gewaltenteilung und Konstitutionalismus forderte. Der politischen Verquickung von Staat und Religion begegnet er mit der Forderung nach religiöser Freiheit und entwickelt im Sinne der Aufklärung Gedanken über „Die Vernünftigkeit des Christentums" (1914; Original „The reasonableness of Christianity", 1695), die das „natürliche Licht der Vernunft" mit der Offenbarung zu vermitteln suchen, das Glück des Menschen in tugendhaftem Handeln aus freier Willensentscheidung finden. Seine „Gedanken über Erziehung" (1883; „Some thoughts concerning education", 1693) sind von einem Gentleman-Ideal bestimmt, das Charakterbildung, kör-

„Was unser Denken begreifen kann, ist kaum ein Punkt, fast gar nichts im Verhältnis zu dem, was es nicht begreifen kann."

John Locke

Bild linke Seite:
Nicolas de Malebranche verneinte jegliche Wechselwirkungen zwischen Leib und Seele und war damit der Hauptvertreter des Okkasionalismus.

Bild rechte Seite:
Sir Isaac Newtons Hauptverdienste stammen aus den Gebieten der Mathematik, Astronomie und Physik. Er vertrat eine unitarische Gottes- und rationalistische Wissenschaftssicht.

perliche Tüchtigkeit und soziale Haltung gelehrtem Unterricht vorzieht, methodisch die Entwicklung zur Selbstständigkeit, die Entfaltung der natürlichen Anlagen jedes Einzelnen befürwortet, dessen Verwirklichung freilich in der damaligen Zeit dem Privatunterricht der höheren Kreise vorbehalten bleiben musste.

Nicolas de Malebranche

* 1638 † 1715

Der Pariser Nicolas de Malebranche trat nach philosophischen und theologischen Studien an der Sorbonne 1660 in den Oratorianer-Orden ein. Bestimmend für das Denken dieses französischen Philosophen wurden die Schriften von René Descartes und die von Augustinus und dem Neuplatonismus geformte katholische Theologie.

De Malebranche [malē'bransch] kommt in seinen philosophischen Untersuchungen, deren sprachliche Klarheit und Gewandtheit Voltaire rühmte, zu dem Ergebnis, dass das menschliche Erkenntnisvermögen auf der Teilhabe am Geist Gottes beruhe. Wahrheit zu erkennen, ist dem Menschen, der mit einem endlichen, folglich trügerischen Sensorium ausgerüstet ist, nur deshalb möglich, weil er als Geschöpf Gottes ursprünglich mit dem Schöpfer verbunden bleibt. Den Irrtum versteht Malebranche als willentliche Lösung dieser Verbundenheit und als Schuld. – Sein Hauptwerk, „De la recherche de la vérité" (1674/1678; „Von der Erforschung der Wahrheit"), wurde in lateinischer Übersetzung noch zu seinen Lebzeiten von der geistigen Elite in ganz Europa gelesen.

Sir Isaac Newton

* 1643 † 1727

Nachdem Kopernikus die Bewegung der Planeten um die Sonne erkannte und Kepler seine drei Gesetze der Planetenbewegung aufstellte, blieb noch die Frage offen, warum die Planeten sich um die Sonne und die Satelliten sich wiederum um die Planeten bewegen. Zwar sprach bereits Kepler von einer in der Sonne verankerten „anima motrix" oder „bewegenden Seele". Aber er erkannte noch nicht genau, dass es sich hierbei um die Anziehungskraft, die Gravitation, handelt. Erst der englische Physiker Newton ['njuːt(ə)n] sollte die mathematische Formulierung des Gravitationsgesetzes und damit die wichtigste Grundlage der modernen Astronomie und besonders der Himmelsmechanik finden.

1661 kam Newton an die Universität Cambridge. Dort arbeitete er sich schnell in die Mathematik ein und brachte es bald zu wesentlichen eigenständigen Leistungen. 1669 wurde er in der Nachfolge seines Lehrers Barrow Professor für Mathematik, 1672 Mitglied der Royal Society. 1696 wurde er Aufseher und 1699 Vorsteher der Königlichen Münze. Dieses Amt bedeutete außer der Ehre vor allem ein hohes gesichertes Einkommen. Er übersiedelte nach London, wo er 1703 zum Präsidenten der Royal Society gewählt wurde. Nach seinem Tode wurde er in der Westminster-Abtei beigesetzt. Die Gravitationstheorie hatte er bereits im Manuskript fertig, ohne die Absicht zu haben, es zu veröffentlichen. E. Halley, der das Werk 1684 sah, erkannte sofort seine Bedeutung und betrieb seine Drucklegung. 1687 erschien es schließlich unter dem Titel „Philosophiae naturalis principia mathematica". Es enthielt mit einer Behandlung der Ebbe- und Flutbewegungen des Meeres, der Strömungs- und Schwingungsvorgänge (Schall) und der Bewegung im widerstehenden Mittel die mathematische Formulierung des Gesetzes der Gravitation. Über die Natur der Gravitation wollte Newton jedoch nichts weiter aussagen: „... Hypothesen erdenke ich nicht" („Hypotheses non fingo"). Die Newtonschen Axiome besagen: 1. Jeder Körper verharrt im Zustand der Ruhe oder einer geradlinig gleichförmigen Bewegung, solange ihn keine andere Kraft zwingt, diesen Zustand zu ändern. 2. Die Änderung der Bewegung ist der einwirkenden Kraft proportional und erfolgt nach der Richtung derselben. 3. Die Wirkung ist gleich der Gegenwirkung (actio = reactio). Der erste Satz geht auf Galilei zurück. Der 3. Satz ist gleichzeitig auch die physikalische Grundlage des Rückstoß- oder Raketenprinzips, was allerdings erst später erkannt wurde. Auch mit optischen Problemen befasste sich Newton. Besonders studierte er die Zerlegung des Sonnenlichts durch ein Glasprisma in die einzelnen Farben. In diesem Zusammenhang prägte er den Begriff Spektrum. Er stellte eine Theorie über die Natur des Lichts auf und beschrieb es als aus einzelnen Teilchen (Korpuskeln) bestehend. Damit stand er im Gegensatz zu Hooke und Huygens, die das Licht als Welle betrachteten. Um einem erneuten Streit mit Hooke zu entgehen, veröffentlichte er seine „Optik" erst 1704, ein Jahr nach dessen Tod. 1671 baute Newton ein Spiegelteleskop. Seine

„Ich komme mir wie ein Junge vor, der am Strand spielt und sich damit vergnügt, ein noch glatteres Kieselsteinchen oder eine noch schönere Muschel als gewöhnlich zu finden, während das große Meer der Wahrheit gänzlich unerforscht vor mir liegt."

Sir Isaac Newton

Bild linke Seite:
Newton vermisst mit einem Zirkel – nach der Vorstellung des Malers William Blake – die Welt und das Leben. Das Gemälde befindet sich in der Tate Gallery, London.

Bauweise mit einem um 45 Grad geneigten Fangspiegel, der den Lichtstrahl rechtwinklig aus dem Fernrohrtubus herausreflektiert und einen seitlichen Einblick in das Instrument erlaubt, ist für viele Spiegelteleskope kleiner Öffnung bis heute maßgebend. Newton fand auch die Grundzüge der Fluxionsrechnung, einer Form der Differential- und Integralrechnung. Über die Priorität dieser Entdeckung geriet er 1712 mit Leibniz in einen Streit. Quellenuntersuchungen haben gezeigt, dass beide Forscher jedoch unabhängig voneinander gearbeitet haben.

Gottfried Wilhelm Leibniz

* 1646 † 1716

Leibniz hat man als den letzten Polyhistor bezeichnet, der auf allen Gebieten des Wissens höchste Leistungen hervorbrachte. Diese entstanden in einem rastlosen Leben praktischer Tätigkeit, das ihn als Politiker und Diplomat an viele Fürstenhöfe führte, als Forscher und Denker in Briefwechsel mit den führenden Männern seiner Zeit brachte. In Leipzig geboren, wuchs er in eine Zeit hinein, die sich um Beseitigung der Glaubensspaltung

und politischen Zerklüftung bemühen sowie den Frieden nach innen und außen sichern musste. Dies trug dazu bei, dass Leibniz sich später für eine Wiedervereinigung der Kirchen eingesetzt hat. Dabei kamen ihm juristische und staatsrechtliche Kenntnisse und seine politischen Erfahrungen zugute, die er als angehender akademischer Lehrer und Mitarbeiter des Ministers Boineburg in Mainz gewonnen hatte. Leibniz entfaltete eine umfassende literarische Tätigkeit in den verschiedensten Wissenschaften: Er arbeitete an einer Logik des Erfindens und Beweisens, die, gestützt auf eine mathematische Methode der Kombination und eine allgemeine Zeichenlehre, eine Allgemeinwissenschaft begründen sollte; er behandelte Probleme der mathematischen Naturwissenschaft, die auf dem Boden der mechanischen Naturerklärung materielle und ideelle Prinzipien verband. Seine persönlichen Beziehungen zur Französischen Akademie und Königlichen Gesellschaft in London ließen Pläne für die Organisation wissenschaftlicher Arbeit entstehen, die zur Gründung der Berliner Akademie führten. Stets auf die Praxis ausgerichtet, arbeitete Leibniz an der Neuordnung des „Corpus iuris", entwickelte eine Reform des juristischen Studiums und entwarf politische Denkschriften bei aktuellen Anlässen. Bedeutsam war für ihn ein Aufenthalt in Paris (1672), bei dem er die Grundlagen der Infinitesimalrechnung legte. Hier ging es um eine neue Deutung des Unendlichkeitsbegriffs, um die Bedeutung des unendlich Kleinen bei der Berechnung von Kurven. – Die zweite Erkenntnis dieser Jahre war die Entdeckung eines neuen Begriffs der Kraft und des Prinzips der Erhaltung der Kraft, der Grundlage der modernen Naturwissenschaft. Dieser Begriff trat durch seinen physikalisch bestimmten Gehalt an die Stelle des metaphysischen Substanzbegriffs und erhielt eine universale Bedeutung für Leibniz' Philosophie. Das zeigt sich u. a. darin, dass eine besondere Lebenskraft nicht als Gegensatz mechanischer Kraftwirkung, sondern als deren höhere Stufe verstanden, die ganze Natur als aufsteigende Einheit von körperlicher Gesetzmäßigkeit, lebendiger Zweckmäßigkeit und Geistigem gedeutet wird. Nach dem Tod seines kurfürstlichen Gönners Boineburg in Mainz nahm Leibniz 1676 eine Stelle als Hof-, später als Justizrat in Hannover an, wo er zunächst unter glücklichen, dann unter unangenehmen Bedingungen bis zu seinem Tod lebte. Hier betätigte er sich für das welfische Herrscherhaus als Gutachter und Bibliothe-

„Die Natur macht keine Sprünge."

Gottfried Wilhelm Leibniz

Bild rechte Seite:
Gottfried Wilhelm Leibniz war der „letzte Universalgelehrte" und leistete als Philosoph einen wichtigen Beitrag zur Entwicklung der Monadenlehre.

„Ich sage keineswegs, dass die Materie und der Raum ein und dieselbe Sache sind; ich sage lediglich, dass es keinerlei Raum gibt, wo es keinerlei Materie gibt, und dass der Raum für sich selbst durchaus keine absolute Wirklichkeit hat. Der Raum und die Materie unterscheiden sich wie die Zeit und die Bewegung. Diese Dinge sind, wenngleich voneinander verschieden, doch nicht voneinander zu trennen."

Gottfried Wilhelm Leibniz

kar, als Diplomat und Staatspolitiker, selbst als Techniker. Zuletzt war seine Funktion die des Historikers, dem die Abfassung der Geschichte des Welfenhauses anvertraut war. In diesen Jahren entstand auch sein philosophisches System, wie es in der „Monadologie" seine Krönung fand: Die Welt, Aggregat endlicher Dinge, ist Gottes Schöpfung und besteht aus einer Vielzahl unausgedehnter, unzerstörbarer, einfacher, individueller Kraftquellen, den Monaden, die, fensterlos voneinander geschieden, die ganze Welt in sich spiegeln. Von der realen Seite kann man sie als existierende Punkte, von der ideellen als Ichs bezeichnen. Sie haben ihre je besonderen Eigenschaften und stehen in mannigfachen Beziehungen, verändern sich dauernd in wechselseitiger Übereinstimmung gemäß ihrem eigenen Wesen, nicht aber durch fremde Einwirkung. Dies bedeutet kein festgelegtes Schicksal, sondern schließt Zufälle ein, so wie sie jedem Einzelnen vom Schöpfer zugeteilt sind. Auch empfängt die Seele ihre sinnlichen Eindrücke nur mittelbar, denn nur von Gott sind wir abhängig, sie gewinnt sie aus innerer Erfahrung, indem sie auf sich merkt. Da unsere klare Einsicht reine Wahrheit darstellt, ahmen wir auch, indem wir das Gute erstreben, Gott nach. Dass daraus so oft das Übel folgt, beruht nach Leibniz Auffassung auf der Beschränkung unserer Kraft, die daher Gottes Gnade bedarf, es ist nicht sein Werk. Güte Gottes, Freiheit des Menschen und Ursprung des Bösen behandelt Leibniz' berühmtes Werk „Theodizee" (1710). Im Schnittpunkt der Verbindung von Körper und Geist, dem menschlichen Leib, ebenso wie im ganzen Universum verwirklicht sich die „prästabilierte Harmonie" des Körperlichen und Seelischen, so wie wenn – in Leibniz' Vergleich – zwei Uhren von Gott vollkommen und gleichgehend geschaffen worden wären. Leibniz konnte aus seiner Annahme den Schluss ziehen, dass diese Welt die beste aller möglichen sei, denn wäre eine bessere möglich, Gottes Güte und Verstand hätten sie geschaffen. Dieses Weltbild war für das 17./18. Jahrhundert bis zu Kant leitend und ist als das Leibniz-Wolffsche System in die Philosophiegeschichte eingegangen.

Christian Thomasius

* 1655 † 1728

Sohn des Professors der Moral und Dialektik Jakob Thomasius, der auch Leibniz' unterrichtete. Vom Elternhaus bereits vorgezeichnet, ließ ihn sein von Praxis und gesundem Menschenverstand geprägtes Denken zum Gegner festgefahrener Tradition werden. Als erster hielt Christian Thomasius seine Vorlesungen in deutscher Sprache, bekämpfte die Intoleranz der herrschenden lutherischen Orthodoxie, erwies seine eigene Toleranz in Gutachten und Streitschriften, sodass er ein Rede- und Druckverbot erhielt und von Leipzig nach Halle ausweichen musste, wo er als Professor der Jurisprudenz zum Mitbegründer der dortigen Universität wurde. Thomasius gehörte zu den ersten Natur- und Völkerrechtslehrern der Aufklärung. Er entwickelte das Recht aus anthropologischen Voraussetzungen eines labilen Naturzustandes, der einer Normierung durch eine vernünftige Herrschaft zum Zwecke der Erhaltung eines gerechten, politisch ehrenhaften und sittlichen Friedenszustandes bedarf. An Stelle einer theologischen Ableitung setzte er die philosophische Begründung des Rechts aus der Vernunft und erstrebte eine Trennung staatlicher Rechtsordnung vom geistlichen Lebensraum. Diese Einstellung und sein Einsatz für eine „Humanisierung der Justiz" zeigen ihn als einen der fortschrittlichsten Geister seiner Zeit.

Christian Wolff

* 1679 † 1754

Der Philosoph und Mathematiker der deutschen Aufklärung stand seit 1704 mit Leibniz in Briefwechsel und wurde durch dessen Empfehlung in die Berliner Akademie aufgenommen. 1723 musste er Preußen auf Druck der Pietisten verlassen, kehrte aber unter großen Ehren 1740 nach Halle zurück. Er schrieb viele seiner Werke in deutscher Sprache und schuf auf diese Weise den Grundstock einer deutschen philosophischen Terminologie. Die Wolffsche Philosophie wurde zur herrschenden Lehre der Zeit. Die Wolffianer besetzten viele Lehrstühle an den deutschen Universitäten. Wolffs erste Schriften behandelten die Mathematik. Er nahm die „moderne" Mathematik in den Universitätslehrplan auf und unterschied zwischen reinen und angewandten Wissenschaften. Nach Wolff sind alle Prinzipien und Fakten auf zwei Denkgesetze zurückzuführen: Als erstes Gesetz gilt der „Satz vom Widerspruch" (es kann etwas nicht zugleich sein und nicht sein). Daraus leitet Wolff den „Satz vom zureichenden Grunde" ab (alles, was ist, hat seinen zureichenden Grund, warum es vielmehr ist als nicht ist). Dieser ist Beweis des Identitätsprinzips und die Grundlage der Wissenschaft: „Da [...] unmöglich ist, dass aus nichts etwas werden kann, so muss auch alles, was ist, seinen zureichenden Grund haben, warum es ist." Die Denkgesetze und was aus ihnen folgt haben apriorische Gültigkeit, denn ihre Gewissheit liegt im Denken selbst. Diese Axiome sind daher zugleich die Grundgesetze der Gegenstände des Denkens und so bereits Teil der Ontologie, des für Wolff grundlegenden Teils der Metaphysik. Die Ontologie handelt von allem, was die Möglichkeit des Seins hat, wobei un-

Bild linke Seite:
Christian Thomasius war ein Vorkämpfer der Toleranz und der auf Deutsch gehaltenen Universitätsausbildung. Er wirkte entscheidend an der Entwicklung der Natur- und Völkerrechtslehre mit.

Bild rechte Seite:
Der Universalgelehrte Christian Wolff wirkte durch seine Begriffsdefinitionen nachhaltig auf die deutsche Philosophie ein.

ter dem Möglichen das Widerspruchslose verstanden wird. Wolff stellte sein System in zwei Reihen dar, einer populären deutschen und einer wissenschaftlichen lateinischen. In der siebenbändigen Schrift „Vernünftige Gedanken von den Kräften des menschlichen Verstandes" (1712–1725) behandelt er die Logik und die „ars inveniendi"; Logik setzte er dabei gleich mit der Beweiskunst. Sein bedeutendstes Werk ist die „Philosophia Prima Sive Ontologia" (1729).

„Erst wirbeln wir den Staub auf und behaupten dann, dass wir nichts sehen können."

George Berkeley

George Berkeley

* 1685 † 1753

Philosoph, stammt aus einer in der irischen Grafschaft Kilkenny ansässigen englischen Familie. Mit 15 Jahren begann Berkeley ['ba(r)klɪ] ein Studium der Mathematik, Sprachen, Logik und Philosophie am Trinity College in Dublin. Dort blieb er 23 Jahre; sieben als Student, 16 als Lehrer. Bestimmt von der Angst, Großbritannien werde an geistiger Zersetzung zugrunde gehen, reiste er 1729 mit Zustimmung der Krone nach Rhode Island, um dort über eine Art Missionsschule die Missionierung Nordamerikas einzuleiten. Da die versprochenen Gelder aus England ausblieben, kehrte er 1731 nach London zurück. 1734 wurde er zum Bischof von Cloyne in Irland ernannt. Berkeleys philosophischer Standort liegt zwischen John Locke und David Hume. Locke hatte die Frage nach der Verbindlichkeit der menschlichen Erkenntnis in den Mittelpunkt seines Denkens gerückt und vielen Aussagen über die Wirklichkeit, denen man bisher ontologische Aussagekraft zugeschrieben hatte, nur bewusstseinsmäßige Aussagekraft gelassen: Sie sagen uns nicht, wie die Wirklichkeit ist, sondern wie wir sie als wirklich wahrnehmen. Dass Locke die Frage, wieso wir sie so und nicht anders wahrnehmen, nicht beantwortete, regte Berkeleys Denken an. Seine Lösung: Es ist besser, nicht von einer außermenschlichen Wirklichkeit zu sprechen. Wirklich sei vielmehr allein das, was wir wahrnehmen, also unsere Vorstellungen. Dem Vorwurf, wir selbst produzierten in unserer Wahrnehmung die Wirklichkeit, begegnete Berkeley mit der Lehre von dem im Menschen wirkenden göttlichen Geist, der über geistige Zwischenwesen unsere Wahrnehmung und die aus ihr resultierenden Vorstellungen verursache; sie müssten daher richtig sein. Berkeley hat mit dieser Lösung die Materialität der Welt bestritten. Hume leugnete bald darauf die Verbindlichkeit des menschlichen Geistes, indem er ihn als psychischen Mechanismus mit Beliebigkeitscharakter deutete.

Charles-Louis Baron de Montesquieu

* 1689 † 1755

Charles-Louis de Secondat, Baron de la Brède et de Montesquieu, Zeitgenosse Voltaires, gehörte zu den führenden Vertretern der französischen Aufklärung, die zur Zeit des Ancien régime durch ihren Kampf gegen die absolute Macht von Staat und Kirche für die politische und geistige Freiheit des Bürgers die Französische Revolution vorbereitete. Zunächst als Ratsherr in Bordeaux tätig, stand er dem Rat von 1716 bis 1728 als Präsident vor. In späteren Jahren widmete er sich ausschließlich seinen Studien und Reisen. Seine Kritik an den Zuständen in Frankreich äußerte Montesquieu zuerst in den „Lettres persanes" (1721; „Persische Briefe", 1913). Eine Reise nach England (1729–1731) machte ihn mit den staatlichen Einrichtungen Englands und den liberalen politischen Ideen John Lockes bekannt und ließ die historischen „Betrachtungen über die Ursachen der Größe der Römer und ihres Verfalls" („Considérations sur les Causes de la Grandeur des Romains et de leur décadence", 1734; deutsch 1786) entstehen, die römische Größe in politischen und sittlichen Tugenden, in Freiheits- und Vaterlandsliebe begründet sehen. Montesquieus Hauptwerk wurde „L'Esprit des Lois" (1748; „Der Geist der Gesetze", 1782), das von seinem Erscheinen bis heute den Namen Montesquieus berühmt machte. Es enthält nämlich die politische Forderung der Gewaltenteilung in gesetzgebende, vollziehende und richterliche Gewalt, die eine wechselseitige Kontrolle der Instanzen garantieren soll, die Gesetz und Recht vertreten. Denn das Gesetz gilt für alle, alle sind vor ihm gleich. Daher ermöglicht die richterliche Gewalt eine weitere, die gerechte, gleichmäßige Anwendung des Rechts garantierende Kontrolle, verhindert Privilegien und Sonderbestimmungen. Den Geist der Gesetze, den er in seiner englischen Ausprägung kennen gelernt hatte, wollte Montesquieu allgemein aus dem Geist des jeweiligen Volkes ableiten, wie er aus der Summe aller natürlichen und geschichtlichen Bedingungen gewachsen ist; so hatte er denn auch zunächst die schweizerische und die niederländische Staatsform als die passendste angesehen. Wie Locke geht auch Montesquieu von der unmittelbaren psychologischen Erfahrung aus und sieht Despotie in Furcht, Demokratie in politischer Freiheit begründet: nämlich tun zu können, was Tugend gebietet. Offen bleibt natürlich, wieweit das aus englischem Geist entstandene Vorbild zur allgemeinen Norm für andere Verhältnisse erhoben werden kann.

„Eine ewige Erfahrung lehrt, dass jeder Mensch, der Macht hat, dazu getrieben wird, sie zu missbrauchen. Er geht immer weiter, bis er an Grenzen stößt."

Charles-Louis Baron de Montesquieu

Bild linke Seite:
George Berkeley schrieb die menschliche Wahrnehmung, die eine individuelle Wirklichkeit schafft, dem göttlichen Wirken im Menschen zu.

Bild rechte Seite:
Die Idee der Gewalteinteilung in Exekutive, Legislative und Judikative war der am nachhaltigsten wirkende Verdienst des Baron de Montesquieu.

„Zufall ist ein Wort ohne Sinn; nichts kann ohne Ursache existieren."

Voltaire

Bild linke Seite:
Voltaires Nachlass umfasst unter anderem 14.000 Briefe; er war einer der bedeutsamsten europäischen Aufklärer und von großer Unvoreingenommenheit und Rationalität.

Voltaire

* 1694 † 1778

Voltaire [wɒlˈtær], eigentlich François-Marie Arouet, wurde in einem Jesuitenkolleg erzogen und war in der Pariser Gesellschaft bald als eleganter, bissiger Libertinist und Kirchenfeind berühmt. Er scheute auch vor Angriffen auf die Herrschaft Ludwigs XIV. nicht zurück und wurde daraufhin, wie später noch oft, 1717 eingekerkert. Als erfolgreicher Dramatiker („Œdipe", 1718) wurde er rehabilitiert, musste aber von 1726 bis 1729 in englischem Exil leben. Wegen seiner satirischen „Lettres anglaises" wieder verurteilt, floh er 1734 nach Cirey in der Champagne, wo er naturwissenschaftliche, vor allem aber historische Studien betrieb. Auch eine Reihe von Dramen entstand hier, darunter der von Goethe 1802 übersetzte „Mahomet" (1742).1745 kehrte Voltaire als Historiograph nach Paris zurück, 1746 wurde er Mitglied der Académie Française. Seine erste größere Erzählung, „Zadig" (1747), eine philosophische Geschichte in orientalischer Kostümierung, zeigt ihn als jenen skeptisch-klaren und glanzvollen Prosaisten, als der er der französischen Sprache zu dem Ruhm verhalf, das eigentliche Medium von „clarté" und „esprit" zu sein. Mit dieser Prosa wird er durch das Geschichtswerk „Le siècle de Louis XIV" (1751; „Das Zeitalter Ludwigs XIV") zum Schöpfer einer zwar dokumentgetreuen, gleichwohl aber sehr kunstvoll vorgehenden, erzählenden Geschichtsschreibung. 1750 bis 1753 lebte Voltaire, in Paris missliebig geworden, am Hofe Friedrichs des Großen von Preußen. Wieder in Paris, war er Mitarbeiter am Hauptwerk der französischen Aufklärung, der „Encyclopédie". 1758 zog er sich endgültig nach Ferney bei Genf zurück und entfaltete hier eine ungemein rege und sich in ganz Europa herumsprechende Tätigkeit als praktischer Förderer der Menschenrechte, als Unterstützer von Verfolgten und als Helfer der Armen. Neben unzähligen Pamphleten und philosophischen Wörterbuchartikeln entstand hier die große kulturhistorische Schrift „Essai sur l'histoire générale et sur les mœurs et l'esprit des nations" (1756/1769; „Über die Geschichte und die Sitten und den Geist der Nationen"), daneben seine berühmteste Erzählung, „Candide" (1759), die sich – einem skeptischen Pessimismus huldigend – gegen deutsche Metaphysik richtete. Voltaires Korrespondenz umfasst 14.000 Briefe und zeigt noch eindringlicher als seine veröffentlichten Schriften die Universalität seines Geistes, die Abgewogen-

„Jeder Mensch kommt mit einer sehr großen Sehnsucht nach Herrschaft, Reichtum und Vergnügen sowie mit einem starken Hang zum Nichtstun auf die Welt. So möchte jeder das Geld und die Frauen oder Mädchen der anderen haben, möchte er ihr Gebieter sein, sie allen seinen Launen gefügig machen und nichts oder zumindest nur sehr angenehme Dinge tun."

Voltaire

heit seines Urteils, seine erstaunliche Unvoreingenommenheit und seinen Sinn für menschliches Maß. Mit Voltaire kam eigentlich die weltkluge Vernunft in Europa zu ihren berechtigten und wenigstens eine Zeit lang zu ihren größten Ehren.

Thomas Reid

* 1710 † 1796

Reid [rɪ:d] (geboren in Strachan/Schottland, gestorben in Glasgow), der Begründer der philosophischen Schule des schottischen Realismus, entstammte einer presbyterianischen Pastorenfamilie, war selbst 16 Jahre lang Pastor und wurde schließlich 1752 Professor für Philosophie in Aberdeen, seit 1764 in Glasgow. Reids Bestreben war es, den extrem skeptizistischen Tendenzen der Philosophie David Humes eine auf der Natur der Sinneserfahrung und dem „gemeinen Menschenverstand" gegründete Theorie entgegenzuhalten. Unter „gemeinem Menschenverstand" (common sense) verstand Reid das Zusammenwirken verschiedener in sich selbst einleuchtender Grundsätze, die jedem Menschen eigen sind und ihn dazu befähigen, die Wirklichkeit intuitiv zu erfassen.

Bild rechte Seite:
Adolf Menzels „Tafelrunde" zeigt König Friedrich II. im Gespräch mit Voltaire und anderen Gelehrten in einem Prachtsaal von Versailles. Das Gemälde verbrannte im Zweiten Weltkrieg.

David Hume

* 1711 † 1776

„Die Vernunft ist nur ein Sklave der Affekte und soll es sein; sie darf niemals eine andere Funktion beanspruchen, als die, denselben zu dienen und zu gehorchen."

David Hume

Hume [hjuːm] war englischer Philosoph, Staatsmann und Historiker. Nachdem er kurze Zeit als Kaufmann tätig war, lebte er drei Jahre lang in Frankreich. 1739 verfasste er sein erstes Werk, „A treatise on human nature" („Abhandlung über die menschliche Natur"), eine psychologisch-kritische Arbeit, die in drei Bänden die drei Themen Verstand, Leidenschaften und Moral behandelt. Hier versuchte er, die empirische Methode auf dem Gebiet der Geisteswissenschaften anzuwenden. 1741/1742 erschienen die „Essays moral and political" („Moralische, politische und literarische Essays"). 1748 veröffentlichte er einen Teil des umgearbeiteten ersten Werkes unter dem Titel „An Enquiry concerning human Understanding" („Untersuchung über den menschlichen Verstand"). Nach intensiver Beschäftigung mit der Geschichte schrieb er 1754 bis 1763 sechs Bände über die „Geschichte Englands" („History of England"). Nachdem Hume sich vergeblich um ein Lehramt beworben hatte, war er vorübergehend Bibliothekar in Edinburgh, reiste als Sekretär nach Frankreich und wurde Unterstaatssekretär des Auswärtigen Amtes in England. In der Philosophie Humes kommt das Zeitalter der Aufklärung in England zu seinem Höhepunkt. Da er die erkenntnistheoretischen Elemente des Empirismus von Locke und Berkeley zur Konsequenz bringt, gilt er als ein Begründer des modernen Positivismus. Bei der Untersuchung der menschlichen Vorstellung verneinte er jedwede Bestimmtheit durch eine apriorisch angenommene Realität. Alle Ideen, selbst die Gottesidee, reduzierte er auf Sinneseindrücke. Er unterschied die starken Eindrücke (impressions), die die Sinneswahrnehmungen hervorrufen, und die abgeschwächten Vorstellungen (ideas) oder Gedanken (thoughts), die sich durch die Erinnerung an vergangene Eindrücke bilden, die also deren Nachbilder (copies) sind. Hauptgegenstand seiner Erkenntniskritik waren der Substanz- und der Kausalbegriff. Das Bewusstsein verknüpft die sinnlichen Eindrücke gleichzeitig zur Vorstellung der Substanz oder in gleichbleibender Regelmäßigkeit ihrer äußeren zeitlichen Folge zum Begriff der Ursache und Wirkung. Das Prinzip unserer geistigen Natur ist für Hume die Gewohnheit: Von ähnlichen Ursachen erwarten wir ähnliche Wirkungen. Es gibt für Hume die Erkenntnis von Tatsachen (empirische oder Erfahrungswissenschaften) und die Erkenntnis rein begrifflicher Verhältnisse (Mathematik). Die Entwicklung der religiösen Vorstellungen erklärt er erstmalig als psychologisch-kulturhistorische. Religionen werden nicht „gemacht", sie sind notwendiges Produkt des Bedürfnisses und Bewusstseins. Humes Ethik gründet auf der Vorstellung, dass das Ziel aller menschlichen Handlungen Glück sei. Weil die Prinzipien der Moral Einfluss auf das Handeln ausüben, sind sie nicht aus bloßer Vernunft zu gewinnen. Das moralische Gefühl bildet natürliche und soziale Tugenden aus, wobei die letzteren die wichtigeren sind.

Jean-Jacques Rousseau

* 1712 † 1778

Rousseau [rʊ'sɒ] entstammte einer Hugenottenfamilie, die seit mehreren Generationen im schweizerischen Exil lebte. Im Auflösungsprozess seiner Familie durchlief er vielfältige Stationen, bis er 1728 im Turiner Hospiz zum Heiligen Geist zum Katholizismus konvertierte. Gerade das wechselvolle Geschehen seiner Jugend und die Aufnahme in verschiedenen Institutionen, Familien, Lehrstellen und bei vermögenden Damen sind vielleicht ursächlich für das Unruhevolle im späteren Leben und Werk Rousseaus, die zum Spiegel des revolutionären Aufbruchs des französischen Bürgertums werden sollten. Rousseaus Konversion ermöglichte ihm die Rückkehr nach Frankreich, wo er – bei seinem ersten Besuch 1731 vergeblich – den Anschluss an die Pariser Literatenwelt zu gewinnen hoffte. Erst 1742 gelang es ihm, der sich als Musiklehrer in Neuchâtel und als Hauslehrer in der französischen Provinz versucht hatte, in Paris Fuß zu fassen. Aber erfolgreich war er auf Jahre hinaus nicht. Allein durch die Förderung seines Freundes Denis Diderot erhielt Rousseau Anschluss an den Kreis der Enzyklopädisten. Er selbst blieb ein Fremder in diesem Milieu. Seit 1745 lebte er mit Thérèse le Vasseur zusammen. Die aus dieser Verbindung hervorgegangenen fünf Kinder ließ Rousseau in einem Waisenhaus aufziehen, da er den schädlichen Einfluss des unmittelbar elterlichen Milieus im Prozess der Erziehung ausschließen wollte. Die große Wende im Leben Rousseaus trat ein, als er sich mit der Schrift „Discours sur les sciences et les arts" 1749/1750 an einer Preisausschreibung der Akademie von Dijon beteiligte. Hier gelang es ihm, erstmals darzulegen, dass die Moralität der Menschen allein dadurch behindert würde, dass die Vernünftigkeit stets durch die überkommenen Kulturtraditionen abgewürgt wird. Der Appell an die Natur des Menschen wurde so zu einer Forderung nach dem vernünftigen Menschen, der von seiner Natur her ver-

Bild linke Seite:
David Humes Wirken markiert den Höhepunkt der englischen Aufklärung. Der Mitbegründer des modernen Positivismus reduzierte alle Ideen und Vorstellungen, selbst die von Gott, auf Sinneseindrücke.

Bild rechte Seite:
Dieses Porträt Jean-Jacques Rousseaus von Allan Ramsay befindet sich heute in der National Gallery of Scotland in Edinburgh.

„Der erste, der ein Stück Land mit einem Zaun umgab und auf den Gedanken kam zu sagen »Dies gehört mir« und der Leute fand, die einfältig genug waren, ihm zu glauben, war der eigentliche Begründer der bürgerlichen Gesellschaft. Wie viele Verbrechen, Kriege, Morde, wieviel Elend und Schrecken wäre dem Menschengeschlecht erspart geblieben, wenn jemand die Pfähle ausgerissen und seinen Mitmenschen zugerufen hätte: »Hütet euch, dem Betrüger Glauben zu schenken; ihr seid verloren, wenn ihr vergesst, dass zwar die Früchte allen, aber die Erde niemandem gehört«."

Jean-Jacques Rousseau

nünftig sei. Diese Maxime, die das gesamte spätere Werk Rousseaus beherrschte, wurde zur Grundlage seiner neuen Gesellschaftstheorie. Sowohl in dem berühmten Werk „Emile" (1762), einer Erzählung mit autobiographischen Zügen, die der natürlichen Vernunfterziehung von Kindern das Wort redete, als auch im „Contrat social" (1762), dem theoretischen Grundwerk, gibt Rousseau ein Programm, das dem heutiger „antiautoritärer" Liberaler nicht unähnlich ist: Die Natur der Kinder befähige sie – unter behutsamer Lenkung – so vernünftig zu werden, sich als Erwachsene willentlich ihrer Freiheit zu entäußern, damit der Staat nunmehr als kollektive

Vernunftinstanz die Geschicke der Bürger in die Hand nehmen könne. Die gesetzgeberische Instanz wurde im Willen des Volkes angesiedelt. Aber idealistisch: Die „Volonté générale", der allgemeine Wille, schwebte als bloßer Gedanke über den Menschen. Diese gegen den absolutistischen Staat gerichteten Gedanken wurden zur ideologischen Voraussetzung der bürgerlichen Französischen Revolution.

1765 begab sich der zunehmend unter Verfolgungswahn leidende Rousseau auf die Flucht, da er nach der Veröffentlichung seiner liberal-protestantischen „Lettres de la montagne" (1764) als Gotteslästerer galt. In England überwarf er sich bald mit seinem Gönner David Hume, aber auch in der Schweiz hielt es ihn nicht lange. Nach Rousseaus geduldeter Rückkehr nach Paris 1770 ging er daran, in seinen – 1781 postum veröffentlichten – „Confessions" seinen Lebensweg als psychologische Studie nachzuzeichnen. Geistig umnachtet starb er 1778. Während der Französischen Revolution wurden seine Gebeine ins Pantheon überführt.

Denis Diderot

* 1713 † 1784

Der französische Schriftsteller und Philosoph Denis Diderot besuchte in seiner Heimatstadt Langres das Jesuitenkolleg und ging mit 15 Jahren nach Paris auf das Collège d'Harcourt, interessierte sich aber bald mehr für Mathematik und Physik als für Theologie. 1732 verließ er die Pariser Universität mit dem Titel eines Maître des arts. Er veröffentlichte philosophische Schriften, Dramen, Romane, Kunst- und Literaturkritiken und wurde so nicht nur einer der produktivsten, sondern der vielseitigste Autor seiner Zeit.

In seiner Philosophie, die er oft in literarische Formen wie Dialog und Brief verkleidet vortrug, ging er aus von einer deistischen Konzeption („Philosophische Gedanken", 1746), vertrat später aber eine religionskritische und materialistische Position („Brief über die Blinden", 1749). Von 1751 bis 1765 zeichnete er, zunächst gemeinsam mit d'Alembert, als Herausgeber der „Encyclopédie ou dictionnaire raisonné des sciences, des arts et des métiers", in deren 28 Bänden das gesamte Wissen der Zeit von den bedeutendsten Köpfen der Aufklärung abgehandelt wur-

Bild linke Seite:
Die Französische Revolution gründete auch auf den Werken Rousseaus, dem diese allegorische Darstellung Tribut zollt.

Bild rechte Seite:
Diderots Weltsicht wandelte sich vom Deismus zu Religionskritik und Materialismus.

„Wenn wir die Natur beobachten, stellen wir fest, dass sie die Seele des Menschen in seinem Körper wie in einem weiträumigen Palast untergebracht hat – allerdings nicht immer in den schönsten Quartieren."

Denis Diderot

Bild linke Seite: Claude Adrien Helvétius sah die Unterschiede zwischen den Menschen in der Erziehung begründet; einzig die Liebe zu sich selbst sei allen Menschen gemein.

de. Ab Band 8 leitete Diderot die Enzyklopädie allein. Er gehörte in der Aufklärungszeit zu den berühmtesten Enzyklopädisten. Mit „Der natürliche Sohn" (1757) und „Der Familienvater" (1758) schuf Diderot die ersten bürgerlichen Dramen. In dem berühmten Dialog „Paradox über den Schauspieler" (1778) kämpfte er für eine natürliche und realistische Spielweise auf dem Theater. Eine realistische Kunsttheorie vertrat er auch in den Berichten über Kunstausstellungen, die er von 1759 bis 1781 für Grimms Korrespondenz schrieb und gesammelt in den „Salons" veröffentlichte. Seine Romane, so der erotische Jugendroman „Die geschwätzige Kleinode" (1748) und „Die Nonne" (1760), erreichen noch heute Bestsellerauflagen. Als Diderots Meisterwerk darf der Roman „Jacques le fataliste" (1772) gelten, in dem die Dialektik von Herrschaft und Knechtschaft unübertroffen gestaltet wird. Viele Schriften Diderots sind wegen der Zensur zu Lebzeiten anonym erschienen, einige wurden nach seinem Tode veröffentlicht. Zu Lebzeiten wurde er unter anderem von Lessing ins Deutsche übersetzt.

Claude Adrien Helvétius

* 1715 † 1771

Der französische Denker wurde als Sohn des ersten Arztes der Königin bereits 1738 Generalsteuerpächter und hatte noch andere Posten am Hofe inne. Seine erste große Veröffentlichung allerdings wurde von allen religiösen und politischen Instanzen Frankreichs verboten: es war die Schrift „Vom Geist" („De l'esprit", 1758). Darin unternahm Helvétius eine gründliche Kritik des traditionellen Menschenbildes. Er anerkannte neben dem Trieb des Menschen, der eigenen Selbstliebe (intérêt) zu schmeicheln, nur erlernte und anerzogene Fähigkeiten. Weil der menschliche Verstand zuerst wie ein unbeschriebenes Blatt sei, billigte Helvétius der Erziehung große Bedeutung zu. Auf Erziehung und Einflüsse des Milieus führte er umgekehrt auch alle Unterschiede zwischen den Individuen zurück. Sein materialistisches Weltbild war von der sensualistischen Philosophie Lockes beeinflusst. So wie das Geistige war auch die Religion für ihn ein Phänomen, das man aus natürlichen und egoistischen Motiven erklären müsse. Die Gesellschaft definierte er als eine notwendige Einrichtung, die verschiedene Einzelwillen in ein wechselseitig fruchtbares Verhältnis bringe. Als erklärter Atheist konnte Helvétius seine Stellung am Hof zwar halten, wagte allerdings nach der vernichtenden Kritik an „Vom Geist" nicht, sein Hauptwerk „Vom Menschen" zu veröffentlichen. Diese Ausarbeitung seiner Philosophie erschien erst nach seinem Tod („Vom Menschen, dessen Geisteskräften und von der Erziehung desselben", 1773). Im Rahmen der Auflösung der Gerichtshöfe verlor Helvétius 1771 seine Protektion bei Hofe, resignierte und starb im gleichen Jahr.

Jean le Rond d'Alembert

* 1717 † 1783

Eindeutiger noch als sein Freund Diderot repräsentierte d'Alembert die Einheit von Philosophie und Naturwissenschaft, die für die französische Aufklärung charakteristisch ist. In Paris als uneheliches Kind der schönen und einflussreichen Madame de Tencin und des Ingenieuroffiziers Louis Destouches geboren, wurde er vor der Kirche Saint-Jean le Rond ausgesetzt und kam als Jean le Rond in die Obhut einer Glasersfrau. Im 12. Lebensjahr erhielt er, auf Veranlassung seines Vaters, der auch das Geld für seine Erziehung aufbrachte, den Namen d'Alembert. Schon in jugendlichem Alter erwarb er den Ruf eines hervorragenden Mathematikers und wurde in die Akademie der Wissenschaften aufgenommen. Bis 1750 widmete er sich vor allem naturwissenschaftlichen Forschungen. Wie eine Revolution in der Mechanik wirkte sein „Traité de dynamique" (1743), in dem er die Statik als einen Sonderfall der Dynamik zu betrachten lehrt: Dem darin entwickelten „d'Alembertschen Prinzip" zufolge hält die Trägheitskraft ein System miteinander verbundener Massenpunkte auch bei unterschiedlicher Bewegungsgeschwindigkeit der einzelnen Punkte in dynamischem Gleichgewicht. Mit seiner Abhandlung über die Ursachen der Winde gewinnt er 1746 den Preis der Académie française. Seit 1751 gab d'Alembert gemeinsam mit Diderot die „Encyclopédie ou dictionnaire raisonné des sciences, des arts et des métiers" heraus, das größte philosophische und wissenschaftliche Unternehmen der Aufklärung. In 28 Bänden (1751–1772) und einigen Ergänzungen stellt das Werk das gesamte Wissen und die philosophischen Auffassungen des „siècle de lumière" dar. D'Alembert redigierte den mathematischen Teil, außerdem verfasste er Beiträge über philosophische und künstlerische Themen. Überschwänglich gefeiert wurde sein „Discours préliminaire" (1751), die Einleitungsschrift der Enzyklopädie, in dem er für die Verlässlichkeit der

Bild rechte Seite:
Nach Ansicht Jean le Rond d'Alemberts sind das Moralische und das für das Individuum und die Allgemeinheit Nützliche als identisch zu betrachten.

Sinneseindrücke als Grundlage aller Wissenschaft plädierte. Die Systematik, den „Baum der Wissenschaften“, übernimmt er weitgehend von Francis Bacon, während er sich methodisch an den Sensualismus Lockes anschließt. Erkenntnis richtet sich nach d'Alembert nur auf die Beziehungen zwischen den uns gegebenen Erscheinungen, nicht auf deren Ursache und Substanz. Die Verbindung der Teile in einem Organismus lässt zwar auf eine höchste Intelligenz schließen, diese aber liegt einstweilen außerhalb der engen Perspektive unserer Erkenntnis. D'Alemberts Skeptizismus machte ihn wesentlich konziliianter gegen die Mächte des „Ancien régime“ als andere Aufklärer. Aber auch er führt das Entstehen der menschlichen Gesellschaft auf menschliches Denken und Tun zurück, an dem die Religion keinen Anteil habe. Das Moralische ist für ihn zugleich das Nützliche, welches das Interesse der Allgemeinheit mit einschließt. Seit 1754 war d'Alembert Mitglied der „Académie française“. 1757 zog er sich nach einer Kontroverse mit Rousseau über Musik und Theater von der Mitarbeit an der Enzyklopädie zurück, vielleicht auch entmutigt von den Hindernissen, die kirchliche und weltliche Behörden dem freigeistigen Unternehmen in den Weg stellten. Er führte das Wort im Salon seiner Freundin Julie de Lespinasse und verhalf seinen Anhängern und Schülern zur Mitgliedschaft in der Akademie. Nach seinem Tod in Paris wurde er in einem der ungekennzeichneten Gräber für Freigeister beerdigt.

„Wer sein eigenes Interesse verfolgt, befördert das der Gesamtgesellschaft häufig wirkungsvoller, als wenn er wirklich beabsichtigt, es zu fördern. Ich habe nie erlebt, dass viel Gutes von denen erreicht wurde, die vorgaben, für das öffentliche Wohl zu handeln.“

Adam Smith

Adam Smith

* 1723 † 1790

Der Professor für Logik und später Moralphilosophie in Glasgow wurde zum Formulierer des theoretischen Grundverhältnisses der nachmerkantilistischen Zeit. In Glasgow bei Francis Hutcheson und in Oxford hatte Smith [smɪð] studiert. Freundschaften mit David Hume und den kontinentaleuropäischen Enzyklopädisten und dem Physiokraten Quesney verhalfen ihm ebenso zu einer Vertiefung seiner Einsichten wie auch die Lehren Adam Fergusons. In seiner moralphilosophischen Überlegung näherte er sich bereits kantischen Auffassungen an, indem er den postulatorischen Charakter sittlicher Forderungen in verbindlichen Gesetzen allgemein setzte: Das Beurteilungskriterium sympathischer Zuneigung wurde für Smith zum Grundzug sittlichen Handelns überhaupt. Er stellte sich damit in die englische pragmatistische Tradition. Die „Theory of Moral Sentiments“ (1759; deutsch 1926) beschrieb den moralischen Menschen eingeordnet in ein System von Sympathie und Antipathie, das in dem politökonomischen Hauptwerk „Inquiry into the Nature and Causes of the Wealth of Nations" (1776; „Der Reichtum der Nationen", 1846/47) in veränderter, nunmehr konkurrenzwirtschaftlicher Form wieder auftaucht. In strikter Abkehr von Theorien, die im Bodenbesitz oder in reiner Handelsakkumulation den Grund gesellschaftlichen Reichtums erblickten, setzte Smith erstmalig Arbeit als den wirklichen Ursprung von Produkten, Geld und Kapital. Auf der Seite der Einkommen blieb er jedoch noch bei der Gleichberechtigung von Lohn aus produktiver Arbeit, Kapital- und Bodenbesitz. Der tatsächliche Kapitalisierungsprozess wurde dadurch nicht vollständig durchschaut, denn Smith ging noch von der Manufakturproduktion aus, die zwar bereits durch Arbeitsteilung gekennzeichnet ist, in der aber die Produktion des relativen Mehrwerts durch Mehrarbeit nur erst der unmittelbaren Akkumulation von Kapital diente. In dieser frühen Phase der Kapitalisierung aller Bereiche hatte das Kapital noch nicht den Stellenwert gegenüber Grundeigentum und Lohnarbeit angenommen, der es für Smith als den prinzipiell neuen, das gesamte Verhältnis von Ökonomie, Gesellschaft und Herrschaft bestimmenden Faktor hätte durchschaubar machen können. Smiths Bestimmung der Arbeitsteilung, bei der jeder Arbeiter nur einen Produktionsschritt übernimmt, war deshalb einerseits gültig. Er griff aber zu kurz, als er sie zum Ursprung des gesellschaftlichen Reichtums erklärte. Denn als spezifisch kapitalistische Form des gesellschaftlichen Produktionsprozesses ist sie nur eine besondere Methode, die Selbstverwertung des Kapitals – oder den „Wealth of Nations" – effektiv zu erhöhen.

Immanuel Kant

* 1724 † 1804

Er war einer der bedeutendsten Philosophen überhaupt, der der deutschen Philosophie den Anschluss an die europäische Tradition der Aufklärung vermittelte.

Dank des Ehrgeizes seiner bildungsbewussten Mutter besuchte Kant das Collegium Fridericianum. Diese Königsberger Gelehrtenschule wurde von Franz Albert Schultz geleitet, der die pietistische Strömung der philosophischen Schule Christian Wolffs vertrat. Der Besuch des Collegiums ermöglichte Kant zwar den Aufstieg aus dem Handwerksmilieu in den gehobenen Bürgerstand, erstickte in ihm aber jegliche Neigung zum Beruf des Pfarrers, der ihm von Elternhaus und Schule zugedacht war.

Bild linke Seite:
Adam Smiths Abhandlungen über den freien Wettbewerb durch Angebot und Nachfrage prägen bis heute die Ökonomie.

Bild rechte Seite:
Immanuels Kants Schriften kennzeichnen den Beginn der Zeit der modernen Philosophie.

Bild linke Seite: **Mittagstafel im Hause Kants. Der Professor liebte und befolgte einen peinlichen geregelten Tagesablauf, dazu gehörten auch die Gäste, die er fast jeden Tag zum Mittagessen einlud.**

„Handle so, dass du wollen kannst, deine Maxime solle eine allgemeines Gesetz werden (der Zweck mag sein, welcher er wolle)."

Immanuel Kant

Daher belegte er vorwiegend naturwissenschaftliche Vorlesungen, als er 1740 die Königsberger Universität bezog. In dieser Entwicklung wurde er besonders von Martin Knutzen (1713–1751), einem gemäßigten und kritischen Wolffianer, gefördert. Knutzen machte ihn gründlich mit den physikalischen Forschungen Newtons vertraut. Zudem bestärkte er Kant in seiner Skepsis gegenüber der von den Wolffianern dogmatisch vertretenen „prästabilierten Harmonie" und der daraus resultierenden metaphysischen Annahme einer Herrschaft der Vernunft im Aufbau der Welt.

Die ausgedehnten Studien Kants auf naturwissenschaftlichem Gebiet, die in seinen frühen, „vorkritischen" Schriften stark zur Geltung kommen, sind von dem Bestreben getragen gewesen, einen von allen dogmatischen Voraussetzungen freien und rationalen Zugang zur Erkenntnis des Weltaufbaus zu finden. Andererseits sah er sich genötigt, mit der Abhandlung „Die falsche Spitzfindigkeit der vier syllogistischen Figuren erwiesen" (1762) gegen eine zeitgenössische Schule der Logik anzugehen, die sich anmaßte, allein aus Begriffen, Urteilen und Schlüssen reale Erkenntnis zu schöpfen.

Überhaupt ist die gesamte „vorkritische Periode", d. h. die Zeit bis zum Erscheinen der „Kritik der reinen Vernunft" (1781), durch eine intensive negativ-kritische Auseinandersetzung mit den herrschenden Lehren in Naturwissenschaft und Philosophie gekennzeichnet. Sein Standort innerhalb der Naturwissenschaft ist dabei von Anfang an klar: Kant sieht sich in der Tradition eines Kopernikus, Galilei oder Newton und verteidigte entschieden eine mechanische Weltentstehung.

In der mit der Weltentstehungslehre eng verbundenen Frage nach der Existenz und dem Wesen Gottes ist der „vorkritische" Kant indessen noch nicht so konsequent gewesen. Seine letzte größere in dieser Zeit entstandene Schrift, „Der einzig mögliche Beweisgrund zu einer Demonstration des Daseins Gottes" (1763), ist im Grunde noch ganz von dem von Anselm von Canterbury begründeten „ontologischen Gottesbeweis" beeinflusst.

Das allgemeine, unzulässige Prinzip einer solchen Denkweise ist es, vom logischen Schluss auf einen Begriff (Gott als Notwendigkeit) zugleich auf dessen reale Existenz (Gott als real vorhandenes Wesen) zu schließen. Gerade dieses Denken, welches in letzter Konsequenz den Unterschied zwischen Denken und Sein aufhebt, von Grund auf aus den Angeln zu heben, war die eigentliche Leistung des Kantischen Kritizismus. Dieser blieb einer relativ späten Periode vorbehalten, die rein zeitlich gesehen mit der Erlangung der ordentlichen Professur 1770 (ebenfalls in Königsberg) anhebt.

Die 1770 vorgelegte lateinische Dissertation „Über die Formen und Prinzipien der Sinnen- und Geisteswelt" arbeitete erstmals den Ansatz des Kritizismus heraus: Die traditionelle Metaphysik ist demzufolge wegen ihrer unzulässigen Vermengung sinnlicher und intellektueller Erkenntnis in eine Sackgasse (Aporie) geraten. Nur auf der Grundlage einer scharfen Grenzziehung zwischen sinnlicher und intellektueller Erkenntnis ist es möglich, eine jede Erkenntnis in dem ihr eigenen Geltungsraum festzuhalten und falsche Übergriffe – etwa im Sinne des oben erwähnten ontologischen Gottesbeweises – zurückzuweisen. Denn beide Bereiche der Erkenntnis, der der erfahrbaren Sinnenwelt und der Bereich der reinen Verstandesprinzipien, stehen im Grunde beziehungslos zueinander, laufen – ohne sich gegenseitig zu berühren – parallel nebeneinander her. Hieraus resultiert jene provozierende Fragestellung, welche der „Kritik der reinen Vernunft" zugrunde liegt: Wie ist überhaupt eine solche reine Erkenntnis, die ohne sinnliche Wahrnehmung auskommt, möglich, was kann sie zu ihrem Inhalt haben, und kann sie Erkenntnis der Realität sein? Letzteres wird von Kant in der „Kritik der reinen Vernunft" als unmöglich dargetan: Nichts kann vom Verstand begrifflich erfasst werden, was nicht zuvor in der sinnlichen Erfahrung vorgegeben ist und wiederum durch sinnliche Erfahrung beweisbar gemacht werden kann. Allein die Sinne bezeugen das Vorhandensein einer realen Außenwelt. Wenn aber nun alle Erkenntnis mit der sinnlichen Erfahrung erst einsetzen kann, so entspringt sie doch nur zu einem Teil der Erfahrung. Die andere Quelle der Erkenntnis sind die im erkennenden Geist vor und unabhängig von aller Erfahrung (d. h. a priori) bereits vorhandenen Formen der Anschauung (Raum und Zeit) und des Denkens (die Kategorien). Die Erforschung dieser Anschauungsformen und Denkformen, eine Tätigkeit des Verstandes, die auf sich selbst gerichtet ist, ist die einzig mögliche reine, d. h. unabhängig von der sinnlichen Erfahrung stattfindende Erkenntnistätigkeit. Sie kann nicht auf Gegenstände selbst gerichtet sein, sondern hat zu ihrem Inhalt die Bedingungen, unter denen Dinge gedacht werden können. Insofern ist die reine Erkenntnis immer nur transzendental – im Gegensatz zur realen Erkenntnis. Der umgekehrte Schluss, der daraus zu ziehen ist, ist folgender: Reale Erkenntnis vollzieht sich notwendig immer schon unter der Bedingung der Eigengesetzlichkeit des Denkens. Infolgedessen können Erfahrung und Denken niemals Dinge „an sich" zum Inhalt haben, sondern immer nur die Erscheinung der Dinge (Phänomen), als das Ding „für mich". Reine gedankliche Konstruktionen hinsichtlich der Dinge an sich (Noumenon) sind gar keine Erkenntnisse. Metaphysik kann so nach Kant nur die Wissenschaft von den Grenzen der Vernunft sein. Wenn sie sich aber – wie es die dogmatische Metaphysik tut

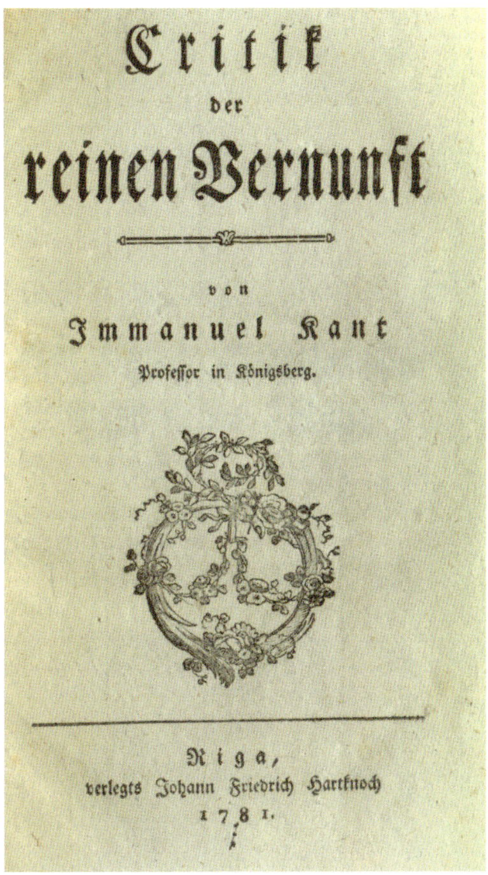
Critik
der
reinen Vernunft
von
Immanuel Kant
Professor in Königsberg.
Riga,
verlegts Johann Friedrich Hartknoch
1781.

„Man versuche es daher einmal, ob wir nicht in den Aufgaben der Metaphysik damit besser fortkommen, dass wir annehmen, die Gegenstände müssen sich nach unserer Erkenntnis richten, welches so schon besser mit der verlangten Möglichkeit einer Erkenntnis derselben a priori zusammenstimmt, die über Gegenstände, ehe sie uns gegeben werden, etwas feststellen soll."

Immanuel Kant

Bild rechte Seite:
Die „Kritik der reinen Vernunft", das erste erkenntnistheoretische Werk Immanuel Kants, erschien 1781. Es soll belegen, dass alle Erkenntnis von der sinnlichen Erfahrung ausgeht, die im menschlichen Geist bearbeitet wird.

„Aufklärung ist der Ausgang des Menschen aus seiner selbstverschuldeten Unmündigkeit. Unmündigkeit ist das Unvermögen, sich seines Verstandes ohne Leitung eines anderen zu bedienen. Selbstverschuldet ist diese Unmündigkeit, wenn die Ursache derselben nicht am Mangel des Verstandes, sondern der Entschließung und des Mutes liegt, sich seiner ohne Leitung eines anderen zu bedienen. Sapere aude! Habe Mut, dich deines eigenen Verstandes zu bedienen! ist also der Wahlspruch der Aufklärung."

Immanuel Kant

– zu gedanklichen Konstruktionen wie z. B. der Existenz Gottes oder der Unsterblichkeit der Seele versteigt, muss sie sich den Vorwurf eines Missbrauchs der Vernunft gefallen lassen.

Der Vernunft ist es eigentümlich, über die Einzelerkenntnisse des Verstandes hinweg zu schreiten, diese zu einem systematischen Ganzen zu verbinden und in diesem Zusammenhang die Frage nach dem Sinn zu beantworten, auch wenn dieser, da unerkennbar, reines Phantom (Idee) bleibt. Ist es der Vernunft verwehrt, ohne Erfahrung theoretisch zu erkennen, so ist es andererseits ihre Aufgabe, den Willen des Menschen und sein praktisches Verhalten zu bestimmen. Dadurch kommt ihr eine Vorrangstellung gegenüber der theoretischen Vernunft zu. Denn der Mensch hat nach Kant zwei Charaktere: einen „empirischen" und einen „intelligiblen". Als empirisches Wesen (Person) steht er unter dem Gesetz der Natur, als intelligibles Wesen (Persönlichkeit) aber ist er frei und nur nach den Maximen seiner eigenen praktischen Vernunft ausgerichtet. Als naturgesetzlich bestimmtes Wesen verfolgt der Mensch seine eigene, egoistische Glückseligkeit und ist somit unfrei. Als intelligibles, der Freiheit fähiges Wesen ist er jedoch gehalten, seine Strebungen einem sittlichen Imperativ zu unterwerfen. Der Mensch habe deshalb stets so zu handeln, dass die Maxime des persönlichen Willens jederzeit zugleich als Prinzip einer allgemeinen Gesetzgebung gelten könnte (kategorischer Imperativ). Das heißt, dass nicht ein auf die Vervollkommnung der äußeren Umstände gerichtetes Tun moralisch ist, sondern allein die aus praktischer Einsicht in die Notwendigkeit geleitete Befolgung der Pflicht. Und allein die Tat, die in bewusster Befolgung der Pflicht geschieht, bestimmt sich als eine sittliche und in dem Maß auch als eine freie. Für den großen Teil der Menschheit, der die strenge Pflichtethik nicht um ihrer selbst willen zu befolgen imstande ist, gestattet es die praktische Vernunft, sich der Ideen von Gott und der Unsterblichkeit der Seele zu bedienen.

Kants Religionsphilosophie ließ unter Religiosität nur das Bewusstsein gelten, das sich den Inbegriff der Pflichterfüllung als göttliches Gebot veranschaulicht und Gott als höchstes sittliches Ideal. Alles, wozu der Mensch außer der sittlichen Lebensführung durch religiöse Organisationen angeleitet wird, um Gott zu gefallen, also ritueller Gottesdienst, Gebetsübungen, Kasteiungen usw., brandmarkt Kant demgegenüber als bloße Götzendienerei. Gegen eine solche „falsche" religiöse Überfremdung der Sittlichkeit wehrt sich Kant in der Schrift „Die Religion innerhalb der Grenzen der bloßen Vernunft" (1793), indem er fordert, dass die Religionslehre von allen Vorstellungen befreit werden müsse, die nichts mit der Anleitung des Menschen zum sittlichen Handeln zu tun haben. Die darin enthaltene gesellschafts- und bildungspolitische Brisanz bescherte Kant 1794 eine königliche Kabinettsorder wegen „Entstellung und Herabwürdigung mancher Haupt- und Grundlehren der Heiligen Schrift und des Christentums".

Kant, der trotz reger Anteilnahme an den Ereignissen der Französischen Revolution stets ohne eigene praktisch-emanzipatorische Impulse gelebt hatte, war dem politischen Konflikt mit der preußischen Regierung nicht gewachsen. Er erklärte, sich aller öffentlichen Äußerungen zum Thema der natürlichen und der geoffenbarten Religion zu enthalten, und verzichtete damit auf eine Weiterentwicklung der praktischen Philosophie gerade dort, wo sie die Legitimität der Herrschaft überkommener Autoritäten in die systematische Kritik mit einbezogen hatte.

Die „Kritik der Urteilskraft" (1790) untersuchte die Gültigkeit und die Grenzen des Begriffs der Zweckmäßigkeit in der Naturwissenschaft. Kant ging davon aus, dass die rein mechanische Betrachtungsweise nicht ausreiche, das ganzheitliche Phänomen des Organismus und der Lebensvorgänge zu erklären. Dazu bedürfe es der teleologischen d. h., die Natur im Hinblick auf ihre Zweckmäßigkeit denkenden Betrachtungsweise.

Bereits zu Lebzeiten Kants entwickelte sich der „Kantianismus" aus der Erörterung der schwierigen erkenntnistheoretischen Problematik des „Dings an sich". Die Hauptvertreter dieser Richtung waren Salomon Maimon (1753–1800), der die reale Existenz des „Dings an sich" nicht mehr gelten lassen wollte, Friedrich Heinrich Jacobi und Karl Leonhard Reinhold. Aus derselben Problemstellung heraus erfolgte die Weiterentwicklung der zunächst rein kantianischen Philosophie Johann Gottlieb Fichtes zu einem System des absoluten Idealismus, das allem Sein außerhalb des Bewusstseins jegliche Realität absprach.

Edmund Burke

* 1729 † 1797

Als Verfechter traditionsbewusster Evolution war Edmund Burke [bœ:(r)k] (geboren in Dublin, gestorben in Beaconsfield) der bedeutendste Philosoph des britischen Konservativismus. So tief und nachhaltig Burkes Einfluss als politischer Denker gewesen ist, er hat in seiner parlamentarischen Zeit nur zweitrangige Ämter bekleidet. Er begann als Privatsekretär des Premierministers Lord Rockingham. Obwohl er zu den berühmtesten Männern Europas zählte, ist manches über seine Lebensanfänge und Lebensführung in merkwürdi-

Bild rechte Seite:
Edmund Burke in einer Karikatur als irischer Jesuit, der Kartoffeln, das Hauptnahrungsmittel armer Iren, isst. Unter dem Tisch tanzen die Dämonen. – Burke sah den Menschen als unvollkommen an; erst im Staatswesen und der Gemeinschaft erlangt er Perfektion.

„Nichts anderes braucht es zum Triumph des Bösen, als dass gute Menschen gar nichts tun."

Edmund Burke

ges Dunkel gehüllt. Über seine Wirkung in den letzten anderthalb Jahrhunderten ist mit gutem Grund gesagt worden, es sei unmöglich, von irgendeinem britischen Staatsmann zu sagen, sein Geist sei von Locke oder Hobbes geformt worden, aber es sei ebenso unmöglich, an irgendeinen überragenden britischen Parlamentarier in dieser langen Zeit zu denken, der dem Einfluss Burkes entgangen wäre. Burke hat keine geschlossene Darstellung seines politischen Denkens hinterlassen. Es ist in zahlreichen Büchern, Schriften und Reden enthalten. Sein berühmtestes Buch, das ihn die Freundschaft des liberalen Politikers Fox kostete, waren seine leidenschaftlich antirevolutionären „Reflexions on the Revolution in France", 1790 („Betrachtungen über die französische Revolution", 1793). Mit gleicher Leidenschaft betrieb er vierzehn Jahre lang die Staatsanklage gegen den Generalgouverneur von Indien, Warren Hastings, in dem er verkörpert sah, was er an der Regierung Indiens verabscheute: ihre Grausamkeit und ihre Korruption.

Moses Mendelssohn

* 1729 † 1786

Der in Dessau geborene Mendelssohn stammte zwar aus den beengten Verhältnissen jüdischen Kleinbürgertums, konnte sich aber unter der Anleitung seines Lehrers, des Dessauer Rabbi David Fränkel, zu weltoffener und rationalistischer Geisteshaltung aufschwingen. Als Fränkel 1743 nach Berlin ging, folgte ihm Mendelssohn. Begierig eignete er sich hier die Wissensfülle seiner Zeit an. – John Lockes und des Earls of Shaftesbury aufgeklärte Gedankenwelt gaben ihm ebenso Anregungen wie die Auseinandersetzung mit der Philosophie Leibniz', Spinozas und Christian Wolffs. Mendelssohn trat 1750 als Hauslehrer in die Dienste des Seidenfabrikanten Isaac Bernhard, der ihn 1754 mit in sein Geschäft aufnahm. Dies war auch das Jahr der Zusammenkunft Moses Mendelssohns und Gotthold Ephraim Lessings, aus der die 1755 von Lessing veröffentlichten „Philosophischen Gespräche" hervorgingen, die auf einem Manuskript Mendelssohns beruhen. Der Eindruck, den Mendelssohn bei Lessing hinterließ, war nachhaltig; der Autor des Stücks „Die Juden" (1749) ließ Mendelssohn 1779 in der Titelfigur „Nathan der Weise" als Idealgestalt des aufgeklärten Geistes dichterisch verklärt in die Weltliteratur eingehen. Aber trotz des Anschlusses, den Mendelssohn an die philosophische Diskussion seiner Zeit gefunden hatte, wandte er sich nicht vom Judentum ab. Als J. C. Lavater ihm die Argumentation Charles Bonnets über die Vernünftigkeit des Christentums zusandte mit der Aufforderung, entweder diesen Gedanken zu widerlegen oder zum Christentum überzutreten, antwortete Mendelssohn mit einem verstärkten Einsatz für die Durchsetzung der Emanzipation der Juden. Mit „Jerusalem oder über religiöse Macht und Judentum" (1783) arbeitete er das Recht der Juden auf das eigene Geistes- und Glaubensleben heraus. Gerade die Rationalität der jüdischen Glaubenstradition sei Voraussetzung einer undogmatischen Geisteshaltung, die keine staatlichen und christlich-kirchlichen Eingriffe beeinträchtigen dürften. Aus dieser Bindung an das Judentum erklärt sich auch Mendelssohns Stellung gegenüber dem Kantischen Kritizismus, dem er in einem Briefwechsel mit Kant einen Theismus Leibnizscher Herkunft gegenüberstellte („Morgenstunden", 1784). Der letzte Aufsatz, „An die Freunde Lessings", in dem er sich für Lessing einsetzte, wurde postum veröffentlicht.

„Auf dem dunklen Pfad, auf dem ein Mensch hier auf Erden gehen muss, gibt es gerade so viel Licht, wie er braucht, um den nächsten Schritt zu tun. Mehr würde ihn nur blenden."

Moses Mendelssohn

„Auch die Begriffe von Tugend und Sittlichkeit sind der Mode unterworfen, und wer sich nicht nach den Modebegriffen seines Jahrhunderts schmiegen kann, der wird von den Zeitgenossen verkannt und verschrieen."

Moses Mendelssohn

Johann Georg Hamann

* 1730 † 1788

Eine der dunkelsten und schwierigsten Figuren der deutschen Geistesgeschichte ist J. G. Hamann. Schon zu Lebzeiten nannte man ihn deshalb den „Magus im Norden". Der Sohn eines Baders und Wundarztes studierte in Königsberg Theologie, Literatur und Philosophie, ohne jedoch ein Abschlussexamen abzulegen. In einem mühevollen und abwechslungsreichen Leben – er war nacheinander Hauslehrer, Hofmeister, Kaufmann, Kanzlist, Reisebegleiter und Packhofverwalter – eignete er sich mannigfache Kenntnisse an, so der orientalischen Sprachen und der alten Literatur, der Kameralwissenschaften und der Politik. 1758 hatte er ein Erweckungserlebnis, nachdem er in den Vorjahren bereits zum intensiven Bibelstudium geleitet worden war, und fand aus seiner selbst als

Bild rechte Seite: Moses Mendelssohn stand in regem Austausch mit Gotthold Ephraim Lessing, der ihm in seinem Drama „Nathan der Weise" als Ideal eines aufgeklärten Geistes ein Denkmal setzte.

Bild linke Seite: **Johann Georg Hamann widmete sich vor allem der Sprachphilosophie, mit der er das „Wort aus dem Munde Gottes" ergründen wollte.**

Bild rechte Seite: **Nach Ansicht Paines begründet das Naturrecht einen Zustand der Freiheit und Unabhängigkeit der Menschen.**

„Höllenfahrt der Selbsterkenntnis" bezeichneten Sinnkrise. Seither trat er für eine Rückbesinnung auf die Gottesbestimmung ein sowie die philosophische Eins-Sehung von Vernunft und Sinnlichkeit und damit auch von Begriff und wahrnehmbarem Zeichen. Im folgenden Jahr publizierte Hamann die Schrift „Sokratische Denkwürdigkeiten", in der es heißt: „Der Glaube ist kein Werk der Vernunft." Nach Hamann hat sich Gott in Natur und Geschichte offenbart, und keine Analyse kann diese Offenbarung entziffern. Seine Absicht ist, auf das „Wort, das aus dem Munde Gottes geht", zu hören. Seine Philosophie ist daher wesentlich Sprachphilosophie. In den „Kreuzzügen des Philologen" (1762), deren einer Teil die berühmte „Aesthetica in nute. Eine Rhapsodie in Kabbalistischer Prosa" ist, interpretiert er die dreifache Offenbarung in Natur, Geschichte und Bibel. Erkennen ist für Hamann radikal jeder Abstraktion entgegengesetzt. Es ist ein „anschauliches Erkennen", ein „Lesen" im Buch der Schöpfung.

Hamanns Schriften sind auch Eingeweihten schwer verständlich. Er schreibt selten zusammenhängend, macht viele Anspielungen, die heute ausführlicher Kommentare bedürfen, und drückt sich dunkel und orakelhaft aus. Er war ein scharfer Kritiker der Aufklärung und ihres deutschen Vertreters Kant. Seine Zeitgenossen schenkten ihm verhältnismäßig wenig Beachtung, aber untergründig übte er später einen starken Einfluss aus und war unter anderem ein Wegbereiter des Sturm und Drang.

Thomas Paine

* 1737 † 1809

Der Politiker und Schriftsteller Paine [pə(ɪ)n] (geboren in Thetford, gestorben in New York) vertrat einen vernunftmäßig begründeten Gottesglauben, alles Geschaffene galt ihm als harmonisch und geordnet. So wollte er auch im menschlichen Zusammenleben gottgewollte Ordnung verwirklichen. Er wurde zum großen politischen Freidenker und Reformer und verfocht ein Naturrecht, das für den einzelnen Freiheit, Unabhängigkeit, Stimm- und Meinungsrecht und für den Staat die fortwährende Möglichkeit der Revolution vorsah. Der Freund Benjamin Franklins und Thomas Jeffersons, der Anhänger J. J. Rousseaus und Voltaires suchte Lehre und Praxis zu verbinden. Seine Hauptwerke „The Rights of Man" (1791; „Die Menschenrechte", 1792) und „The Age of Reason" (1794/1796; „Das Zeitalter der

Vernunft") waren voll politischen und religiösen Zündstoffs. Er wandte sich gegen die den Armen auferlegten Kriegssteuern und den politischen Einfluss der Kirchen in Europa, er befürwortete dagegen Steuern auf Grundbesitz, Lohnverträge, soziale Sicherung und höhere Bildungsmittel. Paine war Augenzeuge der Französischen Revolution und Mitglied des französischen Nationalkonvents, wurde aus England verbannt, von Robespierre inhaftiert, schließlich auch in den USA als Häretiker verfemt. Vom Tod des geistigen Gründungsvaters der USA nahm kaum jemand Notiz.

„Je schwerer der Kampf, desto ehrenvoller der Triumph. Was wir zu mühelos erhalten, sehen wir als zu gering an: Erst der hohe Preis gibt jedem Ding seinen Wert. Ich schätze den Mann, der unter Schwierigkeiten lächeln kann, der durch Leid stark wird und durch Nachdenken mutig. Zurückweichen ist Sache der kleinen Geister; aber der, dessen Herz fest ist und dessen Gewissen sein Verhalten gut heißt, befolgt seine Grundsätze bis in den Tod."

Thomas Paine

„Eine schöne Menschenseele finden ist ein Gewinn, ein schöner Gewinn ist sie erhalten, und der schönste und schwerste, sie, die schon verloren war, zu retten."

Johann Gottfried Herder

Johann Gottfried Herder

* 1744 † 1803

Der Ästhetiker, Philosoph, Dichter und übersetzende Nachdichter gilt als der große Anreger in der deutschen Geistesgeschichte, dessen theoretische Schriften mehr als seine poetischen den „Sturm und Drang" einleiteten und prägten, die Klassik vorbereiteten und noch der Romantik und der idealistischen Geschichtsauffassung des 19. Jahrhunderts Impulse gaben. Nach dem Besuch einer Lateinschule und knechtischem Schreiberdienst beim Diakon und Erbauungsschriftsteller Trescho ging Herder 1762 zum Studium nach Königsberg. Bis 1764 studierte er vor allem Theologie und Philosophie. Kants Vorlesungen hörte er systematisch; sonst erschöpfte er sich, wie auch später, in hektischer Vielarbeit, um sich seinen Unterhalt zu verdienen. Bestimmenden Einfluss gewannen auf ihn Hamanns Ideen. 1764 bis 1769 war er Lehrer, ab 1765 auch Prediger in Riga. Bedrückt von der bürgerlichen Enge Rigas, trat er eine längere Reise an. Er fuhr zunächst auf dem Seeweg nach Nantes, dann über Paris (Diderot), Amsterdam und Hamburg (Lessing, Claudius, Goeze) nach Eutin und von dort als Prinzenbegleiter nach Darmstadt, wo er seine spätere Frau, Caroline Flachsland, kennenlernte. In Straßburg trennte er sich von der Reisegesellschaft, um sich von einem Augenleiden heilen zu lassen. Die langwierige, erfolglose Behandlung hielt ihn bis zum Frühjahr 1771 in Straßburg. Dadurch kam es zu den für die deutsche Literatur- und Geistesgeschichte folgenschweren Begegnungen mit Goethe, die den eigentlichen Beginn des „Sturm und Drang" im Straßburger Kreis (Pegelow, Jung-Stilling, Goethe, später Lenz) verursachten. 1771 bis 1776 war Herder Konsistorialrat und Hauptprediger, ab 1775 Superintendent in Bückeburg. Goethe vermittelte ihm die Stelle des Hofpredigers, Generalsuperintendenten und Oberkonsistorialrats in Weimar. 1801 wurde er geadelt und Präsident des Oberkonsistoriums. Missverstanden, kränkelnd und mürrisch lebte er die letzten Jahre in Weimar sehr zurückgezogen. Einige Gedichte, seine Fragmente „Über die neuere Deutsche Literatur" (1767) und seine „Kritischen Wälder" (1769) machten ihn bekannt, seine „Abhandlung über den Ursprung der Sprache" (1772) wurde von der Berliner Akademie preisgekrönt. In der Programmschrift des „Sturm und Drang",

„Von deutscher Art und Kunst", veröffentlichte er die Beiträge „Auszug aus einem Briefwechsel über Ossian und die Lieder alter Völker" und „Shakespeare". Darin fordert er eine „originale" und nationale Kunst, deren Quelle die Volkspoesie sei. Dem gebildeten, am (fremdsprachigen) Vorbild geübten Autor setzt er den unmittelbar und tief empfindenden Dichter als Vorbild entgegen. Herders pathetisch gespannter Stil spiegelt seine irrationale Ästhetik: eine gestische, sprunghafte Sprache mit Interjektionen, vielen Fragen und Satzfragmenten, die arm ist an logischer Kontinuität. Sein Dichtungsideal meint Herder in den Volksliedern verwirklicht zu finden, die er 1778/79 übersetzt und herausgibt. Herders philosophisches Hauptwerk „Ideen zur Philosophie der Geschichte der Menschheit" (1784–1791) führt den Entwicklungs- und damit Fortschrittsgedanken in die deutsche Geistesgeschichte ein und bereitet die dialektische Philosophie Hegels vor. Herders national gefärbtes Ursprungs-, Originalitäts- und Entwicklungsdenken ist den verschiedensten Weltanschauungen verfügbar geworden – nicht zuletzt, weil es sich nicht zu einem System schließen konnte. Sein Bild vom Dichter, der original aus seinem Erlebnis schöpft, ist in den Grundzügen bis heute im Bewusstsein der Deutschen erhalten geblieben.

Jeremy Bentham

* 1748 † 1832

Der englische Jurist und bedeutende Vertreter des Utilitarismus setzte sich intensiv für eine radikale Reform der Verfassung und Strafgesetzgebung in Großbritannien ein und übte nachhaltigen Einfluss auf die amerikanische Verfassung und die Protagonisten der Französischen Revolution aus. Seine hedonistische Ethik veröffentlichte er 1789 unter dem Titel „An Introduction to the Principles of Morals and Legislations". Ausgehend von der Feststellung, dass es das Hauptinteresse des Menschen sei, Lust zu gewinnen und Schmerz zu vermeiden, muss die Maxime des moralischen Handelns der optimale Lustgewinn sein. Die richtige Handlung ergibt sich aus dem Abwägen aller Faktoren und wurde von Bentham auf die Formel „größtmögliches Glück der größtmöglichen Zahl" gebracht.

Bild linke Seite:
Johann Gottfried Herder begründete ein sich weit verbreitendes national gefärbtes Entwicklungsdenken.

Bild rechte Seite:
Das „größtmögliche Glück der größtmöglichen Zahl" ist der Leitgedanke in Benthams Lehre.

Bild linke Seite: Einer der bedeutendsten Vertreter des deutschen Idealismus, ging Johann Gottlieb Fichte davon aus, dass in jedem Menschen die Möglichkeit zu wahrer Selbsterkenntnis angelegt ist.

Johann Gottlieb Fichte

* 1762 † 1814

Der in der Oberlausitz geborene eigentliche Begründer des deutschen Idealismus lernte 1790 Kants Philosophie kennen und wurde von ihr zu der 1792 anonym erschienenen Schrift „Versuch einer Kritik aller Offenbarung" angeregt. Anfangs für eine Schrift Kants gehalten, trug sie ihm 1794 eine Professur für Philosophie an der Universität in Jena ein. Hier setzte sein zeitlebens anhaltendes Bemühen um die „Wissenschaftslehre", die von ihm so benannte Erstellung eines geschlossenen Systems der Philosophie, ein; es wurde sichtbar in einer Reihe großer Entwürfe, die er in rascher Abfolge immer wieder überarbeitete (1794, 1794/95, 1795, 1797, 1798/99, 1801, 1804, 1810). In ihrem Geist schrieb er 1796 die „Grundlage des Naturrechts nach Prinzipien der Wissenschaftslehre" und veröffentlichte 1798 das „System der Sittenlehre".

Der im gleichen Jahr verfasste Aufsatz „Über den Grund unseres Glaubens an eine göttliche Weltregierung" trug ihm den Vorwurf des Atheismus ein, und er musste 1799 die Universität Jena verlassen. Fichte ging nach Berlin, verkehrte im Kreis der Romantiker und hielt Privatvorlesungen. In populärwissenschaftlichen Schriften („Bestimmung des Menschen", 1800; „Die Anweisung zum seligen Leben", 1806) wandte er sich an ein breiteres Publikum. 1806 wich er mit der preußischen Regierung vor Napoleon nach Königsberg aus; 1808 hielt er im besetzten Berlin seine „Reden an die deutsche Nation". 1810 schließlich wurde er erster Rektor der Universität Berlin.

Fichte ist als Denker bis heute ein großer Unbekannter geblieben. Erst 1965 wurde eine auf 26 Bände berechnete Gesamtausgabe seiner Schriften begonnen. Henrich brachte einen wichtigen Neuansatz in die Deutung („Fichtes ursprüngliche Einsicht", in: „Subjektivität und Metaphysik", 1966). Danach geht Fichte über die seit Descartes immer wieder bedachte Frage, was das Ich im Erkenntnisprozess leiste, hinaus, indem er der vorausliegenden Frage, was das Ich überhaupt sei, nachsinne. Die verschiedenen, ihn nie befriedigenden Antworten darauf bilden den Hauptinhalt seiner zahlreichen Entwürfe zu einer Wissenschaftslehre.

Wilhelm von Humboldt

* 1767 † 1835

Der Forscher und Staatsmann Freiherr von Humboldt erscheint trotz der siebzehnbändigen Gesamtausgabe seiner Werke (Berlin 1903–1936) und trotz der viele Bände umfassenden Veröffentlichung seiner Briefe nach wie vor als ebenso rätselhafte wie geniale Persönlichkeit. Einerseits beeinflusste er nachhaltig das geistige Leben Deutschlands bis in die Gegenwart, andererseits scheint er in fast allem, was er unternahm und wollte, gescheitert zu sein.

Als Vorbereitung auf eine Staatslaufbahn studierte er ab 1788 in Göttingen Rechtswissenschaften. In dieser Zeit lernte er den Philosophen F. H. Jacobi kennen, einen Gegner des aufklärerischen Rationalismus und scharfen Kritiker Kants. Mit einer Bildungsreise ins gerade revoltierende Paris schloss er 1789 seine Studien ab, begann 1790 beim Berliner Kammergericht als Referendar, verließ aber bereits ein Jahr später als Legationsrat wieder den Staatsdienst. Unabhängig von Amtspflichten wollte er, gestützt auf sein Vermögen, sein Leben als Kunstwerk gestalten. Wie aus seiner 1792 verfassten Schrift „Ideen zu einem Versuch, die Grenzen der Wirksamkeit des Staates zu bestimmen" hervorgeht, verwirft er den aufgeklärten Absolutismus als Despotismus. Stattdessen wünscht er sich den freien, seine Fähigkeiten voll entwickelnden Staatsbürger, dem der Staat für seine Selbstentfaltung Sicherheit nach außen und Recht nach innen zu verschaffen habe.

Durch seine Ehe mit Karoline von Dacheröden kam Humboldt in engen Kontakt zu Schiller und Goethe. 1794 übersiedelte er nach Jena; bald schon arbeitete er mit an Schillers „Horen". Der Austausch zwischen ihnen wurde so stark, dass man nicht zu Unrecht von Goethe–Schiller–Humboldt als dem Dreigestirn der deutschen Klassik spricht. Vermutlich, weil ihm nicht der Durchbruch zu dichterischer Gestaltungskraft gelang, verließ er 1797 Jena wieder, ging mit seiner Familie nach Paris und unternahm von dort aus Reisen nach Spanien und ins Baskenland. Hier erwachten seine sprachwissenschaftlichen und sprachphilosophischen Interessen, zum ersten Mal greifbar in einer 1801 abgefassten umfangreichen Arbeit über die Sprache der Basken.

Nach Berlin zurückgekehrt, erhielt er die Stelle eines preußischen Gesandten beim Heiligen Stuhl. Von 1802 bis 1808 lebte er in Rom. Als begeisterter Verehrer

„Denken und Wissen sollten immer gleichen Schritt halten. Das Wissen bleibt sonst unfruchtbar."

Wilhelm von Humboldt

Bild rechte Seite: Der Sprachwissenschaftler und Forscher Wilhelm von Humboldt gilt zusammen mit Goethe und Schiller als Hauptfigur der deutschen Klassik.

Bild linke Seite: Schleiermacher gelang es, nach der sich von der Religion abwendenden Aufklärung den Sinn der Religiosität neu darzulegen – ein Unterfangen, dass Kritiker als „Vermittlungstheologie" bezeichneten.

Bild rechte Seite: Die Philosophie Hegels erhob den Anspruch, die gesamte Vielfalt der Wirklichkeit historisch herzuleiten und vollständig zu systematisieren.

der Antike plante er, die antike Kultur- und Staatenwelt umfassend darzustellen; abgesehen von zwei Fragmenten blieb dieses Vorhaben ebenso unausgeführt wie die Idee, eine zusammenhängende Geschichte des 18. Jahrhunderts zu schreiben; sie gedieh nicht über die Einleitung hinaus.

Im Februar 1809 ernannte ihn der preußische König zum „Geheimen Staatsrat und Direktor des Kultus und öffentlichen Unterrichts im Ministerium des Innern". Das von Napoleon 1807 gedemütigte Preußen versuchte damals, durch umfassende Reformen auf vielen Gebieten zu einem fortschrittlichen Staatswesen zu werden. Humboldt reformierte das Bildungswesen nach der Leitidee, dass die gesamte Schulbildung eine Einheit bilde, beginnend mit der Elementarschule, endend mit der Universität, beide verbunden durch das Gymnasium. Dieses dreigliedrige Bildungswesen machte er allgemeinverbindlich und führte das Schuljahr ein. Das von ihm geschaffene humanistische Gymnasium wurde „das" Gymnasium des 19. Jahrhunderts. 1809 gründete er die Universität Berlin, die bald schon das Modell der neuen deutschen Universität wurde. Ziel der Bildungsreform war, allen eine einheitliche Allgemeinbildung zu vermitteln, damit jeder mit ihrer Hilfe seine volle Individualität entfalten könne. Erst danach habe die Spezialausbildung zu folgen. Mit dieser Bildungsidee prägte Humboldt das gesamte 19. und zu einem nicht unerheblichen Teil auch das 20. Jahrhundert.

Nach 16 Monaten trat Humboldt wegen Differenzen mit dem König von seinem Amt zurück und wurde preußischer Gesandter in Wien. Seine Idee, anstelle eines Bundesstaates einen deutschen Staatenbund zu schaffen, wurde trotz Gründung des Deutschen Bundes nicht ernsthaft erwogen. 1819 zog er sich daher aus dem öffentlichen Leben zurück und widmete sich bis zu seinem Lebensende vor allem sprachwissenschaftlichen und sprachphilosophischen Studien. Seine wegweisenden Forschungen auf diesem Gebiet („Über die Kawisprache auf der Insel Java", 1836 bis 1840) sind auch heute noch, vor allem für die vergleichende Sprachwissenschaft, von Bedeutung.

Friedrich Ernst Daniel Schleiermacher

* 1768 † 1834

Der in Breslau geborene, aus der geistigen Tradition der Herrenhuter hervorgegangene Theologe und Philosoph wurde mit seiner romantischen Verweltlichung der Religion zum Protagonisten einer neuen Religiosität und zu einem Wegbereiter der Lebensphilosophie. Schleiermacher – seit 1809 Prediger an der Dreifaltigkeitskirche in Berlin, seit 1810 Berliner Universitätsprofessor – stand im Wirkungsfeld der Theorien Baruch Spinozas und J. G. Fichtes. Indem er die begrifflich gewonnenen Erfahrungen von Gott und Glauben in den Rahmen der historischen Religionen stellte, konnte er eine Bestimmung des „Religiösen überhaupt" gewinnen. Damit wurde er zum Vorläufer eines Historismus, der den „Sinn für das Unendliche" in der Vielfalt geschichtlicher Erscheinungen bewahren wollte, um ihn anthropologisch im Wesen des Menschen festzumachen. Von dieser Position aus wurde er zum Gegner der erstarrten Theologie seiner Zeit. Zugleich wandte sich sein romantisches Denken gegen die reine Orientierung an der Vernunft. Er erahnte, dass sich sein Kampf für die Anerkennung des deutschen Bürgertums und die Konstitution eines Nationalstaats nur noch gefühlsmäßig legitimieren ließ. So konnten seine Schriften „Über die Religion, Reden an die Gebildeten unter ihren Verächtern" (1799) und „Der christliche Glaube, nach den Grundsätzen der evangelischen Kirche im Zusammenhang dargestellt" (1821 ff.) sowie die „Grundlinien einer Kritik der bisherigen Sittenlehre" (1803) eine weltliche Abhängigkeit der Menschen in der Tradition begründen.

Georg Wilhelm Friedrich Hegel

* 1770 † 1831

Es ist der oft zu einem Modewort gewordene oder zu einem Taschenspielertrick heruntergekommene Begriff der Dialektik, wodurch sich die Hegelsche Philosophie auszeichnet. Da nach Hegel Methode und Sache, Subjekt und Objekt sowie Theorie und Praxis nicht voneinander isoliert betrachtet werden können, sondern nur als durcheinander vermittelt, als sich wechselseitig bedingend, ist Hegels Philosophie zur Grundlegung jeder Art von Erkenntnistheorie und jeder Methodologie der Einzelwissenschaften geworden. Bereits mit drei Jahren kam Hegel in Stuttgart in die Schule, wechselte mit fünf Jahren auf die Lateinschule über und mit zehn Jahren aufs Gymnasium. Als 15-Jähriger begann er in lateinischer und deutscher Sprache Tagebuch zu führen. Er eignete sich schon in seiner Jugend umfassende Kenntnisse in Theologie, Philosophie und Literatur an. 1788 legte er seine Reifeprüfung ab und trat als Stipendiat in das Tübinger Stift ein; dane-

„Es ist unmöglich, dass einer Religion habe, dabei aber unsittlich; und ebenso unmöglich ist es, dass einer sittlich sein kann ohne Religion oder wahrhaft wissenschaftlich ohne sie."

Friedrich Schleiermacher

„Der Staat an und für sich ist das sittlichste Ganze, die Verwirklichung der Freiheit; und es ist absoluter Zweck der Vernunft, dass die Freiheit wirklich sei."

Georg Wilhelm Friedrich Hegel

Bild linke Seite: Die Lithographie zeigt Georg Wilhelm Friedrich Hegel im Kreise seiner Studenten.

Bild rechte Seite: Hegels Schriften beeinflussten zahlreiche andere Strömungen der Philosophie, unter anderem den Existenzialismus Jean-Paul Sartres sowie die Lehre von Karl Marx.

ben studierte er Philosophie und Theologie an der Tübinger Universität. Seit dem Winter 1790 bewohnte Hegel gemeinsam mit dem gleichaltrigen Friedrich Hölderlin und dem fünf Jahre jüngeren Friedrich Wilhelm Schlegel dasselbe Zimmer im Stift. Die drei schlossen für lange Freundschaft; sie lasen die Schriften Rousseaus und begeisterten sich für die Französische Revolution, der zu Ehren sie 1791 gemeinsam einen Freiheitsbaum pflanzten. Hegel absolvierte 1790 den philosophischen und 1793 den theologischen Kurs. Anschließend ging er als Hauslehrer nach Bern. 1797 nahm er eine Hauslehrerstelle in Frankfurt an, um Hölderlin nahe sein zu können. In Frankfurt verfasste Hegel eine Reihe von Fragmenten, die damals unveröffentlicht blieben. Hegel interessierte sich zunächst vor allem für theologische Probleme; er beschrieb die Entwicklung des Christentums von der Anschauung der Offenbarung zum Wissen in der Erkenntnis. Er gebrauchte in dieser Zeit auch zum ersten Mal den Begriff der Entfremdung, um das Verhältnis des Individuums zum Staat zu charakterisieren. Die Fragmente aus diesen Jahren, die erst 1907 unter dem Titel „Theologische Jugendschriften" von Hermann Nohl veröffentlicht wurden, haben die philosophische Diskussion in den Jahren vor und nach dem Ersten Weltkrieg tief beeinflusst. 1799, nach dem Tod des Vaters, erbte Hegel ein kleines Vermögen, das es ihm erlaubte, sich auf die akademische Laufbahn vorzubereiten. Er ging nach Jena, dem damaligen Zentrum der Philosophie, wo sein alter Freund Schelling schon mit 23 Jahren Professor geworden war. In kurzer Zeit verfasste er seine erste philosophische Abhandlung, „Differenz des Fichteschen und des Schellingschen Systems der Philosophie", in der er sich vorsichtig von Fichte und Schelling absetzte. Am 27. August 1801 habilitierte er sich. Im folgenden Jahr gab er gemeinsam mit Schelling das „Kritische Journal der Philosophie" heraus, worin er sich mit den Größen der zeitgenössischen Philosophie auseinandersetzte. Als Privatdozent und, seit 1805, außerordentlicher Professor führte Hegel ein von ewiger Geldnot geplagtes Leben. Er las über Logik, Metaphysik, Naturphilosophie und Philosophie des Geistes. Diese Vorlesungen wurden erst mehr als 100 Jahre später publiziert: 1923 die „Jenenser Logik, Metaphysik und Naturphilosophie", 1931/1932 zwei Bände „Jenenser Realphilosophie". In diesen Schriften ist Hegels erstes philosophisches System enthalten. Weil er hier einige fast sozialphilosophische Momente einführte, die er später wieder zurückdrängte, stehen gerade diese Jenenser Schriften heute im Zentrum der Hegel-Diskussion. So hat beispielsweise jüngst Jürgen Habermas nachgewiesen, dass die Jenenser Schriften die Grundlegung einer empirisch überprüfbaren dialektischen Gesellschaftstheorie enthalten, deren zentrale Begriffe Sprache, Arbeit und Handeln auf Gegenseitigkeit sind.

1806 schloss Hegel das Manuskript zu seinem berühmtesten Werk, der „Phänomenologie des Geistes", ab. Es sollte ein einführendes Werk sein, in dem der Weg des menschlichen Wissens vom Bereich alltäglicher Erfahrung zu dem wirklicher philosophischer Erkenntnis, zur absoluten Wahrheit dargestellt wird. Wahrheit heißt, dass die Erkenntnis und der Geschichtsprozess als Geist zu begreifen sind. Geschichte und System sind für Hegel identisch. Die „Phänomenologie" ist so die gesamte Erfahrung, die das Bewusstsein in der Weltgeschichte macht. Der Weg führt von der sinnlichen Gewissheit zur Wahrnehmung, von der Wahrnehmung zum Verstand, vom Verstand zum Selbstbewusstsein, bis er die Wahrheit der Vernunft erreicht. Unmittelbar nach Abschluss der „Phänomenologie" verließ Hegel Jena, um vorübergehend die Redaktion der „Bamberger Zeitung" zu übernehmen, dann wirkte er als Rektor des Nürnberger Agedii-Gymnasiums. 1816 erhielt er einen Ruf an die Universität Heidelberg. Noch in Nürnberg schrieb er seine dreibändige „Wissenschaft der Logik" (1812–1816): Für ihn ist Logik mehr als nur eine Lehre von den Formen und Gesetzen des Denkens in Begriffen, Urteilen und Schlüssen; sie ist für Hegel auch nicht auf das Prinzip der Widerspruchsfreiheit zu verpflichten. Gegenstand der Logik ist der Geist oder die Idee im Zustand des An-sich-Seins; sie ist dialektisch, da sie die sich in Widersprüchen vollziehende Bewegung des Ganzen zur Darstellung bringt. 1817 publizierte Hegel seine „Enzyklopädie der philosophischen Wissenschaften im Grundriss", in der sein System dargestellt wird. Die Stufen der Entwicklung des Weltgeistes entsprechen den Aufbaustufen des philosophischen Systems: Der Weltgeist ist zunächst im Zustand des An-sich-Seins (Logik); auf der zweiten Stufe entäußert er sich in sein Anders-Sein, in die Natur (Naturphilosophie); auf der letzten Stufe kehrt er aus

der Selbstentfremdung zu sich zurück in das An-und-für-sich-Sein (Philosophie des Geistes). 1818 wurde Hegel auf den Lehrstuhl Fichtes an der Berliner Universität berufen, von wo aus sich sein Name und seine Philosophie über ganz Deutschland verbreiteten. Hegel las über Ästhetik, Religionsphilosophie, Philosophie der Weltgeschichte und Geschichte der Philosophie. 1821 veröffentlichte er die „Grundlinien einer Philosophie des Rechts", worin er den preußischen Staat als die Versöhnung des Wirklichen und des Vernünftigen feierte und damit dazu beitrug, dass sich bald nach seinem Tod seine zahlreichen Schüler in Rechts- und Links-Hegelianer aufspalteten. Während die Rechts- oder Alt-Hegelianer sein Werk insgesamt akzeptierten und es fortzusetzen trachteten, kritisierten die Links- oder Jung-Hegelianer wie Marx, Feuerbach und Engels die Apologie des restaurativen preußischen Staates als eine Inkonsequenz in Hegels Denken, das den Widerspruch selbst zum Motor hatte und sich daher zur Verklärung einer be-

„Der Mut der Wahrheit, der Glaube an die Macht des Geistes ist die erste Bedingung der Philosophie. Der Mensch, da er Geist ist, darf und soll sich selbst des Höchsten würdig achten, von der Größe und Macht seines Geistes kann er nicht groß genug denken."

Georg Wilhelm Friedrich Hegel

Bild linke Seite:
Friedrich von Schelling, einer der zentralen Vertreter des deutschen Idealismus, fasste die reale Natur- und die ideale Geisteswelt als zwei Seiten des schöpferischen absoluten Ich auf.

Bild rechte Seite:
Schopenhauers Lehre verbindet gleichermaßen Ethik, Ästhetik und Metaphysik und stellt einen Beitrag zum Subjektiven Idealismus dar.

stehenden schlechten Wirklichkeit wenig eignete. 1829, auf dem Höhepunkt seines Ruhms – Hegel galt als der „Professor der Professoren" –, übernahm er das Amt des Rektors der Berliner Universität. Vorher, in den Jahren zwischen 1822 und 1827, reiste er nach Brüssel, den Niederlanden, Prag, Wien und Paris. 1827 kam es zu der denkwürdigen Begegnung mit Goethe in Weimar, während der beide Ähnlichkeiten zwischen ihren Bestrebungen erkannten. Am 14. November 1831 starb Hegel in Berlin an der dort gerade grassierenden Cholera. Ab 1832 wurden „von einem Verein von Freunden des Verewigten" seine Werke herausgegeben, darunter viele unveröffentlichte Vorlesungen. Unter diesen ragen vor allem die „Vorlesung über die Philosophie der Geschichte" heraus. Sie enthalten noch einmal, vom anderen Ende her aufgerollt, das gesamte System der Hegelschen Philosophie. Hegel ging davon aus, dass die Vernunft die Welt beherrsche, dass also auch die verschiedenen geschichtlichen Zeitalter an der sich entfaltenden Vernunft teilgehabt hätten. Die Weltgeschichte ist eine Auslegung des Geistes in der Zeit. Der Geist ist das wirkliche Subjekt und die Triebkraft der Geschichte. „Die Weltgeschichte ist der Fortschritt im Bewusstsein der Freiheit", aber nach Hegel eben nur im „Bewusstsein" der Freiheit.

Friedrich Wilhelm Joseph von Schelling

*1775 † 1854

Schelling (geboren in Leonberg, gestorben in Bad Ragaz), neben Fichte und Hegel der Hauptvertreter des Deutschen Idealismus, stammt aus einer schwäbischen Pfarrersfamilie. Frühreif und hochbegabt, wuchs er in der Tradition der „Schwabenväter" Bengel und Oetinger auf. Schon 1790 trat er als Theologiestudent ins Tübinger Stift ein, wo er der Stubenkamerad von Hegel und Hölderlin war. 1794 griff er mit seiner ersten philosophischen Schrift, „Über die Möglichkeit und Form der Philosophie überhaupt", die von Fichtes ersten Veröffentlichungen angeregt war, in die philosophische Diskussion ein und erregte sofort die Aufmerksamkeit der Fachleute. Nach einer Hauslehrerzeit wurde Schelling, von Goethe gefördert, 1798 Philosophieprofessor in Jena. Er befreundete sich mit den Hauptvertretern der Romantik. In den Vorlesungen und Schriften der Jenaer Zeit, besonders wichtig ist hier der „Erste Entwurf zu einem System der Naturphilosophie", drückt sich in Schellings Wendung zur Natur sein Hauptbeitrag zur idealistischen Philosophie aus. – Fichte wollte die von Kant hinterlassenen Probleme durch eine Rückführung der Philosophie auf das Ich lösen. Schelling fragt nach der Herkunft des Ich. Es stammt aus der Natur, die aber selber als organisch, und das heißt geist- und willensanalog, begriffen werden muss. Die Natur ist objektives Subjekt-Objekt. Die ganze Fragestellung, und das gilt bis zu Schellings „religionsphilosophischer" Spätphilosophie, ist aber bestimmt vom Problem der Realisierung möglicher Freiheit. Natur und Geschichte werden als Bedingung und Stätte der Freiheit ausgelegt. Diese Wendung Schellings führte zum Bruch mit Fichte. Auf dessen Gebiet, in der Transzendentalphilosophie, ist das über sie hinausgehende frühe Hauptwerk „System des transzendentalen Idealismus" (1800) angesiedelt.

1803 ging Schelling nach Würzburg. 1805 bis 1841 war er in München als Mitglied der dortigen Akademie der Wissenschaften, nur von seiner Lehrtätigkeit 1820 bis 1827 unterbrochen. Ab 1809, dem Tod seiner Frau Caroline und Erscheinungsjahr der „Philosophischen Untersuchungen über das Wesen der menschlichen Freiheit", hat er jedoch nichts mehr veröffentlicht. Er war eng mit dem bayerischen Kronprinzen Maximilian befreundet.

Als ihn allerdings 1841 der preußische König Friedrich Wilhelm IV. gegen die „Drachensaat des Hegelianismus" rief, ging er nach Berlin. Seine religionsphilosophischen Vorlesungen wurden von der Jugend aber nicht mehr verstanden. Schon der dänische Philosoph Kierkegaard hatte über den alternden Idealisten gespottet, der die Zeichen der Zeit (soziale Frage, Liberalismus, Verfassung u.a.) ignoriere und nicht bemerke, dass die seine vorüber sei. Angefeindet wegen seiner Weltabgewandtheit und Fürstenfreundschaften, verbrachte Schelling verbittert die letzten Jahre seines dem Nachdenken gewidmeten Lebens.

Arthur Schopenhauer

* 1788 † 1860

Schopenhauer (geboren in Danzig, gestorben in Frankfurt a. M.) war der Philosoph, der dem Bürgertum des späten 19. Jahrhunderts die pessimistisch-ästhetische Weltanschauung lieferte. Erst nach dem Tode des Vaters, der ihn zum Kaufmann machen wollte, konnte Schopenhauer seinen Neigungen folgen und in Göttingen Philosophie studieren. Er beschäftigte sich mit Platon und Kant. Aufgrund seines Erbes bis zu seinem Tod finanziell unabhängig, bezog er 1811 die Universität Berlin. In

„Es gibt keine Absurdität, die so handgreiflich wäre, dass man sie nicht allen Menschen fest in den Kopf setzen könnte, wenn man nur schon vor ihrem sechsten Jahre anfinge, sie ihnen einzuprägen, indem man unablässig und mit feierlichstem Ernst sie ihnen vorsagte."

Arthur Schopenhauer

Jena promovierte er 1813 mit der bedeutenden Arbeit „Über die vierfache Wurzel des Satzes vom zureichenden Grunde" zum Doktor. Einer der ersten Leser der Arbeit war Goethe, mit dem Schopenhauer über seine Mutter, eine damals beliebte Reiseschriftstellerin, bekannt wurde. 1819 erschien das Hauptwerk „Die Welt als Wille und Vorstellung". Die Wirkung – berühmteste Bewunderer wurden Richard Wagner und Friedrich Nietzsche – setzte erst nach 1850 ein.

Alle anderen Werke Schopenhauers, etwa „Über den Willen in der Natur" (1836) und „Parerga und Paralipomena" (1851), führen nur den Grundgedanken des Hauptwerks aus, zu dem 1844 ein zweiter Band erschien. Schopenhauers Philosophie ist formelartig bereits im Titel des Hauptwerks enthalten. Die erscheinende Welt ist, in Weiterentwicklung von Gedanken Kants, dem Subjekt als seine Vorstellung gegeben. Das ist sozusagen die Außenansicht der Dinge. In dieser Welt gilt der Satz vom Grund. Von innen her gesehen, und Schopenhauer verallgemeinerte hier Ergebnisse einer eindringlichen Selbstbeobachtung, ist das herrschende Prinzip ein blinder und unvernünftiger Wille, der nur sich selber will und seine Machtsteigerung. Er setzt sich im Lebenswillen der Pflanzen ebenso durch wie in den anscheinend zweckfreien Gebilden der Geistigkeit. Er benutzt in der Liebe die Individuen und beherrscht im Machttrieb die Geschichte. In der Musik spricht er sich selber aus. Freiwerden könne man von ihm nur in der kontemplativen, interesselosen Zuwendung zur Kunst. Dabei entziehe der Mensch sich seiner drängenden Kausalität, die ihn missbraucht. Die eigentliche Möglichkeit, sich dem blinden Wirken dieser überpersönlichen Unvernünftigkeit zu entziehen, besteht allerdings erst in der Askese. Die Ethik muss auf das Mitleid mit allen vom Willen Getriebenen gegründet werden. Schopenhauer war wohl der glänzendste Schriftsteller unter den Philosophen, der erst gegen Ende seines Lebens Anerkennung fand. Nach seinem Tod beriefen sich nicht nur Philosophen, sondern auch zahlreiche Schriftsteller wie Leo Tolstoj, Samuel Becket oder Hermann Hesse auf ihn.

„Das Leben, mit seinen stündlichen, täglichen, wöchentlichen und jährlichen, kleinen, größern und großen Widerwärtigkeiten, mit seinen getäuschten Hoffnungen und seinen alle Berechnung vereitelnden Unfällen trägt so deutlich das Gepräge von etwas, das uns verleidet werden soll, dass es schwer zu begreifen ist, wie man dies hat verkennen können und sich überreden lassen, es sei da, um dankbar genossen zu werden, und der Mensch, um glücklich zu sein."

Arthur Schopenhauer

Christopher Jacob Boström

* 1797 † 1866

Der schwedische Professor für praktische Philosophie Christopher Boström ['bʊ:strœm] erhielt wegen der Ausrichtung seiner Lehre den Beinamen des „christlichen Plato". Die gesamte neuere Philosophie kreist um das Problem, ob wahrhafte Wirklichkeit als Objekt – als Sache – oder als Subjekt – als Person – zu fassen sei. Für Boström darf der Mensch das unendliche, relative Subjekt, für das er eine Erklärung sucht, nicht der Ding- oder Objektbegrenzung unterwerfen; es muss vielmehr in einem unendlichen, absoluten Subjekt, einer Person liegen. Der schwedische Philosoph wendet sich deshalb gegen den Empirismus. Auch die theologischen Thesen des Christentums lehnt Boström ab, weil Gott in ihnen dem reinen Geist unterlegen erscheint. Aufs Schärfste widersetzte er sich der Vorstellung von einer Hölle, einem christlichen Strafgericht. Boström stellt vielmehr der sinnlichen Welt und Kants „Ding an sich" ein außerhalb der Grenzen von Zeit und Raum liegendes Reich gegenüber. Dessen echte Wirklichkeit beruht als ewige Idee, erhöht über Wechsel und Wandel, im Geistigen, und zwar in der unbegrenzbaren Gestalt Gottes. Diese Idee macht sich Gottes Werke auf Erden zu eigen.

Auguste Comte

* 1798 † 1857

Comte (geboren in Montpellier, gestorben in Paris) begründete die Soziologie als Bestandteil der wissenschaftlichen Philosophie (Positivismus). Die Bezeichnung „Krisenwissenschaft" weist auf die Tatsache hin, dass diese Wissenschaft auf dem Hintergrund der politischen Wirren (Französische Revolution von 1789, 1830, 1848) und der veränderten ökonomischen Verhältnisse (Auftreten des Proletariats) entstanden ist. Dies bestimmte das Selbstverständnis der Theorie Comtes: Sie verstand sich als eine politische Wissenschaft („politique positive"), deren Aufgabe es sein sollte, gestützt auf wissenschaftlich abgesicherte Erkenntnis die Gesellschaft einer neuen Ordnung zuzuführen. Die wichtigsten Werke Comtes sind „Cours de philosophie positive" (1830–1842) und „Système de politique positive" (1851–1854).

Die Forderung nach der „positiven" Wissenschaft, ein gegen die französische Aufklärungsphilosophie polemisch gewandter Begriff, der diese der „negativen" Gesellschaftskritik bezichtigte, bedeutete, dass gesellschaftliche Phänomene mit nicht minder exakten Methoden als sie in den Naturwissenschaften verwendet wurden, das heißt durch die genaue Beobachtung von Tatsachen und die Ableitung von Gesetzen aus diesen Beobachtungen untersucht werden müssten. Gemäß den Naturwissenschaften unterteilte Comte das soziologische Arbeitsgebiet in eines, das die grundlegenden Bedingungen einer jeden Gesellschaft aus der unveränderbaren Natur des Menschen und dem Wesen seiner Institutionen ableitet (Studium der sozialen Statik), und in ein zweites, das die Gesetze der Veränderung gesellschaftlicher Ordnungen eruiert (Studium der sozialen Dynamik). Die Beziehung zwischen Statik und Dynamik, Ordnung und Fortschritt, löste Comte in der Weise, dass er den Fortschritt selbst als einer unveränderlichen Ordnung unterworfen darstellte. Das 3-Stadien-Gesetz benennt die großen aufeinanderfolgenden Entwicklungsstufen der Geschichte der Menschheit, deren jede Wirkung der vorangehenden und Ursache der folgenden ist: Einer theologischen folgt eine metaphysische, dieser wiederum die positive Epoche. Die politische Aufgabe

Bild rechte Seite: Auguste Comte, der Begründer der Soziologie, unterteilte alle Wissenschaft in die „kindliche" Religion, die „jungenhafte" Metaphysik und schließlich die „männliche" positive Wissenschaft.

Bild linke Seite: Ludwig Feuerbachs Kritik des Idealismus und der Religion beförderte entscheidend die Vormärz-Bewegung. Er forderte eine „neue Philosophie", die neben dem Ich das gegenüberstehende Du als zentral erkennt.

Bild rechte Seite: Mit seinen Werken beförderte der liberale Denker Mill die Lehre der klassischen Nationalökonomie.

der Soziologie ist es unter anderem, das moralische Bewusstsein des Menschen der jeweiligen Entwicklungsstufe und damit Verständnisfähigkeit anzupassen, um ein optimales Funktionieren der gesellschaftlichen Ordnung zu garantieren.

Ludwig Feuerbach

* 1804 † 1872

Der vierte Sohn (geboren in Landshut, gestorben bei Nürnberg) des Juristen Anselm von Feuerbach studierte zunächst Theologie, ging dann nach Berlin, um bei Hegel intensiv Philosophie zu studieren, und habilitierte sich 1828 in Erlangen. Seine Dozentur, die sich mit seiner scharfen Religionskritik nicht vereinbaren ließ, gab er 1832 auf und zog sich aus dem öffentlichen Leben zurück. Feuerbachs Philosophie steht an einem historischen Wendepunkt; sie leitet den Verfall des hegelschen und damit des deutschen idealistischen Denkens überhaupt ein. Aus der Kritik der Religion und der Kritik am Hegelschen Idealismus leitete er eine Theorie der Gesellschaft ab, die Marx und Engels stark beeinflusste. 1839 beginnt Feuerbach in der Schrift „Zur Kritik der Hegelschen Rechtsphilosophie" das Denken Hegels materialistisch zu wenden. Für Feuerbach bestimmt die Idee nicht die Wirklichkeit, sondern jene wird von dieser erst geschaffen. In seinen „Vorläufigen Thesen zur Reform der Philosophie" (1842) sagt er: „Das Sein ist Subjekt, das Denken Prädikat. Das Denken ist aus dem Sein, aber das Sein nicht aus dem Denken." Davon ausgehend kommt er in seinem Hauptwerk „Das Wesen des Christentums" (1841) zu der folgenreichen Erkenntnis, dass die Negation des menschlichen Wesens mit der Setzung eines transzendentalen allmächtigen Wesens (Gott) zusammengeht. Das Beste seines Wesens hat der Mensch in Gott projiziert, wo er es als ein Fremdes anschaut und verehrt. Die religiöse Entäußerung erscheint jetzt als ein Akt, der den Menschen seinem Wesen, seiner wahren Natur entfremdet. Deshalb kann der humane Inhalt der Religion nur bewahrt werden, wenn seine religiöse Form aufgegeben wird. Die Negation der Religion ist ihre Verwirklichung.

John Stuart Mill

* 1806 † 1873

Mill (geboren in Pentonville/London, gestorben in Avignon) bewegte sich seit frühester Jugend im Hause seines gelehrten Vaters James Mill in den Kreisen der bürgerlichen Intelligenz des zeitgenössischen England. Mit zwanzig bereits hatte er sich die verschiedensten Naturwissenschaften selbständig erarbeitet und auch die Grundlagen der Ökonomie Jeremy Benthams, David Ricardos und Adam Smiths studiert. Von 1823 bis 1858 war er bei der englischen Indienbehörde und der East India Company tätig. Von 1865 bis 1868 war Mill Mitglied des Unterhauses. In der ersten Zeit behandelte er neben seiner administrativen und politischen Tätigkeit in den Zeitungen „Morning Chronicle", „Traveller" und „Westminster Review" die verschiedensten tagespolitischen und wissenschaftlichen Themen aus liberaler Sicht und trat zugleich in die Diskussion der „Speculative Society" ein, in der progressiv die philosophischen, ökonomischen und psychologischen Anschauungen der Zeit formuliert wurden.

Hier begann Mill seine positivistischen Grundanschauungen auszuformen, die er theoretisch auf der Grundlage psychischer Prozesse ansiedelte. Seit 1835 fungierte Mill als Herausgeber der liberalen „London and Westminster Review", vernachlässigte jedoch seine eigene publizistische Tätigkeit nicht. Er begann sich als der liberale Theoretiker und Systematiker zu profilieren, dessen „Principles of political economy" (1843; „Grundzüge der politischen Ökonomie", 1913) die Kapitallehre David Ricardos ausführten. Damit bereitete er theoretisch die Strategie vor, nicht die objektive Stellung der Arbeiter innerhalb des Produktionsprozesses überhaupt zu verändern, sondern allein auf der Verteilungsebene eine Milderung der Lage der Arbeiter herbeizuführen. Mit seinem „System of logic, ratiocinative and inductive" (1843; „System der deductiven und inductiven Logik", 1849 ff.) versuchte Mill

die philosophische Tradition des englischen Empirismus im Humeschen und Lockeschen Sinn weiterzuführen.

„Was ist originell? Alles und Jedes in der Welt ist schon einmal dagewesen und leider fast immer besser. Was aber aus der tiefsten Seele des Menschen kommt, ist demungeachtet immer originell."

Ludwig Feuerbach

Max Stirner

* 1806 † 1865

Der in Bayreuth geborene Stirner, der eigentlich Johann Kaspar Schmidt hieß, erhielt seinen später geführten Namen in der Studienzeit wegen seiner auffällig hohen Stirn, hinter der er als Junghegelianer in den Berliner Kreisen um Bruno Bauer seine Gedankenwelt eines egoistischen Weltmodells entwarf. Damit wurde er zum Wegbereiter eines kleinbürgerlichen

„Was soll nicht alles Meine Sache sein! Vor allem die gute Sache, dann die Sache Gottes, die Sache der Menschheit, der Wahrheit, der Freiheit, der Humanität, der Gerechtigkeit; ferner die Sache Meines Volkes, Meines Fürsten, Meines Vaterlandes; endlich gar die Sache des Geistes und tausend andere Sachen. Nur Meine Sache soll niemals Meine Sache sein: »Pfui über den Egoisten, der nur an sich denkt!«."

Max Stirner

Bild linke Seite: **Porträtskizze Max Stirners, der mit seinem Linkshegelianismus vielen Anarchisten zum Vorbild wurde.**

Bild rechte Seite: **Charles Darwin ging als Begründer der Evolutionstheorie in die Geschichte ein, die er in seinem Hauptwerk „Die Entstehung der Arten" darlegte.**

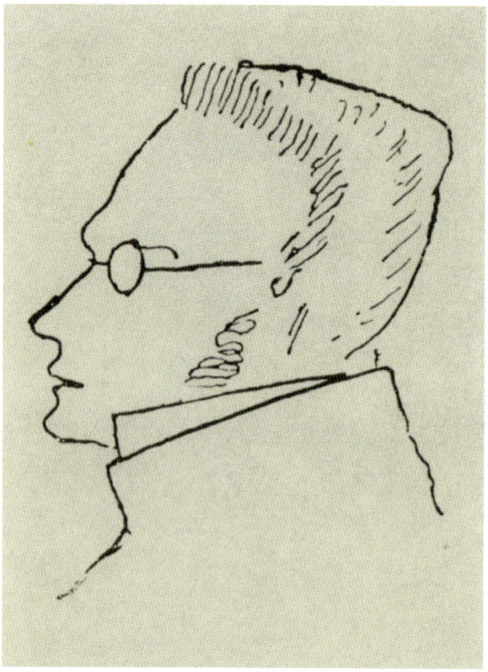

Anarchismus, dem es darum ging, in der Phase der Industrialisierung und der damit verbundenen Verformung des Eigentumsbegriffs den Besitzstand, den „Der Einzelne und sein Eigentum" (1944) darstellten, zu retten. Stirners Freiheitsbegriff ist ein materiell-elitärer: Der Besitzer von Produktionsmitteln allein kann frei sein. Es ist nicht verwunderlich, dass dieser von Marx und Engels in der „Deutschen Ideologie" scharf kritisierte gesellschaftstheoretische Ansatz dann erneut im Zuge der Nietzsche-Renaissance der Nachkriegszeit des 1. Weltkriegs in der Bourgeoisie wieder Anklang fand. Die Interpretation Hans G. Helms' („Die Ideologie der anonymen Gesellschaft. Max Stirners ‚Einziger' und der Fortschritt des demokratischen Selbstbewusstseins") von der Protestbewegung, indem er sie in die Stirner-Nachfolge stellt, ist schief: Der Protest gegen Autoritäten ist nicht stets der Bewahrung des Individualbesitzes zugeordnet, sondern kann dann zum sozialrevolutionären Hebel werden, wenn die Autoritäten bei der Behandlung wichtiger Probleme versagt haben.

David Friedrich Strauß

* 1808 † 1874

Mit seinem Hauptwerk „Das Leben Jesu, kritisch bearbeitet" (2 Bände, erschienen 1835) wurde der Junghegelianer Strauß zum Kristallisationskern der sogenannten Linkshegelianer. Das Sakrileg, die neutestamentlichen Evangelienberichte über das Leben des christlichen Religionsstifters als christlichen Mythos darzustellen, kostete den Tübinger Theologieprofessor seinen Lehrstuhl. Damit er seine sowohl theologisch als auch – unter der Lehre vom Gottesgnadentum folgerichtig – politisch revolutionär-liberalen Ideen nicht weiterhin verbreiten konnte, wurde seine Versetzung an das Ludwigsburger Gymnasium verfügt. Zwar war die scharfsinnige Gelehrsamkeit in seiner dogmenkritischen Abhandlung „Die christliche Glaubenslehre in ihrer geschichtlichen Entwicklung..." (1840/1841, 2 Bände) nicht weniger sichtbar als im „Leben Jesu", doch fehlte ihr die politische Wirkung seines großen Werkes. Längst war auch die linkshegelianische Kritik (Feuerbach) über den Standort des liberalen Mitglieds der württembergischen Kammer von 1848 hinweggegangen, der schließlich (1872: „Der alte und der neue Glaube") im Bismarckreich den positiven Fortschritt erblickte.

Charles Robert Darwin

* 1809 † 1882

Theorien des biologischen Transformismus, nach denen die verschiedenen Arten von Lebewesen durch Umwandlungsprozesse auseinander hervorgegangen sind, wurden schon seit Lamarck in der wissenschaftlichen Welt diskutiert. Als Erste konnten jedoch Charles Darwin und

– fast gleichzeitig – Alfred Russel Wallace umfangreiches empirisches Beweismaterial und eine überzeugende Erklärung für die Entwicklung (Evolution) der Lebewesen vorlegen. Darwin (geboren in Shrewsbury, gestorben in Down/ Kent) studierte Medizin und Theologie, anschließend widmete er sich geologischen Forschungen. Umfassende zoologische, botanische und paläontologische Kenntnisse erwarb er als Teilnehmer an der Expedition des Forschungsschiffes „Beagle" (1831–1836) über Teneriffa, Südamerika, die Galapagos-Inseln bis nach Neuseeland und Australien.

Seit 1839 legte Darwin verschiedene fachwissenschaftliche Publikationen über seine Forschungen vor. 1859 erschien sein Hauptwerk „On the Origin of Species by Means of Natural Selection" (1893 deutsch unter dem Titel „Die Entstehung

„Ich war aber in dieser Zeit allmählich dahin gekommen, einzusehen, dass dem alten Testament – mit seiner offensichtlich falschen Weltgeschichte, mit seinem Babylonischen Turm, mit dem Regenbogen als Zeichen usw. und seiner Art, Gott Gefühle eines rachedurstigen Tyrannen zuzuschreiben – nicht mehr Glauben zu schenken sei als den heiligen Schriften der Hindus oder dem Glauben irgendeines Wilden."

Charles Darwin

„Genau an dem Punkte, wo der Mensch sich von der Tierwelt lostrennt, bei dem ersten Aufblitzen der Vernunft als der Offenbarung des Lichts in uns finden wir die Geburtsstätte der Sprache."

Charles Darwin

der Arten durch natürliche Zuchtwahl") und machte seine Theorie der breiten Öffentlichkeit bekannt. Trotz heftigen Widerstandes von Seiten der Theologen, die in Darwins Werk die biblische Schöpfungsgeschichte verleugnet sahen, setzte sich die Abstammungslehre oder Deszendenztheorie in den folgenden Jahrzehnten allgemein durch. Sigmund Freud konstatierte später, es habe in der Geschichte drei „Kränkungen der Eigenliebe des Menschen" gegeben, deren eine die Rückführung seiner Herkunft auf den Affen war. Umstritten blieb trotz aller Anerkennung, ob das Prinzip der natürlichen Auslese (Selektion), demzufolge jeweils nur diejenigen Arten überleben, die am besten an die Umweltbedingungen angepasst sind, allein ausreicht, um die Entstehung neuer Arten zu erklären. Der Neo-Darwinismus hat es daher durch das Prinzip der Mutation (Veränderung der Gene) ergänzt.

Das Interesse der Zeitgenossen konzentrierte sich dagegen auf die Frage nach der Abstammung des Menschen. Ihr ist Darwins zweites Hauptwerk gewidmet: „The Descent of Man and Selection in Relation to Sex", 1871 (1893 deutsch unter dem Titel „Die Abstammung des Menschen und die geschlechtliche Zuchtwahl"). Er vertritt darin die These, dass sich, abgesehen von den morphologischen Gemeinsamkeiten, auch für die moralischen und intellektuellen Eigenschaften des Menschen schon bei Tieren rudimentäre Entsprechungen finden. Zu den sogenannten „Sozialdarwinisten" (u. a. Spencer, Sumner, Lange), die seine Lehre vom „Kampf ums Dasein" auf den Bereich der Gesellschaft übertrugen, hat sich Darwin nicht bekannt; ebenso bestritt er alle religionsfeindlichen Folgerungen aus seiner Lehre. Unverkennbar stand er jedoch selbst unter dem Einfluss der gesellschaftlichen Ideologie des Liberalismus und besonders der Bevölkerungstheorie von Thomas Robert Malthus (1766–1834), der zufolge die freie Konkurrenz zur Selbstbehauptung der Tüchtigsten und zum Ausscheiden der Überzähligen führt.

Sören Aabye Kierkegaard

* 1813 † 1855

Der Kopenhagener Kierkegaard leitete in der Umbruchszeit bürgerlicher Reform- und Durchsetzungskraft eine Periode geistiger und glaubensmäßiger Besinnung ein, in der die reflektierende Kraft bewussten

Menschseins aus der Sphäre des Geistes (Hegel) in die der ethisch-sittlichen Haltung des existierenden Menschen übertragen wurde. Kierkegaard kreiste in seiner gesamten gequälten Innerlichkeit um zwei – für das „normale" Denken unerhebliche – Ereignisse: Der Fluch gegen Gott, den sein Vater, der späterhin reiche Wollhändler Michael Pederson Kierkegaard, einst ausgestoßen hatte, als er als armer Hütejunge auf Jütland Schafe versorgte, und die Verlobung – oder vielmehr die Lösung der Verlobung – mit der Patriziertochter Regine Olsen durch den jungen Kierkegaard.

Sören Kierkegaard, der nach ausgedehnten theologischen Studien an der Universität Kopenhagen 1840 das Dienstexamen ablegte, erhielt den Magistertitel 1841 mit der Disputation „Über den Begriff der Ironie mit beständiger Hinsicht auf Sokrates". Diese Arbeit bildet den Ausgangsort für das Verständnis des Kierkegaardschen Denkens, wenn man sie mit den beiden oben genannten Ereignissen zusammen sieht. Das versuchte Kierkegaard selbst in seinem 1843 unter dem Pseudonym Viktor Eremita herausgegebenen Werk „Entweder – Oder. Ein Lebensfragment"; in dem er beinahe spielerisch in eigens hierfür verfassten Dokumenten die Positionen des Ästheten A. und des sittlich-ethischen Menschen B. gegenüberstellt, versucht er die Lösung seiner Verlobung mit Regine Olsen in einem ästhetisch-experimentellen Sinne zu fassen. In Wirklichkeit aber hatte Kierkegaard dieser scheinbar unbegründete Schritt in ungeheure Konflikte gestürzt. In der Position des fingierten Briefautors B. sollte dagegen die in gleicher Weise irgendwie selbstgefällige Haltung desjenigen charakterisiert werden, der sich auf die herkömmlichen Grundsätze und Moralprinzipien beruft. – Wozu das alles? In dem Vexierspiel mit erfundenen Herausgebern, Autoren und Ereignissen versuchte der Däne, seine andere Problematik des „ungeheuerlichen" väterlichen Gottesfluchs aufzulösen, seine tief religiöse Haltung in ihrer Ausnahmesituation einzubringen in das Erklären des von Gott und dem Historisch-Menschlichen (Sündenfall) bestimmten Weltganzen. Dies konnte ihm nur gelingen, indem er mit den Mitteln einer mehrfach reflektierenden, auf verschiedenen vorgeblichen Ebenen abgehandelten Pseudorealität von seiner eigenen Problematik und Person abzusehen und abzulenken versuchte. Ein Versuch, der misslang.

Bild linke Seite:
Darwins Theorien führten zu mancher Häme: „Ein ehrwürdiger Orang-Utan".

Bild rechte Seite:
Der Däne Kierkegaard sah den Menschen drei Stadien durchlaufen: das ästhetische, das ethische und zuletzt das mit der Erkenntnis des Selbst verbundene religiöse.

„Je mehr Leute es sind, die eine Sache glauben, desto größer ist die Wahrscheinlichkeit, dass die Ansicht falsch ist. Menschen, die recht haben, stehen meistens allein."

Sören Kierkegaard

Mit der Ironisierung der tatsächlichen Existenz, d. h. auch der Existenz Sören Kierkegaards selbst, der als Erbe des reichen Vaters den reichen Privatgelehrten darstellte, aber auch unter seiner vom Vater ererbten Schwermut und Religiosität litt, versuchte Kierkegaard als Philosoph, Dichter und Verfasser erbaulicher religiöser Schriften, die Menschen durch indirekte Mitteilung herauszurufen aus der Gewohnheit des alltäglichen Christentums zu erlebtem Christsein, sie in „Furcht und Zittern" (1843) zu versetzen, um sie zugleich einer „Einübung ins Christentum" (1850) unterwerfen zu können. Bis ins 20. Jahrhundert wirkte dieser Kierkegaardsche Versuch, durch die Anrufung der tatsächlichen Existenz eine Ebene der Konkretion zu gewinnen, nach: Zeitgenössische dialektische Theologie und Existenzphilosophie fußen auf seinen Denkansätzen.

Michail Bakunin

* 1814 † 1876

Während die Theorie von Karl Marx ihre Anhängerschaft vor allem in den Schichten der relativ gut situierten Facharbeiter fand, folgten die Arbeiter und Bauern dort, wo das Ausmaß des Elends keine Hoffnung auf einen allmählichen Fortschritt aufkommen ließ, den Lehren des Anarchisten Bakunin. Das Landproletariat Andalusiens oder die Bergleute in der Borinage, dem belgischen Kohlenrevier, konnten nicht auf die bessere Gesellschaft einer fernen Zukunft warten: „Wir nehmen Anteil am Schicksal der künftigen Generationen", schrieb Bakunin 1872 seinen Schweizer Freunden, „näher geht uns aber das der gegenwärtigen. Für sie kommt die Gerechtigkeit zu spät, wenn sie erst nach ihrem Tode siegt." Bakunin, ein russischer Emigrant, verfolgt von Auslieferungsanträgen der Zarenregierung, lebte seit den 1840er-Jahren abwechselnd in Deutschland, Frankreich, Belgien und der Schweiz, wo er auch starb. In Paris lernte er 1844 Marx kennen. 1848 nahm Bakunin an der gescheiterten deutschen Revolution teil. Am Dresdener Maiaufstand von 1849 wirkte er zusammen mit Richard Wagner als Mitglied der revolutionären Regierung mit. Nach der Niederlage wurde er zum Tode verurteilt, begnadigt und nach Russland ausgeliefert. Nach zwölfjähriger Gefangenschaft entkam er 1860 und kehrte nach Europa zurück. In den Auseinandersetzungen der sechziger Jahre ergriff Bakunin gegenüber dem individualistischen Anarchismus der Proudhonisten, die gegen die Beseitigung des Privateigentums Vorbehalte geltend machten, die Partei der Marxisten. Erst nachdem er 1868 der I. Internationale beigetreten war, kam es zum Zerwürfnis mit dem von Marx und Engels beherrschten Generalrat, der seinen Einfluss auf die schweizerische und die italienische Sektion ausweiten wollte, wo die Anhänger Bakunins dominierten. Immer wieder kritisierte Bakunin die zentralistische Organisationspolitik des „autoritären" Generalrats. Er sah voraus, dass sich zentralistische Partei- und Staatsapparate, auch sozialistische, gegenüber dem Volk bürokratisch verselbstständigen würden. Der von Marx mit ungewöhnlich niedrigen Verleumdungen geführte Streit endete 1872 mit dem Ausschluss Bakunins aus der I. Internationalen.

Zwei Jahre darauf, nach einem erfolglosen Aufstand seiner Anhänger in Bologna, zog sich Bakunin von der revolutionären Tätigkeit zurück. Die Schriften Bakunins sind leidenschaftliche Kampf- und Agitationsschriften. Er stimmte Marx' ökonomischer Analyse des Kapitalismus zu, nicht aber der daraus abgeleiteten politischen Theorie: In der Geschichte sah er nicht nur die objektiv umwandelbare Gesetzmäßigkeit, sondern auch den Handlungsspielraum für die spontane, verzweifelte Empörung. In der neusten Zeit ist zwischen den jungen radikalen Linken in Europa und den alten kommunistischen Parteien der gleiche Streit neu ausgebrochen. Wenn sich auch viele Vertreter des „antiautoritären Lagers" nicht ausdrücklich auf Bakunin berufen, so ist doch ihre Kritik am etablierten Staatssozialismus oftmals identisch mit der von Bakunin und den Anarchisten früher geäußerten Ablehnung des „autoritären Sozialismus".

Karl Marx

* 1818 † 1883

Karl Marx (geboren in Trier, gestorben in London), Sohn eines Rechtsanwalts, stammte aus einer wohlhabenden jüdischen Familie, die nicht revolutionär war und 1824 zum Protestantismus übertrat.

Nach dem Besuch des Gymnasiums in Trier bezog Marx die Universität, zunächst in Bonn, dann in Berlin, und studierte Rechtswissenschaft, vor allem aber und bald ausschließlich Geschichte und Philosophie. Er beendete seine Studienzeit mit einer Doktorarbeit (Jena 1841) über die „Differenz der demokritischen und epikureischen Naturphilosophie", wo-

Bild linke Seite:
Edvard Munchs Bild „Der Schrei" drückt Kierkegaards Verständnis, die Angst sei „der Schwindel der Freiheit", plakativ aus. Kierkegaard befasste sich intensiv mit der psychologisch fundierten Analyse der Angst.

Bild rechte Seite:
Selbstporträt Bakunins, eines der einflussreichsten Denker des Anarchismus.

> „Setze den Menschen als Menschen und sein Verhältnis zur Welt als ein menschliches voraus, so kannst du Liebe nur gegen Liebe austauschen, Vertrauen nur gegen Vertrauen etc. Wenn du die Kunst genießen willst, musst du ein künstlerisch gebildeter Mensch sein; wenn du Einfluss auf andere Menschen ausüben willst, musst du ein wirklich anregend und fördernd auf andere Menschen wirkender Mensch sein. Jedes deiner Verhältnisse zum Menschen – und zu der Natur – muss eine bestimmte, dem Gegenstand deines Willens entsprechende Äußerung deines wirklichen individuellen Lebens sein."
> *Karl Marx*

rin er dem Hegelschen Denken, das über seine Kontakte zum linkshegelianischen „Doktorclub" in Berlin (u. a. Bruno Bauer, Koeppen) eine ganz entscheidende Rolle im Marxschen Werdegang spielte, bereits eine kritisch-realistische Wendung gab. Hoffnungen, die er und seine Freunde sich darauf machten, dass Marx eine akademische Laufbahn einschlagen konnte, zerschlugen sich angesichts der nach dem Tod Friedrich Wilhelms III. verstärkt einsetzenden reaktionären Hochschulpolitik, der auch Bauer zum Opfer fiel. 1842 wurde Marx als Mitarbeiter und bald als Chefredakteur der „Rheinischen Zeitung" zu Köln berufen. Er machte das bürgerlich-liberale Blatt zum Sprachrohr der radikalen Demokratie, sodass dieses nicht nur einmal, sondern vom Regierungspräsidenten selbst nochmals zensiert wurde. Als die Aktionäre des Blattes unter dem Druck der Zensur einen „gemäßigten" Kurs einzuschlagen beabsichtigten, kündigte Marx. Die „Rheinische Zeitung" wurde dennoch kurz darauf verboten. Marx, der inzwischen seine Jugendfreundin Jenny von Westphalen geheiratet hatte, begab sich daraufhin nach Paris (1843), wo er zusammen mit Ruge die „Deutsch-Französischen Jahrbücher" herausgab. In deren erstem und einzigem Heft erschien unter anderem Marx' „Zur Kritik der Hegelschen Rechtsphilosophie" (1844). In seiner Doktorarbeit sprach er noch von den „falsch verstehenden Hegelianern" – jetzt kann er Hegel selbst nachweisen, dass diesem „die Logik nicht zum Beweis des Staates dient, sondern der Staat zum Beweis der Logik". Die gewaltige und brillante Auseinandersetzung des Hegelianers Marx mit Hegel (und also mit Preußen) gipfelt in den programmatischen Sätzen: „Die Waffe der Kritik kann allerdings die Kritik der Waffen nicht ersetzen, die materielle Gewalt muss gestürzt werden durch materielle Gewalt, allein auch die Theorie wird zur materiellen Gewalt, sobald sie die Massen ergreift. Die Theorie ist fähig, die Massen zu ergreifen..., sobald sie radikal wird. Radikal sein ist die Sache an der Wurzel fassen. Die Wurzel für den Menschen ist aber der Mensch selbst." Die „Verwirklichung" der deutschen idealistischen Philosophie sieht Marx in der „Aufhebung" des Proletariats. Hatte der Kölner Journalist, der sich mit der Lage der Moselbauern beschäftigte, noch ein praktisches Bedürfnis nach ökonomischer Theorie, so hat der Marx, der dieses Bündnis der Philosophie mit dem Proletariat, zwischen Kopf und Herz der menschlichen Emanzipation, proklamiert, nunmehr ein eminent theoretisches Bedürfnis nach Praxis. Mit Friedrich Engels, den er in Paris kennen lernte und mit dem ihn eine lebenslange Freundschaft und enge Zusammenarbeit verbinden sollte, nahm er den lebhaftesten Anteil an dem regen Leben der revolutionären Gruppen in Paris, außerdem pflegte er Verbindung zu den bedeutendsten „linken" Köpfen: Heine, Ruge, Heß, Bakunin, Herwegh, Proudhon. Daneben aber zeugen die (erst in den zwanziger Jahren unseres Jahrhunderts entdeckten) „Pariser Manuskripte" von geradezu titanischen Projekten: In ihnen setzt sich Marx u. a. mit der Hegelschen „Phänomenologie des Geistes" auseinander, er nimmt Hegel sozusagen beim Wort, wenn er ihm in dessen Kategorien („Arbeit", „Vergegenständlichung", „Entfremdung") den „wirklichen" Menschen entgegensetzt. Damit wurde zum ersten Mal in der Geschichte der Philosophie die aktuelle Erscheinung des Industriearbeiters zum Gegenstand der Philosophie und die Philosophie damit („ad hominem") zum Gegenstand des Industriearbeiters gemacht. Die idealistische Philosophie als „Form und Daseinsweise der Entfremdung

„Die Religion ist der Seufzer der bedrängten Kreatur, das Gemüt einer herzlosen Welt, wie sie der Geist geistloser Zustände ist. Sie ist das Opium des Volkes."

Karl Marx

Bild rechte Seite: Karl Marx, der bekannteste Kapitalismuskritiker, wurde zum einflussreichsten Theoretiker des Kommunismus und Befürworter der klassenlosen Gesellschaft. Auf ihn geht mit dem sogenannten Marxismus eine der zentralen Strömungen innerhalb des Kommunismus, aber auch der Wissenschaften zurück.

des menschlichen Wesens" revolutioniert Marx in ihrer „Verwirklichung" („Aufhebung") zum „wahren Materialismus": Am Ende einer Revolution der Philosophie steht die Philosophie der Revolution.

Im Jahr 1845 wurde Marx auf Betreiben der preußischen Regierung aus Frankreich ausgewiesen. Er emigrierte nach Brüssel. Dort verfasste er gemeinsam mit seinem Freund Engels die „Deutsche Ideologie", die heute vielleicht weniger wegen ihrer schonungslosen Parodien gegen Bruno Bauer, Stirner und die „wahren Sozialisten" als vielmehr wegen der Grundlegung des historischen Materialismus (Feuerbach) von Interesse ist. Diese materialistische

„Es ist nicht das Bewusstsein der Menschen, das ihr Sein, sondern umgekehrt ihr gesellschaftliches Sein, das ihr Bewusstsein bestimmt."

Karl Marx

Betrachtungsweise wurde hier erstmals in dem Satz zusammengefasst: „Nicht das Bewusstsein bestimmt das Leben, sondern das Leben bestimmt das Bewusstsein." Äußerst aktuell liest sich auch, dass „sowohl zur massenhaften Erzeugung dieses kommunistischen Bewusstseins wie zur Durchsetzung der Sache selbst eine massenhafte Veränderung der Menschen nötig ist, die nur in einer praktischen Bewegung, in einer Revolution, vor sich gehen kann; dass also die Revolution nicht nur nötig ist, weil die herrschende Klasse auf keine andere Weise gestürzt werden kann, sondern auch, weil die stürzende Klasse nur in einer Revolution dahin kommen kann, sich den ganzen alten Dreck vom Halse zu schaffen und zu einer neuen Begründung der Gesellschaft befähigt zu werden". An dieser „Begründung der Gesellschaft", der kommunistischen Gesellschaft, wirkten Marx – der in der 11. Feuerbach-These die historische Dimension der revolutionären Theorie emphatisch hervorhebt – und Engels an entscheidender Stelle mit. Sie verfassten im Auftrag des „Bundes der Kommunisten", dem sie 1847 beigetreten waren, das „Manifest der Kommunistischen Partei" (Kommunistisches Manifest), das 1848 erschien. Hierin fassten sie ihre Erkenntnisse in einer präzisen Diktion zusammen. Schon der Beginn: „Die Geschichte aller bisherigen Gesellschaft ist die Geschichte von Klassenkämpfen" zeigt an, dass das „Manifest" nicht für die Philosophen des „Einerseits und Andererseits" (so Marx über Proudhon), sondern für praktische Revolutionäre geschrieben ist. Nicht zuletzt wegen der überaus klaren Sprache, die frei von allen Schnörkeln ist, hatte das „Manifest" in der 1848er Revolution in Deutschland trotz der überaus niedrigen Auflage einige Wirkung.

Als die Februarrevolution von 1848 ausbrach, wurde Marx aus Belgien ausgewiesen. Er kam wieder nach Paris, ging aber von hier nach der Märzrevolution nach Köln zurück. Dort erschien unter seiner Leitung die „Neue Rheinische Zeitung" (1848/1849). Als der preußische Staatsstreich im November 1848 erfolgte, rief das Blatt in jeder Nummer dazu auf, die Steuern zu verweigern und der Gewalt mit Gewalt zu begegnen. Dies brachte Marx einen Hochverratsprozess ein, der jedoch mit einem Freispruch endete. Nach dem Sieg der Konterrevolution in Sachsen und Baden ging Marx wieder nach Paris, wurde dort von der Regierung vor die Wahl gestellt, seinen Wohnsitz in die Bretagne zu verlegen oder das Land zu verlassen, zog letzteres vor und übersiedelte nach London, wo er seitdem ununterbrochen lebte.

Trotz der teilweise drückenden Not des Emigrantendaseins, die sein Freund Engels, der seit 1870 ebenfalls in London wohnte, nach Kräften zu lindern suchte, wurde die Londoner Zeit zum fruchtbarsten Abschnitt in Marx' Leben: Einmal konnten Marx und Engels ihre (später nahezu unangefochtene) Autorität in der inter-

Bild linke Seite: Eine Gedenktafel, die auf den Druck der Erstausgabe von Marx' Werk „Das Kapital" in einer Leipziger Druckerei hinweist.

Bild rechte Seite: Karl Marx und Friedrich Engels lieferten mit ihrem „Kommunistischen Manifest" der Arbeiterbewegung die theoretische Grundlage. Andere Schriften der beiden Wissenschaftler beeinflussten aber auch beispielsweise die Hermeneutik.

nationalen Arbeiterbewegung ausbauen, zum anderen war dies die Zeit, in der die Hauptwerke der marxistischen Politökonomie verfasst wurden.

1851 schrieb Marx „Der 18. Brumaire des Louis Bonaparte", in dem er – wie schon in „Die Klassenkämpfe in Frankreich" (1850) – die Erfahrungen der Februarrevolution auswertete. Die Lehre von der „Diktatur des Proletariats" sowie das Problem der Klassenbündnisse, wie sie schon im „Manifest" angesprochen waren, wurden auf Grund einer differenzierten Klassenanalyse weiter entwickelt. Die (wie Engels später betonte) notwendig unvollkommenen „politischen" Analysen drängten aber auch zu vertiefter Arbeit an den „letzten ökonomischen Tatsachen" (Engels): Das erste Ergebnis dieser Studien – deren Vorarbeiten sich bis in die Pariser Zeit 1844/1845 zurückerstrecken – war die Veröffentlichung „Zur Kritik der politischen Ökonomie" (1859), einer kürzer gefassten Vorveröffentlichung der später im „Kapital" (1. Band, 1867) im ersten Abschnitt „Ware und Geld" entwickelten Theorien. Das „Kapital. Kritik der politischen Ökonomie" schließlich konnte von Marx nur in seinem ersten Band vorgelegt werden; den größeren Teil seines Lebenswerkes hinterließ er in mehr oder minder fragmentarischer Form. Engels, der daraus „etwas machen" sollte, veröffentlichte 1885 den zweiten, 1894 den dritten Band des „Kapital". 1905 bis 1910 gab Kautsky die vier Bände „Theorien über den Mehrwert" (den „4. Band") heraus, selbst wieder nur ein Teil des hierüber vorhandenen Manuskripts. Mehrfach wurden Bruchstücke veröffentlicht, Vorarbeiten aus den Jahren 1857/1858 im Jahr 1939 als „Grundrisse der Kritik der politischen Ökonomie", 1933 die „Resultate des unmittelbaren Produktionsprozesses".

Friedrich Engels

* 1820 † 1895

Gemeinsam mit Karl Marx begründete Friedrich Engels (geboren in Barmen, gestorben in London) den wissenschaftlichen Sozialismus. Als Sohn eines Fabrikanten erlernte er den Kaufmannsberuf und schrieb schon während seiner Lehrzeit literaturkritische Arbeiten über das „Junge Deutschland", jene Strömung der zeitgenössischen deutschen Literatur, zu der er sich besonders hingezogen fühlt. Während er als „Einjähriger" ab 1841 seinen Wehrdienst ableistete, lernte er in Berlin den Kreis der Junghegelianer um die Brüder Bruno und Edgar Bauer kennen. Sie diskutierten über Ludwig Feuerbachs Schrift „Das Wesen des Christentums" (1841), über Schelling und Hegel. In Berlin brach Engels endgül-

„Alles, was die Menschen in Bewegung setzt, muss durch ihren Kopf hindurch, aber welche Gestalt es in diesem Kopf annimmt, hängt sehr von den Umständen ab."

Friedrich Engels

„Aber es ist das Schicksal aller Revolutionen, dass dies Bündnis verschiedener Klassen, das bis zu einem gewissen Grade immer die notwendige Voraussetzung jeder Revolution ist, nicht von langer Dauer sein kann. Kaum ist der Sieg über den gemeinsamen Feind errungen, da beginnen die Sieger sich in verschiedene Lager zu scheiden und die Waffen gegeneinander zu kehren."

Friedrich Engels

Manifest der Kommunistischen Partei.

Veröffentlicht im Februar 1848.

Proletarier aller Länder vereinigt euch.

London.

Gedruckt in der Office der „Bildungs-Gesellschaft für Arbeiter" von J. E. Burghard.

46, Liverpool Street, Bishopsgate.

tig mit den religiösen Anschauungen, die seine Entwicklung bis dahin bestimmten. Er wurde zu einem revolutionären Demokraten, schrieb seit 1842 für die „Rheinische Zeitung". Von 1842 bis 1844 arbeitete er in dem Filialbetrieb der Familie in Manchester. Er studierte die sozialen und politischen Verhältnisse in England, kam in Berührung mit den Führern der Chartistenbewegung und des „Bundes der Gerechten" und beschäftigte sich mit den Theorien der utopischen Sozialisten um Owen und mit dem Chartismus. 1842 lernte er in Köln Marx kennen. Er schloss sich daraufhin der sozialistisch-kommunistischen Bewegung an und beeinflusste Marx, damals noch ein radikal-demokratischer Publizist, im Sinne des Kommunismus. Seit 1844 arbeiteten Engels und Marx eng zusammen. Noch in England verfasste Engels seine „Umrisse zu einer Kritik der Nationalökonomie" (1844), eine radikale Kritik des Privateigentums; in Deutschland schrieb er sein berühmtes Buch über „Die Lage der arbeitenden Klasse in England" (1845), in dem er auf die Notwendigkeit einer sozialen Revolution hinwies. Er wurde beauftragt, gemeinsam mit Marx ein Parteiprogramm zu entwerfen; das „Kommunistische Manifest" erschien im Februar 1848. An den revolutionären Erhebungen der Jahre 1848/49 in Deutschland war er führend beteiligt, arbeitete an der radikalen „Neuen Rheinischen Zeitung" mit, musste mehrfach ins Ausland fliehen und wurde vorübergehend verhaftet. Nach dem Ende der revolutionären Welle trat er 1850 wieder als Prokurist in die väterliche Firma ein. Aber Engels hatte nicht etwa seine revolutionären Ideen aufgegeben; er arbeitete im „hündischen Commerz", um Marx, der fast verhungert wäre, finanziell zu unterstützen. Seit 1860 Teilhaber, schied er 1869 mit einer stattlichen Summe aus und widmete sich nun ganz seiner politischen Arbeit. Mit Marx in London und mit der erstarkenden deutschen Sozialdemokratie arbeitete er eng zusammen. Seine Polemik gegen den Berliner Philosophen Dühring, dargestellt in dem Buch „Herrn Eugen Dührings Umwälzung der Wissenschaft" (1878), trägt mehr als jede andere Schrift zur Verbreitung des Marxismus in der Arbeiterbewegung bei. Engels anerkannte in Marx stets den größeren Denker, aber seine eigenen Schriften, die populär geschrieben sind, fanden damals eine weitere Verbreitung als die von Marx. Vor allem die Werke, die er nach dem Tode von Marx verfasste, wie „Der Ursprung der Familie, des Privateigentums und des Staats" (1884), „Ludwig Feuerbach und der Ausgang der klassischen deutschen Philosophie" (1886) sowie die 1935 aus dem Nachlass herausgegebene „Dialektik der Natur" zeigen Engels stark vom naturwissenschaftlichen Denken des 19. Jahrhunderts beeinflusst. Der revolu-

Bild linke Seite:
Titelblatt der Erstausgabe des „Kommunistischen Manifests" aus dem Jahr 1848.

Bild rechte Seite:
Der Brite Herbert Spencer wandte als Erster Darwins Evolutionstheorie auf die gesellschaftliche Entwicklung an und schuf damit die Grundlage des Evolutionismus.

tionäre Marxismus wird darin zu einer allesumfassenden und alleserklärenden proletarischen Weltanschauung ausgeweitet und verflacht. Auf diesen Schriften fußt der Dialektische Materialismus (Diamat).

Herbert Spencer

* 1820 † 1903

Er litt während seines ganzen Wirkens als evolutionistischer Theoretiker unter seinem Mangel an Bildung. Ergebnis war eine wahllose Rezeption dubioser Quellen und Lehrmeinungen und zugleich der Drang zum ungehemmten Verallgemeinern: Nur die Philosophie könne wahrhaft ihren Anspruch erfüllen, die sämtliche einzelwissenschaftlichen Erkenntnisse in einer allgemeinsten Erklärungshypothese zusammenfasse. Spencer glaubte diese umfassende Deutungsmöglichkeit von Natur- und Kulturprozessen gefunden zu haben. Evolution wurde ihm – noch vor Darwin – zur Grundkategorie des Daseins überhaupt. Integration und Auflösung waren dabei die Grundprinzipien des Universums. Als „Principles of Biology", „Principles of Psychology" entfaltete er sie in einem zehnbändigen „System der synthetischen Philosophie" („A System of Synthetic Philosophy", 1862–1896; deutsch 1875–1901). Aber auch der „Erziehung" („Education", 1861) und der Gesellschaft („The Study of Sociology", 1873; „Studium der Gesellschaft", 1875) legte er sie zugrunde. Der stete Wechsel von Grundkräften der Evolution war für Spencer die Ursache der Ausbildung militärstaatlicher Integrationsfaktoren oder freiheitlicher Industriegesellschaft.

„Die Inbeschlagnahme des Bewusstseins durch das Nächstliegende und die Verdrängung des Entfernteren aus demselben – das Vergessen der Endzwecke und die Verwechslung der Mittel mit den Zwecken ist eine tagtäglich zu machende Beobachtung im menschlichen Leben."

Herbert Spencer

Bild linke Seite: Wilhelm Wundt begründete die Psychologie als eigenständige Wissenschaft und schuf ein umfangreiches Werk zur „Völkerpsychologie“.

Bild rechte Seite: Dilthey verstand die menschliche geistige Tätigkeit auf der Basis und als Folge einer Eigengesetzlichkeit.

Wilhelm Wundt

* 1832 † 1920

Wilhelm Wundt kam von der Physiologie, die er als Professor in Heidelberg vertrat, zur Philosophie, die er in Zürich und Leipzig bis zu seinem Tode lehrte. Hier gründete er das Institut für experimentelle Psychologie und untersuchte in seinem bedeutenden Werk „Grundzüge der physiologischen Psychologie“ (1874) die Wechselbeziehungen seelischer und körperlicher Momente individueller Erfahrung, wie sie durch „schöpferische Synthese“ gefühlsbegleiteter Willensvorgänge produziert wird. Die exakte Methode dieser Forschung ergänzte Wundt später in seiner zehnbändigen „Völkerpsychologie“ (1900–1920) durch eine teleologische Betrachtungsweise, die Sprache, Kunst, Religion, Sitte und Recht aus einem über die ursprüngliche Motivation hinausreichenden neuen, heteronomen Zweckzusammenhang begreift und ihr metaphysisches Ziel in der universellen geistigen Entwicklung eines menschlichen Gesamtwillens erkennt. Trotz dieser Metaphysik einer Evolution sich integrierender Willensvorgänge blieb Wundt methodologisch weiter der empirischen Basis wissenschaftlicher Forschung verbunden.

Wilhelm Dilthey

* 1833 † 1911

Der Begründer einer geschichtlich orientierten Lebensphilosophie Wilhelm Dilthey fand nach einem Studium der Theologie zur Philosophie, wurde 1866 Professor in Basel und kam über Kiel und Breslau 1882 schließlich nach Berlin. Ihn beschäftigte, wie man das Phänomen menschliches Leben ohne Zuhilfenahme einer Theorie, etwa einer Metaphysik, philosophisch deuten könne. Er griff deswegen zum Phänomen Leben, weil es im Unterschied zur philosophischen Betrachtung der menschlichen Erkenntnisfähigkeit oder der Freiheit seines Handelns umfassenderer Ausdruck für den Menschen ist. Das führte ihn zu Studien auf dem Feld der Psychologie („Ideen über eine beschreibende und zergliedernde Psychologie“, 1894) und der Geistesgeschichte, weil menschliches Leben notwendig geschichtlich abläuft („Einleitung in die Geisteswissenschaften“, 1883; „Der Aufbau der geschichtlichen Welt in den Geisteswissenschaften“, 1910).

In die Psychologie führte er den Begriff des Verstehens ein: es genüge nicht, zu erklären, wie ein psychisches Phänomen aus dem andern folge; vielmehr müsse man verstehen, wieso es gerade zu dieser Abfolge komme. Sie werde verständlich allein aus dem jeweiligen individuellen Bewusstseinsstand. Hier erst rühre man an das eigentlich Lebendige. Ebenso lässt sich die Geistesgeschichte erst von gewissen Typen von Sprachen, Religionen und Weltanschauungen her verstehen. Diese Methode der verstehenden Struktur- und Typenforschung erwies sich besonders für die Geisteswissenschaften als sehr fruchtbar.

Ernst Haeckel

* 1834 † 1919

Der Zoologe und Naturphilosoph war 1862 bis 1909 Professor für Zoologie in Jena. Forschungsreisen führten ihn nach Südeuropa, zu den Kanarischen Inseln, nach Ceylon und Java. Neben seinen eigenen Sammlungen bearbeitete er das reiche Material der Challenger-Expedition (Meeresexpedition der Britischen Marine, 1872–1876). Seine Monographie über die Radiolarien, Medusen, Staatsquallen und Kalkschwämme gehört zu den klassischen Werken der Zoologie („Die Radiolarien", 1862). Haeckel war ein leidenschaftlicher Vertreter der Abstammungslehre Darwins in Deutschland. Er verarbeitete das gesamte Tatsachenmaterial der damaligen deutschen Zoologie und Entwicklungsgeschichte für eine Umgestaltung der theoretischen Biologie. Mit seinem „biogenetischen Grundgesetz" erweckte er die Erfahrung des Parallelismus zwischen ontogenetischer (individueller) und phylogenetischer (stammesgeschichtlicher) Entwicklung zu neuem Leben. Seine „Gastraea-Theorie", d. h. die Lehre der Entstehung aller Vielzeller aus zwei Keimblättern, ist Allgemeingut der Zoologie geworden. Mit seiner „Urzeugungs- und Monerentheorie" suchte er die Deszendenztheorie, die er auch auf den Menschen ausdehnte, weiter zu unterbauen („Natürliche Schöpfungsgeschichte" 1868, „Anthropogenie oder Entwicklungsgeschichte des Menschen" 1874, „Prinzipien der generellen Morphologie der Organismen" 1906).

Seine hohen künstlerischen und schriftstellerischen Fähigkeiten bewies er mit seinem Werk „Kunstformen der Natur" (1899–1903). In seinen letzten Lebensjahren entfremdete er sich immer mehr

„Mehr als alles andere muss die Entstehung der menschlichen Sprache veredelnd und umbildend auf das menschliche Seelenleben und somit auf das menschliche Gehirn einwirken. "

Ernst Haeckel

„Wer meint, die Welt aus Bewusstsein aufbauen zu können, hat sich wohl nicht klar gemacht, was für eine Komplikation die Tatsache des Bewusstseins einschließt."

Ernst Mach

der Fachzoologie. In der Erweiterung seiner Weltanschauung zur Lehre des „Monismus" als Band zwischen Religion und Wissenschaft kam er zur Gründung des Monistenbundes im Jahre 1906.

Ernst Mach

* 1838 † 1916

Der österreichische Physiker und Philosoph (geboren in Turas/Mähren, gestorben in Haar bei München) wirkte als Professor der Physik in Graz und Prag; später hatte er in Wien einen Lehrstuhl für Philosophie inne. Mach beschäftigte sich mit Strömungen in Gasen und stellte dabei fest, dass sich um Körper, die sich schneller als mit Schallgeschwindigkeit bewegen, andere Strömungen ausbilden als normalerweise. Bewegt sich ein Körper durch ein Gas, so erzeugt er Störungen, die sich mit Schallgeschwindigkeit ausbreiten. Bei Überschallgeschwindigkeit überlagern sie sich so, dass sie sich auf einem Kegelmantel verstärken. Diesen Kegel nennt man den Machschen Kegel. Ein Überschallflugzeug beispielsweise erzeugt ihn. Es fliegt an seiner Spitze und schleppt den Kegel hinter sich her. Die Störungsfront bekommt man auf dem Erdboden dann recht unangenehm als Überschallknall zu spüren. Bei hoch fliegenden Flugzeugen kann die Breite dieser „Schallschleppe" bis zu 40 Kilometer betragen. Die Geschwindigkeit von Flugzeugen gibt man in der Einheit Mach an, wobei 1 Mach die Schallgeschwindigkeit darstellt, also 330 Meter pro Sekunde. Neben rein physikalischen Untersuchungen widmete sich Mach vorwiegend philosophischen Fragen. Er wurde zum Vorläufer und geistigen Initiator des „Wiener Kreises", indem er die Auffassung vertrat, dass nur das real sei, was einer direkten Beobachtung zugänglich ist. Die physikalischen Gesetze hingegen, die man seit Newton als etwas wirklich Existierendes betrachtet hatte, seien nur eine verallgemeinernde Beschreibung von beobachtbaren Vorgängen, wobei eine solche Beschreibung durchaus verschieden erfolgen kann. Die Machsche Idee besagt, dass Raum und Zeit keine absoluten Eigenschaften des Universums sind, sondern untrennbar verbunden mit der Existenz und Verteilung von Materie und Feldern im Raum. Diese Gedanken hat Einstein in seiner Relativitätstheorie weitergeführt.

Charles Sanders Peirce

* 1839 † 1914

Peirce [pɪ:(ə)s] (geboren in Cambridge/ Massachusetts, gestorben in Milford), Sohn eines bekannten amerikanischen Mathematikers, studierte Naturwissenschaften und war als Chemiker, Astronom und Physiker produktiv tätig. Im zunehmenden Maße galt sein Hauptinteresse dann aber der Philosophie und der Logik („Studies in Logic", 1883). Von großem Einfluss waren insbesondere seine Arbeiten über das Verhältnis von Kategorienlehre und Logik. Peirce versteht die Kategorien nicht als bezogen auf objektive Wahrheit, sondern selber als Relationen. Damit macht er ein Prinzip anwendbar, das er 1878 in dem berühmten Aufsatz „How to make our ideas clear" zuerst ausgesprochen hatte, das Prinzip nämlich, dass das einzige Kriterium der Wahrheit ihr Wert für die Praxis weiterer Forschung ist. Damit wurde Peirce, in der Sache und in der Namengebung, zum Begründer des sogenannten Pragmatismus, einer der wirkungsvollsten Grundideen des gesamten amerikanischen Philosophierens. Besonderen Einfluss hatte er auf William James, der auf dieser Idee des Pragmatismus eine eigene Metaphysik und Lebensphilosophie von beträchtlicher Wirkung aufbaute. Die Wirkung Peirces auf die Logik und die Wissenschaftstheorie ist noch unabgeschlossen, zumal seine Nachlasswerke noch nicht vollständig vorliegen.

Eduard von Hartmann

* 1842 † 1906

Das umfangreiche philosophische Werk des Berliners Eduard von Hartmann war im letzten Drittel des 19. Jahrhunderts heiß umstritten und viel diskutiert; heute ist es allenfalls noch von historischer Bedeutung, wenngleich sich Friedrich Nietzsche in einigen Punkten auf Hartmanns Werk stützte und er auch Einfluss auf andere philosophische Schulen wie den Vitalismus und die Lebensphilosophie nahm. – Hartmann war zunächst Gardeartillerieoffizier, musste jedoch 1865 wegen eines Knieleidens seinen Abschied nehmen. Er wurde Privatgelehrter und las sich ein erstaunliches Wissen an. In seine Philosophie sind Ergebnisse der zeitgenössischen Naturwissenschaften und Theoreme der verschiedenen Philosophien des 19. Jahrhunderts eingegangen, ohne jedoch zu einer kohärenten neuen Philosophie geführt zu haben. Hartmanns Hauptwerk ist die 1869 veröffentlichte „Philosophie des Unbewussten". Er übernimmt den Begriff des Unbewussten von Schelling, versteht darunter den Urgrund des Seins, als dessen beide Attribute – und hier knüpft er an Schopenhauer an – Wille und Vorstellung gedacht werden. Dieses Unbewusste erkennt sich im Weltprozess über die ver-

Bild linke Seite:
Ernst Mach versah mit dem Attribut der realen Existenz nur das, was der direkten Beobachtung zugänglich ist.

Bild rechte Seite:
Die moderne Logik wurde durch das Werk von Charles Sanders Peirce entscheidend weiterentwickelt.

„Die Demokratie ist das Paradies der Schreier und Schwätzer, Phraseure, Schmeichler und Schmarotzer, die jedem sachlichen Talent und Verdienst den Weg weit mehr verlegen, als dies in irgendeiner anderen Verfassungsform vorkommt."

Eduard von Hartmann

„Die größte Revolution unserer Zeit dürfte die Entdeckung gewesen sein, dass die Menschen durch die Änderung ihrer Geisteshaltung die äußeren Umstände ihres Lebens ändern können."

William James

schiedenen Stufen des Bewussten und des objektiven Geistes hinweg als Idee, womit sich Hartmann an die Geschichtsphilosophie Hegels anlehnt. Hartmann hat in den folgenden Jahren Bücher über das Christentum, die Ethik, die Ästhetik, die dialektische Methode, den transzendentalen Realismus, den Darwinismus, das Schulwesen, die Politik, das Judentum und den Spiritismus geschrieben.

William James

* 1842 † 1910

Der amerikanische Philosoph und Psychologe James [dschə(ɪ)ms] studierte zunächst Medizin und Naturwissenschaften in Deutschland, wo er mit der damals schon hoch entwickelten Sinnesphysiologie vertraut wurde. Er erkannte, dass man die Psychologie noch stärker als bisher auf exakte Grundlagen stellen musste. 1872 Instruktor für Anatomie und Physiologie an der Harvard-Universität geworden, lehrte James von 1876 bis 1907 dort als Professor Psychologie und Philosophie. Mit 48 Jahren veröffentlichte er sein Hauptwerk, „Principles of Psychology", 1890 (deutsch „Psychologie", 1909). Das Bewusstsein sah er als Ergebnis eines Entwicklungsprozesses an, der auf Selbst- und Arterhaltung gehe. Reflexe und Gewöhnungsvorgänge werden durch Einschaltung von höheren Bewusstseinsvorgängen zwischen Reiz und Reaktion zu zweckbewussten Handlungen. Im „Strom des Bewusstseins" sei jeweils nur ein kleiner Ausschnitt gegenwärtig. Gleichzeitig mit dem dänischen Forscher Carl G. Lange formulierte er schließlich jene berühmt gewordene – und sehr umstrittene – Theorie, wonach Gefühle auf leibliche Vorgänge zurückgehen und nicht, wie man allgemein annimmt, umgekehrt. Demnach sollen wir „nicht weinen, weil wir traurig sind, sondern traurig sein, weil wir weinen".

Friedrich Wilhelm Nietzsche

* 1844 † 1900

Der Sohn eines Pfarrers siedelte nach dem Tod des Vaters 1849 mit der Familie nach Naumburg über. 1858 bis 1864 besuchte er das dortige Gymnasium, anschließend begann er ein Studium der Theologie und Klassischen Philologie in Bonn, das er 1865 in Leipzig fortsetzte, wo er sich intensiv mit Schopenhauers Werk beschäftigte. In Leipzig lernte er unter anderem 1868 Richard Wagner kennen.

Im Februar 1869 folgte Nietzsche einem Ruf an die Universität Basel als außerordentlicher Professor für Klassische Philologie; dort lernte er Jacob Burckhardt kennen. Im März 1870 wurde er ordentlicher Professor, im Sommer nahm er als freiwilliger Krankenpfleger am Deutsch-Französischen Krieg teil und erkrankte selbst schwer. Im Oktober kehrte er nach Basel zurück und nahm seine Vorlesungstätigkeit wieder auf, auch die „Unzeitgemäßen Betrachtungen" begannen zu entstehen. Am 22. Mai 1872 traf er anlässlich der Grundsteinlegung des Festspielhauses in Bayreuth mit Wagner zusammen; 1876 kam er dorthin zu den ersten Festspielen. Im Herbst 1876 verschlechterte sich sein Gesundheitszustand. Er musste sich von der Universität beurlauben lassen und unternahm eine Erholungsreise nach Italien, wo er in Sorrent ein letztes Mal mit Wagner zusammentraf. 1879 musste Nietzsche sein Lehramt in Basel endgültig aufgeben; von März bis Juni 1880 hielt er sich in Venedig und den Winter über in Genua auf, den Sommer 1881 verbrachte er in Sils-Maria. Es erschien „Menschliches-Allzumenschliches" (1878–1880), „Morgenröte" (1882), „Die fröhliche Wissenschaft" (1882). Er unternahm eine Reise nach Sizilien; von April bis November 1882 war er mit Lou Salomé eng befreundet. Den Winter verbrachte er in Rapallo, wo „Also sprach Zarathustra" zu entstehen begann; in Mentone und Nizza setzte er 1883/1884 die Arbeit daran fort; 1885 erschien es als Privatdruck. „Jenseits von Gut und Böse" (1886) und „Genealogie der Moral" (1887) folgten. 1888 zog er nach Turin; im Sommer entstanden „Der Fall Wagner" und „Die Götzendämmerung". Es folgten „Der Antichrist, Ecce Homo" und im Dezember „Nietzsche contra Wagner". Im Januar 1889 kam es zum geistigen Zusammenbruch. Seine Mutter pflegte ihn. Nach ihrem Tod (1897) übersiedelte seine Schwester mit ihm nach Weimar.

Lehre. Nietzsche griff in seiner Philosophie zurück auf die Vorsokratiker. Die Religion war für ihn eine lebensverneinende Strategie. Den Sozialismus lehnte Nietzsche als Diesseits-Variante des Christentums ab, die Demokratie als Organisationsform einer Massengesellschaft, die den Einzelnen sich selbst zum Fremden macht, das Vaterland als Ersatzreligion des Pöbels. Dem Leben Sinn und Ziel von außen zuzuweisen, schien ihm Lüge, das unerschrockene Bekenntnis zur Zwecklosigkeit des Seins Voraussetzung, die Mor-

Bild linke Seite:
Dass Gefühle aus leiblichen Vorgängen resultierten war die neuartige und heftig umstrittene Ansicht von William James.

Bild rechte Seite:
Friedrich Nietzsche war ein scharfer Kritiker der christlichen Moral und formulierte eine einflussreiche Konzeption des „Übermenschen".

„Wir müssen die Dinge lustiger nehmen, als sie es verdienen, zumal wir sie lange Zeit ernster genommen haben, als sie es verdienen."

Friedrich Nietzsche

genröte einer fernen Zukunft wahrzunehmen. Nietzsche war einer der wichtigsten Vertreter des modernen Nihilismus, den seine Philosophie entscheidend prägte. Der wohl bekannteste, wenngleich am häufisten missverstandende Ausspruch in diesem Zusammenhang lautet wohl: „Gott ist tot". So forderte Nietzsche keineswegs ein Ende der Religion, sondern verstand sich als Beobachter, der den Tod Gottes in der als lebensschwach empfundenen Gegenwart lediglich konstatiert.

Francis Herbert Bradley

* 1846 † 1924

Der englische Philosoph Bradley ['brædlɪ] wurde in Deutschland erst 1928 einem breiteren Leserkreis bekannt, als sein 1893 veröffentlichtes philosophisches Hauptwerk „Appearance and Reality" in deutscher Übersetzung („Erscheinung und Wirklichkeit") erschien. Bradley versucht, das Denken der idealistischen Philosophie, vor allem deutscher Ausprägung, von den Gegensätzen und Widersprüchen zu reinigen, in die es sich dadurch verwickelt hatte, dass es die Welt in eine subjektive und eine objektive aufgespalten hatte.

Entsprechend interessiert ihn nicht so sehr die Welt der Erscheinung, sondern die eigentliche Wirklichkeit. Das schlussfolgernde Denken, kritisiert Bradley die deutschen Idealisten, könne eben nur bis zur Welt der Erscheinung vordringen; und es zur letzten und höchsten Erkenntnisquelle des Menschen erklären, bedeute, entweder die Welt als eine Welt voller Gegensätze und Widersprüche verstehen oder die schlussfolgernde Erkenntnisfähigkeit des Menschen, wie Hegel es tat, überschätzen. Für Bradley ist die Welt ein nahtloses Ganzes, das der Mensch im reinen Gefühl als die eigentliche Wirklichkeit erfahren kann. Dass er nicht zeigt, wie diese Erfahrung möglich sei, ist die schwache Stelle seiner sonst sehr kritisch vorgehenden Philosophie.

Gottlob Frege

* 1848 † 1925

Der Mathematikphilosoph begründete die moderne Logik und gab der analytischen Philosophie bedeutende Anstöße. Als Sprachphilosoph entwickelte der Jenenser Professor eine philosophische Semantik. Wegweisend für die Phänomenologie Edmund Husserls war Freges Kritik am Psychologismus, eine Anschauung, die Gedanken auf ihre seelischen Begleitumstände reduzierte. Im Streit der mathematischen Grundlagenforscher vertrat Frege die Auffassung, dass die Mathematik keine eigenständige Wissenschaft, sondern ein Zweig der Logik sei. Mit diesem Logizismus nahm er eine Position ein, an der sich ein langjähriges theoretisches Ringen um die Widerspruchsfreiheit formaler Systeme entzündete. Seine Theorie, für die er eine neue „Begriffsschrift" schuf, wendete Frege vor allem auf die Arithmetik an, die er auf sechs logische „Grundgesetze" zurückzuführen versuchte. Das fünfte Axiom, nach dem jeder Begriff eine eindeutig bestimmte Klasse von Gegenständen umfasst, erwies sich als problematisch. Der junge Bertrand Russell teilte dem „aufs Höchste überraschten" Frege die Entdeckung mit, dass der Begriff bzw. die Menge aller Mengen, die sich nicht selbst als Element enthalten, widersprüchlich sei; denn dieser Begriff könne von den Gegenständen, die er umfasst, weder ausgenommen, noch könne er dazugezählt werden, in beiden Fällen sei die Gegenstandsklasse nicht mehr eindeutig bestimmt. Frege war von der Russellschen Antinomie so beeindruckt, dass er sein groß angelegtes Werk in keiner Richtung weiter schrieb.

Paul Natorp

* 1854 † 1924

Der deutsche Philosoph und Pädagoge war als Schüler Cohens ein Vertreter der „Marburger Schule", einer Richtung des Neukantianismus. Der Sohn eines protestantischen Pfarrers studierte in Berlin, Bonn und Straßburg neben Philosophie auch Mathematik und alte Sprachen. Er habilitierte sich 1881 über Descartes' Erkenntnistheorie, wurde 1885 außerordentlicher und 1893 ordentlicher Professor der Philosophie und Pädagogik in Marburg, wo er bis zu seinem Tode lehrte. Er veröffentlichte 1899 eine „Sozialpädagogik" und 1903 eine berühmte (aber auch kritisierte) Untersuchung über „Platons Ideenlehre".

Den Idealismus Platons legte er darin nach dem Vorbild des transzendentalen Idealismus Kants aus und bestimmte die Ideen vor allem durch ihren regulativen Gebrauch in Bezug auf die Erkenntnisgewinnung. 1911 erschien sein Werk „Die Philosophie, ihr Problem und ihre Probleme", das als Programmschrift des Neukantianismus gilt und die Philosophie auf die Analyse des wissenschaftlichen Wissens verpflichtet. Natorp selbst wich nach Cohens Tod (1918) von diesem Programm ab und versuchte, in seinen „Vorlesungen über praktische Philosophie" Lebensvollzüge allgemein zu thematisieren. Als Pädagoge forderte er die Einbringung aller Fachrichtungen in die Bevölkerung, um sie wieder mit Leben und Praxis zu füllen.

„Urteilen kann als Fortschreiten von einem Gedanken zu seinem Wahrheitswerte gefasst werden."

Gottlob Frege

Bild linke Seite: **Der Heilige Paulus war in Nietzsches Augen derjenige, der die Idee und den Sinn des Christentums schon in dessen Anfangsstadium korrumpierte. Durch seine Lüge über die Wiederauferstehung Jesu habe er die realitätsfeindliche Hoffnung auf ein Dasein nach dem eigentlichen Dasein geschaffen.**

Bild rechte Seite: **Paul Natorp sah die Aufgabe der Philosophie darin, das vorhandene, wissenschaftlich erzielte Wissen zu analysieren.**

„Was man im strengsten Sinne Glück heißt, entspringt der eher plötzlichen Befriedigung hoch aufgestauter Bedürfnisse und ist seiner Natur nach nur als episodisches Phänomen möglich."

Sigmund Freud

Sigmund Freud

* 1856 † 1939

Der Nervenarzt hat es seinen späteren Biographen nicht leicht gemacht, denn 1885, mit 29 Jahren, beschloss er, alle persönlichen Aufzeichnungen, Briefe und Manuskripte zu vernichten. Seine eigene Biographie beginnt er so: „Ich bin am 6. Mai 1856 zu Freiberg in Mähren geboren, einem kleinen Städtchen der heutigen Tschechoslowakei. Meine Eltern waren Juden, auch ich bin Jude geblieben." Seine eigene Kindheit und die Familiensituation wirkten nachhaltig auf ihn und spielten später bei der Entwicklung seiner Lehren und der Selbstanalyse eine große Rolle. Aus späteren Selbstzeugnissen geht hervor, dass Freud zwischen dem Studium der Medizin und dem der Philosophie und Psychologie schwankte. Schließlich studierte er acht Jahre lang Medizin, ohne praktizieren zu wollen. Er hatte vielmehr davon geträumt, Privatdozent zu werden. 1885 reichte er seine Abhandlung über die Anatomie des Rückenmarks ein, worauf er Privatdozent für Neuropathologie wurde. Es schlossen sich physiologische und hirnanatomische Studien an. In Wien eröffnete Freud später eine eigene Praxis für psychoanalytische Behandlungen. Wiederholt machte er schwere persönliche und wirtschaftliche Krisen durch. 1886 heiratete er Martha Bernays. 1902 wurde Freud Professor in Wien. 1938 emigrierte er nach London, bereits von einer schweren, unheilbaren Krankheit gezeichnet, wo er am 21.8.1939 starb. Zu Lebzeiten heftig befehdet und teilweise umstritten, gilt Freud heute nicht nur als Begründer der Psychoanalyse, sondern er zählt zu den genialsten Forscherpersönlichkeiten der Psychologie überhaupt. Das wissenschaftliche Lebenswerk Freuds lässt sich an der Thematik seiner Forschungen und Veröffentlichungen verfolgen. Sein Augenmerk richtete er zunächst auf die Hysterie, die er gemeinsam mit Breuer untersuchte. Sie machten den Fall der „Anna O." bekannt und veröffentlichten 1895 ihre „Studien über Hysterie". Der Weg zur Entwicklung einer Neurosenlehre war damit beschritten. Das Walten und die Gesetzmäßigkeiten des Unbewussten im Seelenleben bloßzulegen und nachzuweisen wurde Freud zunehmend wichtiger. Als Methode entwickelte er die Selbstanalyse und bewies so an sich selbst, dass der Mensch häufig für Zufall hält, was in Wahrheit tieferen, unbewussten seeli-

schen Ursachen und Abhängigkeiten folgt. Allgemeingültig schildert er diese Erscheinungen in seinem bekannten Buch „Zur Psychopathologie des Alltagslebens". Die Rolle des Unbewussten beschreibt er nicht weniger eindrucksvoll und überzeugend in seinem Buch „Die Traumdeutung". Der alles überspannende Begriff für seine Theorie, die Behandlung von Neurosen und verdrängter Sexualität ist die Psychoanalyse geworden, die heute in den Bereich der Tiefenpsychologie fällt. Der Psychologe K. Horney fasst (1951) die Gesichtspunkte und Grundzüge zusammen, die allen tiefenpsychologischen Richtungen gemeinsam sind: 1. Das Seelenleben ist, ähnlich wie in der Physik, kausal determiniert, auch wenn die Ursachen nicht immer gleich erkennbar sind. 2. Große Bereiche des Denkens sind unbewusst und emotional gesteuert. 3. Konfliktgegenstände werden im Unbewussten gespeichert. 4. Bei ihrer Bewusstwerdung entstehen Widerstände, weil sie Peinlichkeiten erzeugen könnten. 5. In Traum oder freier Assoziation werden diese Widerstände herabgesetzt und machen das Unbewusste der Deutung zugänglich. 6. Die Ursachen für Konflikte reichen oft bis in die frühe Kindheit zurück. 7. Im Gespräch mit dem Arzt, dem Therapeuten, werden ursprüngliche Situationen aktualisiert, weil eine Übertragung auf den Behandelnden stattfindet. Die wichtigsten Abwandlungen hat die psychoanalytische Schule durch Adler und Jung erfahren.

Ferdinand de Saussure

* 1857 † 1913

Der Schweizer Sprachforscher Saussure [sɒ'sūr] gilt weithin als Begründer der modernen Sprachwissenschaft (Linguistik). Bahnbrechend wirkte vor allem sein erst nach seinem Tode von seinen Schülern herausgegebener „Cours de linguistique générale" (1916; „Grundfragen der Allgemeinen Sprachwissenschaft", 1931). Wichtig für die weitere Entwicklung wurden einige von ihm dort vorgenommene begriffliche Trennungen, die – im Einzelnen zwar nicht neu – noch nie zuvor mit solcher Prägnanz vertreten wurden: Gegenstand der Sprachwissenschaft seien nicht die einzelnen sprachlichen Äußerungen, die konkreten Sprechakte, die er als „parole" bezeichnete, sondern das aller Verwendung

Bild linke Seite:
Der Vater der Psychoanalyse, Sigmund Freud, sah das Seelenleben als kausal determiniert an.

Bild rechte Seite:
Saussure war ein entscheidender Wegbereiter der modernen Sprachwissenschaft (Linguistik).

Bild linke Seite: Émile Durkheims positive soziologische Lehre wurde in der Dritten Republik als umfassende Morallehre gedeutet.

Bild rechte Seite: Georg Simmel sah den Konflikt als zentrales Element der gesellschaftlichen Entwicklung.

bereits zugrundeliegende Zeichensystem, von Saussure „langue" benannt.

Gegenüber der einseitig historisch orientierten Sprachforschung des 19. Jahrhunderts legte er dar, dass neben der „diachronen" (durch die Zeit gehenden) auch eine „synchrone" (in der Zeit verbleibende) Betrachtung der Sprache als Wissenschaft möglich sei; er forderte, die einzelnen sprachlichen Elemente (Laute, Wörter usw.) sollten vor allem als Bestandteile eines funktionierenden Kommunikationssystems untersucht werden. Vor allem diese neue Auffassung der Sprache als Zeichensystem und die Abkehr von psychologischer und historischer Betrachtungsweise erwiesen sich als entscheidend für den Durchbruch des sprachwissenschaftlichen Strukturalismus.

Émile Durkheim

* 1858 † 1917

Durkheim [dūrˈkəm] (geboren in Epinal, gestorben in Paris) war Soziologe und Klassiker dieser Wissenschaft. Aus der Kombination seines Lehrstuhls von Pädagogik und Soziologie, der Kennzeichnung seiner Zeit als Übergangsphase von der Monarchie zur Demokratie, der Industrialisierung und einer regellosen Entwicklung rührt das moralische Element seines Werkes her: Seine Soziologie selbst ist zu einer Morallehre – zumindest der Dritten Republik – geworden. Für Émile Durkheim gibt es zwei Grundlagen der Gesellschaft: die Ähnlichkeit der Menschen, die sich in der Solidarität des Denkens und Empfindens kundtut, und ihre Verschiedenheit, die sich in der Ergänzung in der Arbeit ausdrückt. Sein aus der sozialen und ökonomischen Unsicherheit seiner Zeit herrührender positiver Soziologismus motiviert ihn, die Frage der Ordnung in den Vordergrund zu stellen. Aus den zwei Grundarten menschlicher Solidarität leitet er zwei Gesellschaftstypen ab: die mechanische Solidarität gleichartiger gesellschaftlicher Elemente und die organische Solidarität im Sinne der Arbeitsteilung als gegenseitige Ergänzung. Dieses Hauptstück seiner Arbeitsteilungstheorie verdeutlicht er am Beispiel der Strafe. Bei mechanischer Solidarität ist Strafe als vergeltendes Recht (Strafrecht) Angelegenheit der Gruppe und ihr Ziel deren Integration. Bei der organischen Solidarität können keine Kollektivgefühle verletzt werden und es ergibt sich das zivile Recht mit dem Prinzip der Wiedergutmachung. Mit dem Wachstum der Gruppe kommt es zur Spezialisierung, womit die mechanische Solidarität verloren geht und das Ius civile eintritt. Jetzt kommt es zu pathologischen Formen der Arbeitsteilung und zur Erschütterung der Gruppenmoral, die er „Anomie" nennt. Die Folgen pathologischer Arbeitsteilung nennt er altruistischen, egoistischen und anomischen Selbstmord.

Georg Simmel

* 1858 † 1918

Simmel wurde als siebtes Kind getaufter jüdischer Eltern geboren. Nach dem Besuch des berühmten Friedrich-Werder-Gymnasiums studierte er in seiner Heimatstadt Berlin vor allem Geschichte, Philosophie, Völkerpsychologie und Kunstgeschichte. Er promovierte 1881 mit einer Arbeit über „Das Wesen der Materie nach Kants Physischer Monadologie". 1885 wurde er Privatdozent für Philosophie.

Simmel begann als Positivist, wobei er jedoch gleich unter dem Einfluss von Spencers Biologismus und des Pragmatismus die Phänomene der Entwicklung und Wechselwirkung, den Vorrang des Besonderen vor dem allgemeinen Begriff hervorhob. Die „Philosophie des Geldes" (1900) fügte werttheoretische Überlegungen hinzu. Immer stärker wurde das umschaffende, relativierende Leben zum Grundbegriff. Mit der „Soziologie" (1908), die für Simmel eine empirische Lehre von den Beziehungsformen des Lebens in der Gesellschaft war, wurde er zu einem wichtigen Theoretiker dieser Wissenschaft.

1914 folgte Simmel einem Ruf an die Universität Straßburg. Dort starb er auch. Bedeutend sind seine kunstphilosophischen Werke, unter denen die Studie über Rembrandt (1916) hervorragt. Stilistisch war Simmel ein glänzender Essayist. Bloch, Lukács und Groethuysen waren seine ihm gegenüber später sehr kritischen Schüler.

„Wir haben wunderbare, ganz vollkommene Mittel zu eigentlich gleichgültigen Zwecken; und ganz untaugliche zu den hauptsächlichsten Zwecken."

Georg Simmel

Edmund Husserl

* 1859 † 1938

Obgleich das Werk des Philosophen Husserl (geboren in Proßnitz/Mähren, gestorben in Freiburg im Breisgau) außerhalb der Universitäten keine weite Verbrei-

„Die Logik im Sinne einer wissenschaftlichen Methodologie hat ihre vornehmsten Fundamente außerhalb der Psychologie."

Edmund Husserl

tung gefunden hat, erhielt es für die Philosophie der Gegenwart außerordentliche Bedeutung. Als Schüler des Philosophen Franz Brentano und des Psychologen Carl Stumpf versucht er in seiner ersten Schrift, „Philosophie der Arithmetik" (1891), den Ursprung der mathematischen Grundbegriffe Einheit, Vielheit, Zahl usw. psychologisch und deskriptiv zu erklären. Unter dem Eindruck der antipsychologischen Kritik des Logikers Gottlob Frege wandte sich Husserl in seinen „Logischen Untersuchungen" (1900) und seinem Hauptwerk, „Ideen zu einer reinen Phänomenologie und phänomenologischen Philosophie" (1913–1953), vom Psychologismus ab. Als Grundlage diente ihm nun nicht mehr die Psychologie, sondern die „Wesensschau". Die anschauliche Gegebenheit des „Wesens", etwa einer Farbe, soll zum Fundament einer „Philosophie als strenge Wissenschaft" werden. Die logischen Gesetze gehören einer anderen Ordnung an als die psychologischen, denn die Gegenstände der reinen Logik sind nicht zeitlich-räumliche Denkverläufe, sondern zeitlos-ideale Wesenszusammenhänge.

Berühmt und für die gesamten Geisteswissenschaften konsequenzenreich ist Husserls Parole „Zu den Sachen selbst!" geworden. Er ruft dazu auf, vor allem anderen sich an die Phänomene, so wie sie sich der denkenden Erfahrung darbieten, zu halten. Darum nennt er die philosophische Richtung, die er begründet, „Phänomenologie". Innerhalb der phänomenologischen Methode kann man vier Stufen unterscheiden: Am Anfang steht die „reine Beschreibung", die die Phänomene erfasst; ihr folgt die „eidetische Reduktion", die die Wesens- und Bedeutungsgehalte herausarbeitet; dieser wiederum folgt die „transzendentale Reduktion", die das transzendentale Bewusstsein als die konstitutive Grundlage aller Erfahrung und jeder Wissenschaft freilegt; am Ende steht die „absolute Phänomenologie", in der sich die Subjektivität als der absolute sinngebende Grund darstellt.

In seinem Spätwerk „Die Krisis der europäischen Wissenschaften und die transzendentale Philosophie" (1936) versuchte Husserl, die abendländische Tradition des Philosophierens gegen den Materialismus und Objektivismus der Gegenwart zu retten.

Henri Bergson

* 1859 † 1941

Bergson (geboren und gestorben in Paris) lehrte zunächst an der École Normale Supérieure, ab 1900 am Collège de France Philosophie. Schon zu Lebzeiten genoss er ein großes Ansehen, wurde 1901 in die Académie des Sciences politiques et morales aufgenommen, 1914 in die Académie française. Im Jahre 1927 erhielt er als Krönung seines Lebenswerkes den Nobelpreis für Literatur. Bergson schrieb eine Prosa, die ganz der rationalistischen Tradition des französischen Denkens verpflichtet ist und wegen ihrer Genauigkeit und Klarheit gerühmt wurde. Aber philosophisch wendet er sich schon in seiner Doktoratsthese „Essai sur les données immédiates de le conscience" (1889; „Zeit und Freiheit") von dieser Tradition ab. Er setzt der Welt der Geometrie, der Mechanik und des Raumes die Welt der Zeit, der „durée réelle" entgegen.

Das Leben, das sich im Medium der Zeit entfaltet, ist ewige Schöpfung, ein unaufhörliches Schaffen von Unvorhergesehenem und Neuem. Es ist Freiheit und jeder Versuch, es mit den Mitteln des Verstandes zu begreifen, muss scheitern. Die Philosophie des Lebens von Bergson ist eine Kritik der Vernunft-Philosophie, die das Denken der Neuzeit seit Descartes beherrscht. Der Intellekt ist nach Bergson ein Werkzeug des Lebens, das zu dessen Erkenntnis nicht ausreicht. Einzig die Intuition als eine unmittelbare Erfahrung vermag uns mit dem ewigen Strom des Lebens, dem „élan vital" (wörtlich so viel wie „lebendige Begeisterung"), zu verbinden. Die Werke Bergsons („Materie und Gedächtnis", 1896; „Das Lachen", 1900; „Schöpferische Entwicklung", 1907) behandeln sämtlich das gleiche Problem, das

als Gegensatz von Raum und Dauer, von Vernunft und Intuition oder von Körper und Geist erscheint.

„Wer scharf denkt, wird Pessimist. Wer tief denkt, Optimist."

Henri Bergson

John Dewey

* 1859 † 1952

Dewey war der einflussreichste Philosoph des amerikanischen Pragmatismus oder Instrumentalismus (geboren in Burlington, Vermont, gestorben in New York). Angeregt von William James löste er sich von Hegel und den Traditionen der deutschen Erkenntnistheorie und wurde zum Wortführer der Chicagoer Schule, die sich insbesondere den Problemen der Erziehung in der industriellen Gesellschaft zuwandte. Dewey lehrte an den Universitäten von Michigan (1884–1894), Chicago (1894–1904) und darauf, bis 1931, an der Columbia-Universität in New York. Philosophie steht für Dewey als „Instrument" im Dienste der Bewältigung konkreter Aufgaben, vor die seine Umgebung den Menschen stellt. Ihre Wahrheiten können nicht logisch, sondern nur pragmatisch, d. h. durch experimentelle Überprüfung

Bild linke Seite:
Edmund Husserls Phänomenologie folgt dem Leitsatz „Zu den Sachen selbst". Der Philosoph distanzierte sich von jeder psychologischen Deutung.

Bild rechte Seite:
Der Mensch lebt nach Henri Bergsons Ansicht in Freiheit und führt ein Leben, das aus beständigem Schaffen besteht. Der Intellekt genügt nicht, um einen Zugang zu diesem Leben zu finden; lediglich die Intuition verbindet den Menschen mit ihm.

„Jeder Denker bringt einen Teil der scheinbar fest gefügten Welt in Gefahr, und niemand kann voraussagen, was an dessen Stelle treten wird."

John Dewey

an der Realität erwiesen werden. Entscheidend für den Menschen der industriellen Gesellschaft ist nicht seine Vernunft, sondern seine „Intelligenz", die ihn befähigt, die Vorgänge in seiner Umwelt aktiv mitzubestimmen. Transzendentes hat keine Realität. Der Mensch fängt erst dann an zu denken, wenn er Schwierigkeiten materieller Art zu überwinden hat. Oberstes Ziel von Erziehung ist die Demokratie, die Dewey nicht nur als eine Staatsform, sondern als eine kooperative, dem Einzelnen die größten Entfaltungsmöglichkeiten bietende Lebensweise verstand. Nur wenige von Deweys Werken sind in deutscher Übersetzung erschienen, darunter „Demokratie und Erziehung" (1916; deutsch 1930), „Wie wir denken" (1910; deutsch 1951) und „Die menschliche Natur" (1922; deutsch 1931).

Rudolf Steiner

* 1861 † 1925

Steiner hatte bereits während seines Studiums in Wien in Philosophie und mathematisch-naturwissenschaftlichen Disziplinen Zugang zu den geistigen Werken J. W. Goethes gefunden, dessen naturwissenschaftliche Schriften er 1883 bis 1887 herausgab. Seine Erkenntnisse eines an ideal-menschlichen Werten orientierten Denkens und Fühlens vertiefte er während der Mitarbeit am Goethe-Schiller-Archiv in Weimar (1890–1897). In eigenständigen Arbeiten wie der „Philosophie der Freiheit" (1894) begann er seine Anthroposophie vorzubereiten, die dem Menschen ihm mögliche Erfahrungsbereiche erschließen sollte, die über die unmittelbare Sinneserfahrung hinausgehen („Wie erlangt man Erkenntnisse der höheren Welten", 1909). Um diese Zeit wandte er sich auch zunehmend der Theosophischen Gesellschaft zu. Die von Steiner geforderte Durch- und Herausbildung des ganzen Menschen mündete im Gefolge und als Antwort auf die revolutionären Tendenzen nach dem Ersten Weltkrieg in der Schaffung der Waldorfschulen, in denen auf der Grundlage der Steinerschen Gedanken aus seiner „Theosophie" (1904) und der „Geheimwissenschaft im Umriss" (1909) junge Menschen ohne Zwang allseitig erzogen werden. Von den stets heftig umstrittenen Inhalten Steinerscher Bildungsideale absehend, lässt sich sein Schulmodell für die Entwicklung moderner integrierter Schulen als richtungsweisend bezeichnen.

Max Weber

* 1864 † 1920

Der Jurist, Historiker und Nationalökonom arbeitete v. a. auf dem Gebiet der historischen Soziologie und gilt als Begründer der Religionssoziologie. Er lehrte zuerst Rechtswissenschaft in Berlin, danach Nationalökonomie in Freiburg und Heidelberg, wo ihn ein nervliches Leiden an der weiteren Berufsausübung hinderte. Webers Anspruch war es, die empirischen Forschungen in den Gesellschaftswissenschaften zu einer „verstehenden Soziologie" zu verbinden, die er zunächst als Kulturwissenschaft im Sinne Rückerts begriff. Der Gegenstand des historisch auf dem Gebiet der Religion, der Wirtschaft und der

„Man wird nur dadurch dem Menschen gerecht, dass man in jedem einzelnen einen neuen Menschen sieht."

Rudolf Steiner

Bild linke Seite:
John Dewey setzte sich für die Demokratisierung aller Lebensbereiche ein. Philosophisch vertrat er den Empirismus und verteidigte die Naturwissenschaften gegen den Vorwurf, mit unbewiesenen Prämissen zu arbeiten.

Bild rechte Seite:
Der Begründer der Anthroposophie, Rudolf Steiner, wirkte mit seinem Bild des Menschen als in Beziehung zum Übersinnlichen stehendem Lebewesen nachhaltig auf einzelne Strömungen in Medizin, Pädagogik und Philosophie ein.

„Das Volk sollte jenen wählen, der offen zugibt, Fehler gemacht zu haben, und nicht denjenigen, der alle List darauf verwendet, begangene Fehler zu vertuschen."

Benedetto Croce

Rechtsverhältnisse Forschenden ist nicht einfach gegeben, sondern von Werten bestimmt. Die Wirklichkeit der Kulturphänomene ist wertbehaftet und muss als Sinnzusammenhang rekonstruiert werden. Dabei wandte sich Weber strikt gegen jedes irrationale Verfahren in der wissenschaftlichen Erforschung; er lehnte es ab, auf rationale Kriterien wie Zweck und Mittel zu verzichten, und forderte, die Haltung des Forschers als prinzipiell „wertfrei" zu charakterisieren. Weber verfasste eine große Zahl an historischen Studien, unter denen die Schrift „Die protestantische Ethik und der Geist des Kapitalismus" (1905) zu den bekanntesten gehört. Weber untersuchte die Rationalisierungstendenz in den abendländischen Gesellschaften und problematisierte dabei insbesondere die Rolle der Religion („Gesammelte Aufsätze zur Religionssoziologie", 1902–1921).

Ernst Troeltsch

* 1865 † 1923

Troeltsch war Religionssoziologe, Philosoph und Theologe. Während Max Weber bei der Erforschung der Entstehungsursachen des kapitalistischen Wirtschaftsgeistes auf die Rolle des Calvinismus für die Kanalisierung des irrationalen Gewinnstrebens stieß, erforschte Troeltsch die Bedeutung des Protestantismus für die moderne Welt. Er erkannte die soziologische Relevanz der Spannungen zwischen den im Evangelium angelegten Anstalts- und Freiwilligkeitsprinzipien für die religiöse Dynamik und die Herausbildung zweier institutioneller Strukturtypen des Christentums: der Kirche und der Sekte. Mit „Die Soziallehren der christlichen Kirchen und Gruppen" (1912) gab er der religionssoziologischen Forschung nachhaltige Impulse. In seinem Werk über „Die Bedeutung des Protestantismus für die Entstehung der modernen Welt" gibt er einen Abriss der Vielschichtigkeit religiöser Einflüsse auf die Entwicklung geistigen Lebens und die Herausbildung von Denktraditionen.

Benedetto Croce

* 1866 † 1952

Der italienische Philosoph, Historiker und Politiker Benedetto Croce (geboren in Pescasseroli, gestorben in Neapel) hat durch sein literarisches Werk den Positivismus der italienischen Philosophie des 19. Jahrhunderts überwunden und nicht wenig zur internationalen Verbreitung der Ideen des deutschen Idealismus beigetragen. Das Ergebnis von mehreren Jahren lokalgeschichtlicher und antiker Studien fasste er 1893 in einer kleinen Arbeit über das Wesen der Geschichte zusammen. Ihr folgte 1895 ein Essay über die Methode der Literaturkritik. Zwischen 1895 und 1900 betrieb Croce Marxstudien und veröffentlichte mehrere Arbeiten zu Marx' ökonomischer Theorie. Über Marx fand er zu Hegel. Frucht dieser Begegnung ist sein vierbändiges Hauptwerk „Philosophie des Geistes", dessen erster Band 1902, dessen vierter und letzter 1917 erschien. 1903 gründete er die Zeitschrift „Critica", in der er fast sein gesamtes literarisches Werk veröffentlichte und alle wichtigeren europäischen Neuerscheinungen philosophischer, historischer und poetischer Art kritisch besprach; 1945 ersetzte er sie durch die unregelmäßig erscheinenden „Quaderni della Critica". Als Führer des italienischen Liberalismus wurde Croce 1910 Senator, 1920/21 Unterrichtsminister. 1925 verfasste er das Manifest der Intellektuellen gegen den Faschismus; trotzdem wagte Mussolini nicht, Publikationsverbot über ihn zu verhängen. Nach dem Zusammenbruch des Faschismus gründete er 1943 die Liberale Partei Italiens neu und war 1946/47 Mitglied der Verfassunggebenden Versammlung. 1947 gründete er das Italienische Institut für Geschichtsforschung, aus dem bis zu seinem Tod beachtenswerte historische Werke hervorgingen. – Croces Denken, zusammengefasst in seinem vierbändigen Hauptwerk, kreist vor allem um das Phänomen Geschichte. Geschichte ist für ihn nicht nur Menschengeschichte, sondern umfasst alles unserer Erfahrung zugängliche Geschehen. Sie ist durchweg Ausdruck von Geist, der sich in ihr konkretisiert, und kann so als konkrete Philosophie verstanden werden. Sie ist aber auch abstrakte Philosophie: geistige Durchdringung des Geschehens, um seine Strukturen und die in ihnen wirksamen Gesetzmäßigkeiten zu erheben und benennen. So verstandene Geschichte ist dann nichts anderes als die Geschichte eines einen, unteilbaren Geistes, der sich konkret verwirklicht, um sich in der Abstraktion seiner Verwirklichung selbst zu besitzen: geschehende und zugleich sich verstehende Geschichte.

Rosa Luxemburg

* 1870 † 1919

Luxemburg (geboren in Zamosc, damals Russland, heute Polen, gestorben in Berlin) hatte sich trotz ihrer großbürgerlichen jüdischen Herkunft schon früh

„Freiheit nur für die Anhänger der Regierung, nur für Mitglieder einer Partei – mögen sie noch so zahlreich sein – ist keine Freiheit. Freiheit ist immer Freiheit der Andersdenkenden."

Rosa Luxemburg

Bild linke Seite: Benedetto Croces „Philosophie des Geistes" zeigt die geistige Verbundenheit zu Hegel; politisch stand Croce auf der Seite des Liberalismus.

Bild rechte Seite: Rosa Luxemburg war eine der engagiertesten Verfechterinnen der Ideen des Kommunistischen Manifests von Marx und Engels. Sie bewies in ihren Werken ebenso wie diese, dass der Imperialismus eine logische Konsequenz des Kapitalismus darstellte.

der internationalen Sozialdemokratie angeschlossen. 1905 war sie bereits an den antizaristischen russischen Aufständen beteiligt. Nach deren Scheitern floh sie in die Schweiz und ging später nach Deutschland, wo sie zu einem der führenden theoretischen Köpfe der damaligen SPD wurde. Zunächst noch an der Seite Karl Kautskys, kämpfte sie gegen die revisionistischen Theorien Eduard Bernsteins („Sozialreform oder Revolution?", 1899). Als Dozentin für Politökonomie an der Berliner Parteihochschule der SPD analysierte sie den Kapitalismus in seiner entwickelteren Form („Die Akkumulation des Kapitals", 1913).

Während die deutsche Sozialdemokratie sich bei Ausbruch des Ersten Weltkriegs mehrheitlich für die Unterstützung der Großmachtpolitik entschied, hielt Rosa Luxemburg am proletarischen Internationalismus fest. Der linke Flügel der SPD spaltete sich 1917 unter Führung Karl Liebknechts ab, als es nicht gelang, die Gesamtpartei und die Reichstagsfraktion auf einen Kurs zu führen, der international die Revolution des Proletariats gegen die kriegführenden Herrschenden bedeutet hätte. Aber selbst die dabei entstandene USPD (Unabhängige Sozialdemokraten) blieb wankelmütig. Der Kreis um die von Rosa Luxemburg verfassten „Spartakusbriefe" und die „Revolutionären Obleute" in Berlin ging, als sich das Chaos des Bankrotts des kaiserlichen Deutschen Reichs abzeichnete, dazu über, die Revolution zu organisieren. Der Aufbau einer Räterepublik wurde zum obersten Ziel. Doch gegen das neu entstandene Kartell von alter Macht, Reichswehrführung und SPD scheiterten auch die Aufstände und Streiks während des Jahreswechsels 1918/1919. Die unter Führung Rosa Luxemburgs und Karl Liebknechts gegründete „Kommunistische Partei Deutschlands" wurde blutig verfolgt. Als die Reichswehr die beiden kommunistischen Führer einfangen konnte, trafen sich die Interessen von alter und neuer Macht; Luxemburg und Liebknecht wurden von der Garde-Kavallerie-Schützendivision erschossen, die Regierung vertuschte den Mord.

„Ich hätte gern eine Welt, in der das Ziel der Erziehung geistige Freiheit wäre und nicht darin bestünde, den Geist der Jugend in eine Rüstung zu zwängen, die ihn das ganze Leben lang vor den Pfeilen objektiver Beweise schützen soll. Die Welt braucht offene Herzen und geistige Aufgeschlossenheit, und das erreichen wir nicht durch starre Systeme, mögen sie nun alt oder neu sein."

Bertrand Earl Russell

Bertrand Earl Russell

* 1872 † 1970

Russell [rʌsl] hat sich auf all den Gebieten, die er als Mathematiker, Philosoph und politischer Kopf bearbeitete, mit seiner eigenwilligen Genialität Verdienste und Ruhm erworben. – Nach einer Privaterziehung und Studien in Cambridge trat Russell 1903 mit den „Principles of Mathematics" hervor. Diese Vorstudie zu den mit A. N. Whitehead erarbeiteten „Principia Mathematica" (drei Bände, 1910–1913) zeigte bereits, dass Russell als Philosoph und Mathematiker einen Weg der Formalisierung der Logik beschritt, der ihn über Peano und Frege hinausführte. Er verlor nicht im Zuge der elementaren logischen Axiomatik den Kontext sinnlicher Erfahrungsdaten aus dem Auge. Auch seine logistische Bestimmung des Wesens der Mathematik als Logik machte er nicht zum Programm und zur abschließenden Doktrin. Ihm wurde klar, dass auch eine völlig formalisierte Sprache der Logik auf den Rückgang zu Metasprachen nicht verzichten konnte. Das Problem des Verhältnisses von Umgangssprache und Logik, später von Wittgenstein vertieft, wurde hier erstmals artikuliert. Aber Russell war nicht nur der glänzende Logiker. 1918 wurde er bereits wegen seines pazifistischen Engagements gegen den Ersten Weltkrieg und die Krieg führenden Westmächte für sechs Monate in England inhaftiert. Seine „Introduction to Mathematical Philosophy" (1919) entstand im Gefängnis. Russell blieb immer auf dem Kriegspfad gegen den Krieg. Noch in den 1960er-Jahren wurde der Earl wegen seines Sitzstreiks gegen die indirekte Beteiligung Englands am Vietnamkrieg als Verbündeter der USA von der Regierung inhaftiert. 1967 wurde in Stockholm das von Russell in Zusammenarbeit mit Jean-Paul Sartre ins Leben gerufene Vietnam-Kriegsverbrechertribunal gegen die amerikanische Regierung inszeniert. So blieb Bertrand Russell stets seinem „sozialdemokratischen" Engagement verpflichtet, was ihn auch 1965 aus Protest gegen die Politik der Labour-Regierung unter Wilson zum Parteiaustritt bewog.

Max Scheler

* 1874 † 1928

Scheler studierte zunächst Medizin, dann Philosophie bei Rudolf Eucken und Otto Liebmann in Jena. Unter dem Einfluss Euckens beschäftigte sich bereits die Dissertation über die „Beziehungen zwischen den logischen und ethischen Prinzipien" mit Problemen der Ethik. Unter dem Einfluss Husserls, dessen „Logische Untersuchungen" 1900 erschienen, wurde Scheler zum Phänomenologen. Seine Habilitationsschrift trägt den Titel „Die transzendentale und die psychologische Methode" (1900). Scheler ging nach München und schloss sich den dortigen Phänomenologen an. 1910 verließ er München wieder und ging als Privatgelehrter nach Göttingen. 1913 und 1916 erschien in zwei Teilen das ethische Hauptwerk, „Der Formalismus in der Ethik und die materiale Wertethik" Es enthält eine Absage an den Positivismus, die Metaphysikfeindschaft der Neukantianer und die kantische Ethik. In der Wesensschau wird eine hierarchische Ordnung materialer Werte erfasst, deren oberster die Liebe ist. Scheler erkannte die kognitive Bedeutung emotionaler Akte. 1919 wurde Max Scheler Professor in Köln, seit 1928 dann in Frankfurt. Die Programmschrift „Die Stellung des Menschen im Kosmos" (1928) eröffnete die moderne Anthropologie.

„Der Mensch ist also beides zugleich: eine Sackgasse und – ein Ausweg."

Max Scheler

Bild linke Seite:
Das bekannteste und am nachhaltigsten wirkende Werk Bertrand Russels waren die „Principia Mathematica". Als Philosoph vertrat er als einer der ersten konsequent die Analytische Philosophie.

Bild rechte Seite:
Max Scheler übertrug die phänomenologische Methode auf die Kultur- und Religionsphilosophie und begründete die philosophische Anthropologie.

Bild linke Seite: Ernst Cassirer blieb zeitlebens dem Neukantianismus verhaftet und befasste sich fruchtbringend mit dem Erkenntnisproblem.

Bild rechte Seite: Aus der Beschäftigung mit der Lehre Sigmund Freuds entstand C. G. Jungs Analytische Psychologie.

Ernst Cassirer

* 1874 † 1945

Cassirer promovierte 1899 in Marburg bei Hermann Cohen mit einer Dissertation über Descartes. Bei aller Selbstständigkeit, vor allem was die thematische Vielfalt seines Denkens betrifft, blieb Cassirer in der Methode dem kritizistischen Ansatz der von Cohen und Natorp begründeten Marburger Schule des Neukantianismus verpflichtet. Cassirer lebte von 1906 bis 1919 als Privatdozent in Berlin und folgte dann einem Ruf an die neu gegründete Universität von Hamburg. 1933 musste er emigrieren, lebte zwei Jahre als Gastprofessor in Oxford, wirkte von 1935 bis 1941 an der Universität Göteborg, ging schließlich in die USA, wo er an der Yale-Universität und in New York an der Columbia-Universität unterrichtete.

Cassirer hat monographische Arbeiten über Leibniz (1902) und Kant (1918), historische Darstellungen der Philosophie der Renaissance (1927) und der Aufklärung (1932) veröffentlicht. In dem vierbändigen Werk „Das Erkenntnisproblem in der Philosophie und Wissenschaft der neueren Zeit" (1906–1936) untersucht er den stetigen Fortschritt, der zu einem neuen Erkenntnisbegriff führt. Dieser, so stellt er es in dem Werk „Substanzbegriff und Funktionsbegriff" (1910) dar, setzt an die Stelle metaphysischer Substanzen wie Wesen und Sein funktionelle und strukturelle Erzeugungszusammenhänge: die symbolischen Formen. In seinem Hauptwerk „Philosophie der symbolischen Formen" (3 Bände, 1923–1929) und dem Alterswerk „The Myth of the State" (1946) analysiert er die Sprache, den Mythos, die Kunst und den Staat als Formen, in denen sich der Geist symbolisch vermittelt darstellt.

Carl Gustav Jung

* 1875 † 1961

Der Schweizer Psychiater arbeitete nach dem Medizinstudium in Basel am Burghölzli, der berühmten Nervenklinik. Seine Doktorarbeit über okkulte Phänomene zeigte bereits sein Interesse für die innersten Bereiche der Seele. Nach seiner Heirat 1903 widmete er sich zunächst völlig seiner Karriere als Nervenarzt. Die Lektüre von Sigmund Freuds Schriften über das Unbewusste und im Februar 1907 die persönliche Begegnung mit Freud formten ihn nachhaltig. Er wurde Gründungsmitglied und erster Präsident der „Internationalen Psychoanalytischen Gesellschaft". Wissenschaftliche und persönliche Differenzen mit dem älteren, zunächst als Lehrer verehrten Freud führten 1912/1913 zum Bruch mit der Psychoanalyse. Jung begründete eine eigene Schule der Tiefenpsychologie (analytische Psychologie). Das Unbewusste bildete für ihn den „schöpferischen Mutterboden des Bewusstseins". Jungs größte Leistung ist die Entdeckung und Erforschung des „kollektiven Unbewussten" mit den „Archetypen", womit er die Freudsche Psychoanalyse, die sich vorwiegend mit dem persönlichen Unbewussten befasst, um einen wichtigen Bereich erweiterte. Damit hängt Jungs Interesse für die Religion eng zusammen („Psychologie und Religion", 1937). Bedeutsam sind weiterhin seine Wiederentdeckung und psychologische Deutung der mittelalterlichen Alchemie („Psychologie und Alchemie", 1944). Mit seinem Buch über „Psychologische Typen" (1921) eröffnete er der Seelenforschung neue Ansatzpunkte. Er unterschied dabei vor allem zwischen extravertierten (der Außenwelt zugewandten) und introvertierten (nach innen gerichteten) Menschen. Bei extremer Ausprägung dieser Typen kommt es zu neurotischer oder gar psychotischer Erkrankung.

Den Reifungsprozess, der – unter Anleitung des Psychotherapeuten – das gestörte seelische Gleichgewicht wieder ins Lot bringt, nannte Jung „Individuation" (Selbstverwirklichung). Jung hat die moderne Neurosenlehre und die Psychotherapie erweitert und vertieft; auch auf den Gebieten der Anthropologie, der Ethnologie, der vergleichenden Religionsgeschichte und Psychologie hat er befruchtend gewirkt.

Martin Buber

* 1878 † 1965

„Ich habe keine Lehre, aber ich führe ein Gespräch." Diesen Satz aus seiner „Philosophischen Rechenschaft" von 1961 könnte man über das Lebenswerk Martin Bubers setzen. Seine Lehre war die Weise seiner Mitteilung, der Dialog, die Rede, das Lehrgespräch. Jahrzehnte lang der unbestritten geistige Führer des deutschen Zionismus, erschuf Buber eine ebenso eigentümliche wie glückliche Verbindung von westlichem und östlichem

„Man kann leicht verstehen, warum Menschen dazu neigen, die Botschaft ihrer Träume zu ignorieren oder sogar abzulehnen. Das Bewusstsein widerstrebt von Natur aus allem Unbewussten und Unbekannten."

Carl Gustav Jung

„Die große Schuld des Menschen ist, dass er in jedem Augenblick die Umkehr tun kann und nicht tut."

Martin Buber

Bild linke Seite: Martin Buber sah den Menschen vor allem im Dialog mit dem anderen realisiert; er plädierte für einen religiösen Sozialismus.

Bild rechte Seite: Die Menschheit entwickelte sich nach Ansicht Oswald Spenglers nicht kontinuierlich fort, sondern durchlief seit jeher Zyklen des Auf- und Abschwungs bzw. der Entstehung und des Niedergangs der Kulturen.

Geist, von deutscher Kultur und jüdischem Tiefsinn. Er wurde in Wien geboren und bei seinem Großvater Salomon Buber, einem bedeutenden Talmudgelehrten, im damals habsburgischen Lemberg erzogen. Schon als Zwanzigjährigen finden wir ihn unter den Führern der zionistischen Bewegung. Er gründete den „Jüdischen Verlag", gab die Zeitschrift „Der Jude" heraus und leitet bis 1933 zusammen mit seinem Freund Franz Rosenzweig das Freie Jüdische Lehrhaus in Frankfurt am Main. Zugleich war er Professor der dortigen Universität. 1938 wanderte Buber nach Jerusalem aus, wo er bis zu seinem Tod als Professor für Soziologie wirkt. Obwohl Buber in den letzten Jahrzehnten seines Lebens von den orthodoxen Juden wie von den Reformjuden nicht mehr als der maßgebliche geistige Führer anerkannt wurde, weil seine offene Haltung ihn der Synagoge und der orthodoxen Tradition entfremdete, ist sein Beitrag zur Bewusstseinsbildung des modernen europäischen Judentums unüberschätzbar. Der Redner und Volksbildner Buber begann im Stil seiner Generation, von Rilke und George. Er wirkte auf seine Zuhörer mit der verhüllenden Redeweise der Hymniker. In den letzten Jahrzehnten aber gewann der Religionsphilosoph Buber eine große Genauigkeit und klassische Einfachheit des Redens und Schreibens. Für Buber war die Erhaltung und Fortführung des Judentums eine Aufgabe des Individuums, das in unablässiger Zwiesprache mit Gott um Erkenntnis ringen soll. Er hat den Europäern den Chassidismus erschlossen und zusammen mit Franz Rosenzweig, nach dessen Tod allein, die jüdische Bibel in ein eigenwilliges, dem Hebräischen nachempfundenes Deutsch übertragen. Bubers Wirkungen reichen weit über das Judentum hinaus. Die 4.000 Seiten seines schriftstellerischen Werkes weisen ihn als einen Philosophen aus, der den menschlichen und religiösen Urbeziehungen in unserer Zeit neu auf der Spur war. Schließlich bewahrte Buber auch in vielen praktischen Fragen seine Unabhängigkeit, etwa durch sein Eintreten für freundschaftliche Beziehungen zwischen Juden und Arabern.

Oswald Spengler

* 1880 † 1936

Spengler (geboren in Blankenburg/Harz, gestorben in München) war 1908 bis 1911 Gymnasiallehrer in Hamburg und lebte dann als freier Schriftsteller in München. Dort erschien von 1918 bis 1922 in zwei Bänden sein Hauptwerk „Der Untergang des Abendlandes. Umriss einer Morphologie der Weltgeschichte". Mit seiner von Goethe und Nietzsche beeinflussten Geschichtslehre wendet sich Spengler gegen den Positivismus.

Er betrachtet die Kulturen als Organismen, die den Gesetzen von Blüte, Reife und Verfall unterstehen. Er unterscheidet acht Kulturen: die ägyptische, die babylonische, die indische, die chinesische, die antike, die arabische, die abendländische (seit 900 n. Chr.) und die mexikanische. In allen verläuft nach Auffassung Spenglers die Entwicklung gleich. Die jeweiligen kulturellen Leistungen deutete er als Sym-

„Wir haben nicht die Freiheit, dies oder jenes zu erreichen, aber die, das Notwendige zu tun oder nichts."

Oswald Spengler

„Demokratie ist diejenige Staatsform, die sich am wenigsten gegen ihre Gegner wehrt. Es scheint ihr tragisches Schicksal zu sein, dass sie auch ihren ärgsten Feind an ihrer eigenen Brust nähren muss."

Hans Kelsen

bole des Seelenzustandes. Aufsehen und weltweite Berühmtheit erlangte Spenglers Werk durch die These, die europäische Gegenwart sei das Endstadium der abendländischen Kultur. Einen Ausweg sucht sein Werk „Preußentum und Sozialismus" (1920). Seine These ist, im Preußentum gebe es einen nichtmarxistischen Sozialismus, der durch Disziplin, Schätzung der Arbeit und Verachtung des Luxus gekennzeichnet sei und dadurch vor dem Untergang der europäischen Kultur retten könne.

Hans Kelsen

* 1881 † 1973

Professor für Staatsrecht und Rechtsphilosophie, wurde in Prag geboren und lehrte an den Universitäten in Wien, Köln, Genf, Prag, Harvard und Berkeley. Er war Rechtsberater der österreichischen Regierung (1919–1923), gehörte dem Verfassungsgerichtshof Österreichs an (1920–1929) und war maßgeblich an der Ausarbeitung der österreichischen Verfassung von 1920 beteiligt. 1933 emigrierte Kelsen nach Genf. 1940 wanderte er in die USA aus, wo er bis zu seinem Tode lebte.

Bild linke Seite: Hans Kelsen vertrat in seiner „Reinen Rechtslehre" den Rechtspositivismus und plädierte für eine strenge Trennung der Rechtswissenschaft von der Soziologie und anderen Wissenschaften.

Bild rechte Seite: Einer der führenden Köpfe des logischen Empirismus und Mitbegründer des Wiener Kreises war der gebürtige Berliner Moritz Schlick.

Kelsen war einer der führenden Vertreter des Rechtspositivismus. In seinem 1934 veröffentlichten Werk „Reine Rechtslehre" entwickelte er in bewunderungswerter Konsequenz eine Theorie der Rechtswissenschaft auf positivistischer Grundlage. Die „Reine Rechtslehre" geht aus von der fundamentalen Unterscheidung zwischen Sein und Sollen. Die Rechtswissenschaft hat es nach Kelsen nicht mit Seinstatsachen zu tun, sondern allein mit Sollensnormen. Nicht das tatsächliche Verhalten der Menschen ist für sie interessant, sondern das rechtlich gebotene. Aufgabe der Rechtswissenschaft ist es, die Struktur der Rechtsnormen, ihren Sinn, ihren Zusammenhang und ihre Grenzen zu erkennen. Um dieser wissenschaftlichen Aufgabe gerecht zu werden, muss sich die Rechtslehre auf ihr Material, auf die Rechtsnormen, beschränken. Sie hält sich methodologisch nur dann „rein", wenn sie sich jeder Beeinflussung durch die Tatsachenwissenschaften (Soziologie, Psychologie usw.) und durch Glaubenssätze religiöser oder ethischer Natur entzieht. Die „Reine Rechtslehre" ist eine der konsequentesten Rechtstheorien des 20. Jahrhunderts. Sie fand lebhafte Anerkennung und entschiedene Ablehnung.

Moritz Schlick

* 1882 † 1936

In der Euphorie der explosionsartigen Entfaltung der Naturwissenschaften, besonders der Physik, bildete sich ein ontologischer Empirismus heraus, der im Neupositivismus des „Wiener Kreises" seinen

Ausdruck fand. Auf den Forschungen Ernst Machs fußend, wurde in dieser Gruppe junger Denker der in Berlin geborene Moritz Schlick zum Anreger eines logizistischen Denkens, das in einem Wechselverhältnis zu den Untersuchungen Wittgensteins und Carnaps stand. Er bereitete die naturwissenschaftlich-physikalische Forschungsmethode für alle Wissenschaftsbereiche vor, die sich dann in Karl Poppers „Logik der Forschung" (1966) als Wissenschaft schlechthin durchsetzte. Schlicks eigene Themen lagen in der begriffslogischen Klärung von „Raum und Zeit in der gegenwärtigen Erkenntnislehre" (1917) und „Erleben, Erkenntnis, Metaphysik" (1926).

Während seiner Professur in Berkeley/Kalifornien (1931/1932) drängten sich ihm auch mehr und mehr ethische Fragen auf, sodass er die Willensfreiheit im Rahmen der Kausalität und der Glückseligkeit interpretierte. Schlick starb in Wien.

Eduard Spranger

* 1882 † 1963

An der Berliner Universität studierte Spranger unter anderem als Schüler Wilhelm Diltheys. 1909 wurde er Privatdozent für Philosophie und Pädagogik in Berlin, 1912 ordentlicher Professor in Leipzig, von 1920 bis 1946 lehrte er in Berlin. Spranger ging aus von den geschichtlichen Untersuchungen Diltheys und dessen geisteswissenschaftlicher Psychologie. So untersuchte er „Wilhelm von Humboldt und die Humanitätsidee" (1909). Von großem Einfluss auf die Pädagogik war sein Werk „Lebensformen" (1914). Er unterscheidet darin sechs „ideale Grundtypen", die je einem Gebiet der objektiven Kultur zugeordnet werden. So entspricht z. B. der „theoretische Mensch" der Wissenschaft, der „ökonomische" der Wirtschaft, der „ästhetische" der Kunst. Spranger sieht das Individuum in enger Wechselbeziehung zur Kultur, beide müssen auseinander verstanden werden. Antike, Christentum und der Deutsche Idealismus sind für ihn die bestimmenden Kräfte der Bildung. Seine „Psychologie des Jugendalters" (1924) wurde grundlegend für die geisteswissenschaftliche Pädagogik. Bildungsziel ist die „Selbstformung" des Einzelnen im Dienst der Gemeinschaft. Seit 1946 lebte Spranger in Tübingen, wo er auch starb.

„Alle Erziehung ist nur Handreichung zur Selbsterziehung."

Eduard Spranger

Bild linke Seite: Nicolai Hartmann verfolgte in seinem philosophischen Wirken einen Ansatz, der die Metaphysik zur Grundlage aller Erkenntnistheorie erhebt.

Bild rechte Seite: In seinem zentralen soziologischen Werk, „Der Aufstand der Massen", vertritt José Ortega y Gasset die Elitesoziologie.

Nicolai Hartmann

* 1882 † 1950

Hartmann (geboren in Riga, gestorben in Göttingen) lehrte an den Universitäten von Marburg (1920), Köln (1925), Berlin (1931) und Göttingen (1946). Sein Denken geht von der Marburger Schule des Neukantianismus aus. Hartmann unterscheidet sich jedoch von der Marburger Schule vor allem dadurch, dass er die Metaphysik zur Grundlage jeder Erkenntnistheorie macht. Gegenstand der Metaphysik sind die Prinzipien alles Seienden; sie ist Ontologie. Im Gegensatz zur Begriffs- und Wesensontologie des Mittelalters spricht Hartmann von einer „Realontologie". Die reale Welt baut sich nach ihm aus verschiedenen Schichten auf: der anorganischen, der organischen, der seelischen und der geistigen Schicht. Ausgehend von dieser Realontologie hat Hartmann eine Geschichtsphilosophie und eine Ästhetik entworfen. In seiner „Ethik" (1926) versucht er, Max Schelers materiale Wertethik ontologisch zu begründen und systematisch auszubauen. Nicolai Hartmanns Hauptwerke sind: „Grundzüge einer Metaphysik der Erkenntnis" (1927); „Das Problem des geistigen Seins" (1932); „Der Aufbau der realen Welt" (1949).

John Maynard Keynes

* 1883 † 1946

Der englische Nationalökonom und Währungsexperte Keynes [kə(ɪ)ns] ist von so großer Bedeutung, dass sich die nationalökonomische Wissenschaft geradezu in Keynesianer und Anti-Keynesianer gespalten hat. 1906 bis 1908 im Innenministerium tätig, trat er 1915 als Berater in das britische Schatzamt ein. Als leitender Sachverständiger dieses Ministeriums plädierte er für eine Reduzierung der Reparationsforderungen an Deutschland auf eine ökonomisch tragbare Höhe. Die nach seinem Rücktritt in brillantem Stil mit beißendem Witz verfasste, aus ökonomischen und moralischen Motiven gemischte vernichtende Kritik an den wirtschaftlichen Bestimmungen des Versailler Vertrags („The Economic Consequences of the Peace", 1920), dessen schlechte Auswirkung auf das europäische Wirtschaftsleben er korrekt voraussagte, wurde die wichtigste Grundlage für die Wendung gegen den Versailler Vertrag in weiten Kreisen der britischen Öffentlichkeit und Geschäftswelt.

Als Berater des Schatzamtes während des Zweiten Weltkriegs erarbeitete Keynes

u. a. einen Plan, der sich mit der internationalen monetären Neuordnung zur Herstellung der Währungsstabilität ohne die starre Bindung an den Goldstandard, mit der Ausdehnung des Welthandels und der Verhinderung einer Wiederkehr von Inflation und Arbeitslosigkeit befasste (Keynes-Plan; „Proposals for an International Clearing Union", 1943). Auf der Konferenz von Bretton Woods wurde dieser Plan von der amerikanischen Regierung abgelehnt, jedoch bei der Errichtung der Europäischen Zahlungsunion zugrunde gelegt. Keynes ist der führende Theoretiker der neuzeitlichen Nationalökonomie, die er in seinen grundlegenden Werken „Treatise on Money", 1930 („Vom Geld", 1932), und „The General Theory of Employment, Interest and Money", 1936 („Die allgemeine Theorie der Beschäftigung, des Zinses und des Geldes", 1936) im Einzelnen ausarbeitete. Seine Wirtschaftspolitik, die in vielen Staaten realisiert worden ist, unterstellt, dass die Volkswirtschaft in der Gegenwart dauernd von der Gefahr einer Unterbeschäftigung bedroht ist. Da die Unterbeschäftigung auf ein Nachfragedefizit zurückgeht, ist es Aufgabe des Staates, die effektive Nachfrage so lange zu erhöhen, bis die Vollbeschäftigung aller Produktionsfaktoren erreicht ist. Für die Durchführung einer solchen Politik entwickelte Keynes ein Instrumentarium, das insbesondere das „deficit spending", die redistributive Besteuerung und Kreditpolitik des leichten Geldes umfasst.

José Ortega y Gasset

* 1883 † 1955

Ortega war seit 1911 Professor an der Universität von Madrid. In der deutschen neukantianischen Tradition stehend, wurde er zum wegweisenden Theoretiker der spanischen Intelligenz, hatte aber auch starken Einfluss in Lateinamerika und – gleichsam rückwirkend – auf die lebensphilosophischen und ästhetisch-vitalistischen Anschauungen der deutschen bürgerlichen Eliten. Ortegas historische Funktion lag darin, während des Aufbrechens der spanischen gesellschaftlichen Verhältnisse eine stetige Trennung zwischen der bürgerlichen Intelligenz und den Massen zu propagieren. Mit stilistischer Brillanz und

„Anderssein ist unanständig. Die Masse vernichtet alles, was anders, was ausgezeichnet, persönlich, eigenbegabt und erlesen ist."

José Ortega y Gasset

meisterlich anekdotischer „Konkretion" gelang es ihm, ein Geschichtsbild zu konstruieren, in dem die demokratische Tradition Spaniens verschleiert wurde und an anderen Stelle ein hierarchisches System der gesellschaftlichen Gliederung unterschoben wurde. Mit „La rebelión de las masas" (1929; „Der Aufstand der Massen", 1931) setzte er die schon in „El tema de nuestro tiempo" (1923; „Die Aufgabe unserer Zeit", 1928) eingeschlagene Richtung fort, im Sinne einer Europäisierung Spaniens eine Kulturelite zu fordern, die als Führerin der spanischen Klassen zu wirken habe. Der Sieg der Faschisten im Bürgerkrieg führte Ortega nicht zu politischer, sondern zu kultureller Opposition.

Karl Jaspers

* 1883 † 1969

Der in Oldenburg geborene Philosoph war zunächst Psychiater an der Universität Heidelberg und Professor für Psychologie, 1921 für Philosophie. Nachdem Jaspers 1937 bis 1945 Lehrverbot durch den Nationalsozialismus erhielt – seit 1910 war er mit einer jüdischen Frau verheiratet –, berief ihn 1948 die Universität Basel.

„Wir leben die Übergangszeit zwischen der bisherigen Geschichte, die eine Geschichte der Kriege war, und einer Zukunft, die entweder das totale Ende oder einen Weltfriedenszustand bringen wird."

Karl Jaspers

Schon der angehende Mediziner erörterte 1913 in seiner „Allgemeinen Psychopathologie", bis zur Stunde eines der Standardwerke ihres Faches, philosophische Fragestellungen. „Die krankhaften seelischen Vorgänge hängen ihrem Inhalt und ihrer Form nach vom Kulturkreis ab und wirken auf ihn zurück", wie seelisches Leben überhaupt nur „in der Wechselwirkung mit der menschlichen Gesellschaft" besteht. Folgerichtig entwickelte Jaspers 1919 eine „Psychologie der Weltanschauungen". Nietzsche und Dilthey aber standen Pate bei der Einsicht, dass „alles Faktische, auch das faktisch geistige Dasein, ein Moment der Unverstehbarkeit hat". Strindberg und van Gogh, Swedenborg und Hölderlin wurden Objekte der pathologischen Analyse. Nicht nur die besonderen Probleme in den Wissenschaften vom Menschen verwiesen Jaspers auf den Weg der Philosophie. Hierfür wurde auch eine Erfahrung ausschlaggebend, die er an und mit sich selbst machte. Eine schon in der Kindheit fühlbare, aber erst im Alter von 18 Jahren als Bronchiektasen und sekundäre Herzinsuffizienz diagnostizierte Krankheit erzwang eine besondere Lebensführung, machte seine halbe Existenz zu einer liegenden. „Man muss krank sein, um alt zu werden" dieses chinesische Sprichwort zitierte der 85-Jährige, auf dem Ledersofa liegend, im 1. Stock der Baseler Austraße 126. Die persönliche Konfrontation mit Leiden und Tod wie die Erfahrung, auf den anderen Menschen angewiesen zu sein, um selbst leben zu können, bildeten den existentiellen Hintergrund, vor dem Jaspers über die menschliche Existenz nachdachte. 1931 umriss er in der Schrift „Die geistige Situation der Zeit" jene Gefahrenmomente, die um die Jahrhundertmitte zum Allgemeingut der Kulturkritik werden sollten: die Heraufkunft der Massengesellschaft, die Manipulation der öffentlichen Meinung, die Entgötterung der Welt. Diesen Tatbeständen suchte Jaspers mit einem besonderen, nur ihm eigentümlichen Denksatz zu begegnen: Der einzelne Mensch stößt auf „Grenzsituationen", die unabänderlich sind, an denen er scheitert. Erst im Erleben der Grenze erfährt der Mensch, dass er existiert. In diesen kierkegaardschen Augenblicken soll die Philosophie das Leben des Einzelnen erhellen: „Existenzerhellung" („Philosophie", drei Bände, 1932). Existenz versteht „der Einzelgänger" als den individuellen Kern des Menschen, der mit wissenschaftlichen Methoden nicht bestimmt werden kann. In seiner Existenz soll der Einzelne zum „Selbstsein kommen, das sich durch freie und unbedingte Entscheidung verwirklicht“. Während Heidegger in seiner „Existential-Ontologie“ das Geschichtliche als Schicksalhaftes der Menschen begreift, verfährt Jaspers – genauso ohnmächtig – andersherum: Er verficht eine Philosophie des bloßen Appells. Das irrationale Existenzerlebnis entsprach den Vorstellungen der Lebensphilosophie in der Nachfolge Nietzsches und Diltheys, bezog sich auf den wiederentdeckten Kierkegaard und drückt zugleich eine Grundstimmung der Zeit aus. Die Philosophie des Scheiterns war ein grandioser, wenn auch

„Wir dürfen kaum sagen, dass wir weiter seien als Plato. Nur im Material der wissenschaftlichen Erkenntnisse, die er benutzt, sind wir weiter. Im Philosophieren selbst sind wir noch kaum wieder bei ihm angelangt.“

Karl Jaspers

Bild rechte Seite: Karl Jaspers, ursprünglich Psychiater, war mit Sicherheit einer der hervorragendsten Vertreter der Existenzphilosophie und distanzierte sich von allem spekulativen Idealismus über die Existenz des Menschen.

schon im Ansatz problematischer Versuch, die menschliche Person als unvertretbares Individuum gegen das Massendasein und die technische Vernunft zu aktivieren. Von seinen Werken sind zu erwähnen: „Existenzphilosophie“ (1938); „Von der Wahrheit. Erster Teil der Philosophischen Logik“ (1947) und „Vom Ursprung und Ziel der Geschichte“ (1949). Der ethische Rigorismus seiner Existenzphilosophie hat Jaspers in seinen politischen Schriften immer wieder in Widerspruch zu der politischen Wirklichkeit gebracht: „Die Atombombe und die Zukunft der Menschheit. Politisches Bewusstsein in unserer Zeit“ (1958); „Hoffnung und Sorge. Schriften zur deutschen Politik“ (1945–1965); „Wohin treibt die Bundesrepublik?“ (1967); „Antwort zur Kritik der Schrift: Wohin treibt die Bundesrepublik?“

Ernst Bloch

* 1885 † 1977

Der „Philosoph und Denker der konkreten Utopie“ studierte in München und Würzburg Philosophie und Germanistik und führte nach der Promotion das ruhelose Leben eines Literaten und politischen Schriftstellers in Heidelberg, Bern, München und Berlin. 1933 emigrierte er über Zürich, Wien, Paris, Prag, New York nach Cambridge. 1949 übernahm er einen Lehrstuhl für Philosophie an der Universität Leipzig. Im Jahr 1961, nachdem er in der Deutschen Demokratischen Republik schon lange in Ungnade gefallen war, verlegte er seinen Wohnsitz in die Bundesrepublik. Ernst Bloch lebte seitdem in Tübingen, wo er noch im hohen Alter eine Gastprofessur innehatte. Er gehört zu den bedeutendsten Denkern der Gegenwart. Die Utopie eines Reiches der Freiheit und des Friedens ist das zentrale Thema der Philosophie Blochs, vom genialen Frühwerk „Geist der Utopie“ (1918), in dem marxistische Ideen noch ungeschieden neben Gedanken aus jüdischer und christlicher Theologie stehen, bis zu seinem Hauptwerk „Das Prinzip Hoffnung“ (1959), in dem der Marxismus stärker in den Vordergrund tritt. Hoffnung ist für Bloch eine „docta spes“ (begriffene Hoffnung), die zur Wissenschaft gewordene Utopie. Er schreibt – oder besser müsste es heißen, wenn man an seinen ungewöhnlichen, am Expressionismus geschulten Stil denkt: er erzählt – von diesem „Noch-nicht-Sein“. Er entdeckt es in Philosophie, Religion, Dichtung, bildender Kunst, Musik und Architektur, aber auch in Technik, Naturwissenschaft und Politik. „Ich bin. Aber ich habe mich nicht. Darum werden wir erst.“ Die Geschichte des Utopischen mündet in Marx, weil einzig seine Theorie eine Utopie ist, die wissenschaftlichen Charakter beanspruchen darf. Nur sie lässt sich verwirklichen. Aber das Reich der Freiheit existiert noch nicht und es kommt auch nicht von selbst; seine Realisierung bedarf der Anstrengungen der Menschen. Blochs Philosophie ist eine politisch engagierte Philosophie. Das hat ihn immer wieder in Konflikt mit den Machthabern dieser Welt gebracht, aber nicht verhindert, dass sein Werk von kritischen Marxisten wie von evangelischen und katholischen Theologen lebhaft diskutiert wird, wenngleich sich keine philosophische Schule direkt auf das „enfant terrible“ beruft. „Er ist ein Ketzer durch und durch, von uns aus gesehen, von Rom aus, von Washington und Moskau aus, von Ost- und West-Berlin aus, von wo aus immer, Bloch ist ein Ketzer“ (Martin Walser). 1967 wurde Bloch der „Friedenspreis des Deutschen Buchhandels“ verliehen.

„Denken heißt Überschreiten. So jedoch, dass Vorhandenes nicht überschlagen, nicht unterschlagen wird.“

Ernst Bloch

Bild linke Seite: Ernst Blochs Philosophie orientierte sich stets am Prinzip der Hoffnung; er sah den Menschen als mehr an als nur aus seiner reinen Existenz heraus bewusst. Das Bewusstsein des Menschen überträfe das Sein und mache sich Luft in der Kunst, der Musik oder auch Tagträumen und Utopien.

„Gott verlangt nicht, dass wir nie schwach werden, sondern dass wir mit gutem Willen stets wieder neu anfangen."

Romano Guardini

Romano Guardini

* 1885 † 1968

Der in Verona geborene deutsche Religionsphilosoph und Theologe wurde 1923 Professor in Breslau mit Lehrtätigkeit in Berlin. 1939 von den Nationalsozialisten zwangsemeritiert, lehrte er nach dem Krieg zunächst in Tübingen, ab 1948 in München. Guardini machte sich zuerst einen Namen als führende Persönlichkeit der katholischen Jugendbewegung. Er war einer der Initiatoren des „Quickborn" und der deutschen liturgischen Bewegung. Später galt er als einer der bedeutendsten Vertreter der katholischen Weltanschauung in der Religionsphilosophie und Geistesgeschichte. Sein Einfluss auf die Intellektuellen im deutschen Laienkatholizismus, sogar im Protestantismus war groß, vor allem wegen seiner christlich-existenziell geprägten Auslegungen kirchlicher und weltlicher Literatur. So beschäftigte er sich u. a. mit dem Leben und den Werken Augustinus', Dantes, Hölderlins, Dostojewskis und Rilkes. 1952 erhielt er für seine weltanschauliche Haltung den Friedenspreis des Deutschen Buchhandels.

Arnold Joseph Toynbee

* 1889 † 1975

Toynbee ['tɒjnbɪ:] (geboren in London, gestorben in New York) war Professor für byzantinische, dann für allgemeine Geschichte an der Londoner Universität, außerdem Mitarbeiter am Royal Institute of International Affairs. Im Zweiten Weltkrieg übernahm er die Leitung der Forschungsabteilung des Foreign Office. In seinem vielbändigen geschichtsphilosophischen Hauptwerk „Study of History" (1934–1954; „Gang der Weltgeschichte" [gekürzt], 1954) entwickelte Toynbee am Beispiel der „Hellenischen Gesellschaft" eine groß angelegte Theorie über Entstehung und Wachstum, Niedergang und Auflösung der Kulturen und Gesellschaften sowie der mit ihnen verknüpften Religionen, die sich in immer gleichen Formen vollziehen. Den Abschluss des Werkes bildet eine Analyse unserer westlichen Kultur und ihre Wirkung auf die Zukunft. Dieses Thema ist auch in „Civilization on Trial" (1948; „Die Kultur am Scheideweg", 1949) und in „The World and the West"

„Man kann der Wahrheit den Mund verbinden, aber dann macht sie sich immer noch durch Stöhnen bemerkbar."

Arnold Joseph Toynbee

Bild linke Seite:
Im 20. Jahrhundert wurde die katholische Weltanschauung am prägendsten von Romano Guardini vertreten, der die Literatur ebenso wie Pädagogik und Ökumene beeinflusste.

Bild rechte Seite:
Toynbees Kulturphilosophie sah die Entwicklung der Menschheit als evolutionär und prinzipiell ergebnisoffen an; sie sei abhängig von der Stärke der Anreize zur Kulturentwicklung.

(1953; „Die Welt und der Westen", 1953) angesprochen. Im Gegensatz zu Oswald Spengler („Untergang des Abendlandes", 1918–1922) ging Toynbee empirisch vor, seine Geschichtslehre zeigt nicht das Ende unserer Geschichte, sondern ständige Weiterentwicklung und neue Anknüpfungspunkte. Besonders in Amerika, aber auch in Deutschland hat Toynbees Geschichtsphilosophie nach dem Zweiten Weltkrieg größte Beachtung gefunden.

Ludwig Wittgenstein

* 1889 † 1951

Wittgenstein ist einer der merkwürdigsten und zugleich wirkungsmächtigsten Philosophen dieses Jahrhunderts. Er hatte Technik studiert, interessierte sich dann für Mathematik, schließlich für die Philosophie der Mathematik, wie er sie in den Werken Gottlob Freges (1848–1925) und Bertrand Russells (1872–1970) vorfand. Davon

„Die Grenzen meiner Sprache bedeuten die Grenzen meiner Welt."

Ludwig Wittgenstein

ausgehend, schrieb er als österreichischer Kriegsfreiwilliger den dann in England von Russell publizierten, in Deutschland 1921 erschienenen berühmten „Tractatus logico-philosophicus".

Dieses Werk, eine Grundlage des Neupositivismus und von bedeutendem Einfluss auf die sogenannte Wiener Schule, entwirft das System einer Erkenntnis, die in ihrer Struktur ein Abbild der Tatsachen der Welt ist, jener Tatsachen, die zu beschreiben den Naturwissenschaften vorbehalten ist. Außerhalb der Naturwissenschaften gibt es keine eigentliche Erkenntnis, die man formulieren könnte; der berühmte Schlusssatz des Tractatus, von großem Einfluss auch für die Dichtung, lautet: „Wovon man nicht sprechen kann, darüber muss man schweigen." Nach dem Kriege gab Wittgenstein sein bürgerliches Leben auf, verschenkte sein Vermögen und lebte unter anderem als Volksschullehrer und Gärtnergehilfe. 1929 kam er nach Cambridge und unternahm, ohne etwas zu publizieren, den ungeheuren Versuch, die gesamte philosophische Tradition zu destruieren und letzten Endes die Philosophie gänzlich abzuschaffen. Niedergelegt ist dieser Versuch in seinen Tagebüchern und den postum veröffentlichten „Philosophischen Untersuchungen". In ungemein simpel klingenden und alltagssprachlich gefassten Aphorismen geht Wittgenstein jetzt immer wieder von der Sprache aus. Sprache ist für ihn der Komplex von einzelnen, mit einem glänzenden Ausdruck von ihm sogenannten „Sprachspielen", durch die wir die Wörter, ihre Bedeutung und damit die Welt kennen lernen. In Verkennung der Begrenztheit dieser Sprachspiele nun, behauptet Wittgenstein, legen wir, sozusagen aus Versehen, dann jenen „Sinn" in die Dinge, den sie selber gar nicht haben, der aber dann zum Gegenstand einer also ganz sinnlosen Philosophie wird. Abschaffung der Philosophie in Form von therapeutischer Sprachkritik. Hier liegt Wittgensteins große Bedeutung für die von ihm wesentlich mitgeprägte moderne Philosophie.

Martin Heidegger

*1889 † 1976

Der führende deutsche Philosoph, geboren 1889 in Meßkirch (Baden), studierte an der Universität Freiburg Theologie, Philosophie und Mathematik. Seine Lehrer waren Rickert, Heffter und vor allem Edmund Husserl. Im Jahr 1915 habilitierte er sich in Freiburg mit einer Arbeit über Duns Scotus („Die Kategorien- und Bedeutungslehre des Duns Scotus", 1916), kam 1923 als Professor nach Marburg und kehrte 1928 als Ordinarius und Nachfolger Husserls nach Freiburg zurück.

Heidegger war beeinflusst vom vorsokratischen Philosophieren (besonders Heraklit), von Augustinus, Kant, Hölderlin, Kierkegaard und Nietzsche. Neben Jaspers galt er aus Hauptvertreter der deutschen Existenzphilosophie, obwohl er selbst die Einordnung seines Denkens unter die Begriffe „Existenzphilosophie" und „Existenzialismus" als eine Missdeutung betrachtete.

Heideggers Denken kreist nicht primär um den Menschen, sondern um das Sein und den Bezug des Menschen zur Wahrheit des Seins. Allerdings beginnt Heidegger in seinem Hauptwerk „Sein und Zeit" (1927) mit der Grundlegung einer möglichen Ontologie, der fundamentalontologischen Erhellung des Wesens von Menschsein. Er interpretiert Dasein im Hinblick auf Zeitlichkeit und Zeit als transzendentalen Horizont der Frage nach dem Sein. Das „In-der-Welt-Sein" wird als Grundverfassung von Dasein in den Modus der Eigentlichkeit und Verfallenheit gefasst. In dieser existiert der Mensch in der Zerstreuung des „man". Erst aus der Rückkehr in die Eigentlichkeit und damit zugleich echte Zeitlichkeit gelangt er zu einem Selbstverständnis in den Grundbefindlichkeiten der Geworfenheit des Seins zum Tode, der Angst und Sorge. Die Grunderfahrung vom „Nichts" liegt nach Heidegger im Anschluss an Kierkegaard im Erleben der Angst. Das Sich-Ängstigen ist als Befindlichkeit eine Weise des In-der-Welt-Seins; das Wovor der Angst ist das geworfene In-der-Welt-Sein; das Warum der Angst ist das In-der-Welt-sein-Können. Das volle Phänomen der Angst zeigt demnach das Dasein (des Menschen) als faktisch existierendes In-der-Welt-Sein.

Das „Nichts" ist weder absolute Leere noch schlechthinnige Nichtigkeit, vielmehr Erfahrung des Seins selbst als des Anderen zu allem Seienden. Heidegger ist vom nihilistischen Denken Sartres oder Camus' ebenso weit entfernt wie von der Leugnung einer Transzendenz.

Die besondere Schwierigkeit des Hindenkens zum Sein besteht in „Sein und Zeit" und in „Vom Wesen des Grundes"

Bild linke Seite:
Der Sprachphilosoph Ludwig Wittgenstein erklärte das Verstehen sprachlicher (Fehl-) Leistungen zur Basis jeden Philosophieverständnisses.

Bild rechte Seite:
Martin Heidegger begründete die Fundamentalontologie als Kritik an der abendländischen Philosophie.

„Schiffe stranden an Felsen, menschliche Beziehungen oft schon an Kieselsteinen."

Edith Stein

(1929) darin, dass im noch unvermeidlichen Ansatz bei der herrschenden Metaphysik das Sein vom Seienden her gedacht wird. Der Vortrag „Vom Wesen der Wahrheit" (1943) wie der „Brief über den Humanismus" (1947) versuchen aus der Kehre von „Sein und Zeit", vom Sein selbst her zu denken. Dabei stellt die Sprache den ursprünglichsten Bezug des Seins zum Menschen her, und wie der Denker hat auch der Dichter darüber zu wachen („Hölderlin und das Wesen der Dichtung", 1936).

Wenn auch Heideggers Denken von Anfang an wissenschaftlichen und nach 1945 auch politischen Widerstand provoziert hat, nahm es an Ausstrahlung ständig zu. Das Jahr 1933 wurde zur Achillesferse im Leben Heideggers, weil sein damaliges eindeutiges Eintreten für den Nationalsozialismus das Bild des Denkers für die Zeitgenossen trübte und eine nicht endende Polemik um ihn ausgelöst hat (siehe dazu die Schrift von Paul Hühnerfeld „In Sachen Heidegger – Versuch über ein deutsches Genie", 1959, und Ö. Pöggeler „Der Denkweg Martin Heideggers", 1963). Auch Günther Grass setzte sich in „Hundejahre" (1962) mit dem Phänomen Heidegger kritisch auseinander, erfuhr aber deswegen selbst viel Widerspruch.

Von Heideggers Werken sind noch besonders anzuführen: „Vom Wesen des Grundes" (1929), „Kant und das Problem der Metaphysik" (1929), „Was ist Metaphysik?" (1929), „Holzwege" (1950), „Erläuterungen zu Hölderlins Dichtungen" (1951), „Was heißt Denken?" (1954), „Identität und Differenz" (1957) und eine umfangreiche zweibändige Monographie „Nietzsche" (1961). Sie fußt auf Vorlesungen, die Heidegger in den Jahren 1936 bis 1950 in Freiburg gehalten hat. Weiter schrieb Heidegger „Die Frage nach dem Ding" (1962), „Die Technik und die Kehre" (1962), „Wegmarken" (1967), „Zur Sache des Denkens" (1969), „Phänomenologie und Theologie" (1970). Heidegger starb 1976.

Edith Stein

* 1891 † 1942

Die in Breslau geborene Edith Stein stammte aus einer orthodoxen jüdischen Familie, studierte in Breslau, Göttingen und Freiburg Philosophie und war dort nach der Promotion Assistentin Edmund Husserls (1859–1938). Edith Stein konvertierte 1922, nachdem sie die Biographie der Theresia von Avila gelesen hatte, zum Katholizismus und trat wissenschaftlich 1929 mit einer Edition der Briefe von Kardinal Newman hervor. In ihren philosophischen Schriften (u. a. „Endliches und ewiges Sein", postum 1950) versuchte sie, eine Brücke zwischen Scholastik und der Husserlschen Phänomenologie zu schlagen. 1932 als Dozentin an die Pädagogische Akademie in Münster berufen, verlor sie schon 1933 diese Stelle wieder aufgrund des „Arierparagraphen", der die Entlassung aller Beamten jüdischer Herkunft verfügte, und trat dem Orden der Unbeschuhten Karmeliten in Köln bei, wo sie den Ordensnamen Teresia a Sancta Cruce erhielt. Als ihre Anwesenheit nach dem Pogrom der „Kristallnacht" vom 9./10. November 1938 zur Gefahr für das Kloster wurde, ging Edith Stein nach Echt in den Niederlanden. Im Januar 1942 nahm sie dort die SS erstmals fest und deportierte sie Anfang August 1942 als Antwort auf einen kritischen Hirtenbrief der niederländischen Bischöfe zusammen mit zahlreichen anderen Juden nach Auschwitz, wo sie gleich nach der Ankunft in der Gaskammer starb. Bereits 1933 hatte sie – vergeblich – eine Reaktion des Papstes auf das nationalsozialistische Gedankengut gefordert, damit „die Kirche Christi ihre Stimme erhebe, um diesem Missbrauch des Namens Christi Einhalt zu tun." – Papst Johannes Paul II. sprach Edith Stein anlässlich seines Deutschlandbesuchs 1987 selig. Weitere Werke der Philosophin: „Eine Untersuchung über den Staat" (1924), „Das Ethos der Frauenberufe" (1931), „Welt und Person" (herausgegeben 1962), „Beiträge zur philosophischen Begründung der Psychologie und der Geisteswissenschaften" (herausgegeben 1970).

Rudolf Carnap

* 1891 † 1970

Carnap (geboren in Ronsdorf, Rheinland, gestorben in Santa Monica, Kalifornien) gehörte lange Jahre zu den führenden Vertretern des „Wiener Kreises", einer philosophischen Schule, die sich 1929 um Moritz Schlick gebildet hatte und den logischen Positivismus begründete. Durch Theoretiker wie Otto Neurath, Hans Reichenbach, Ludwig Wittgenstein und Karl Popper gewann diese philosophische Richtung vor allem in der angelsächsischen Welt einen großen Einfluss. Im Jahr 1930 übernahm er eine Professur in Wien. Von 1931 bis 1936 lehrte er an der Universität Prag, dann emigrierte er in die USA und wirkte an den Universitäten von Chicago, Princeton und Berkeley.

Im Zentrum der Arbeiten von Carnap steht die Erforschung der logischen und erkenntnistheoretischen Grundlagen der Wissenschaften, insbesondere der Physik und Mathematik. Das beinhaltet eine radikale Kritik jeder Metaphysik. Eine solche versucht er in dem Buch „Scheinprobleme der Philosophie" (1928). In dem bedeutenden Werk „Der logische Aufbau der Welt" (1928) bemüht er sich um eine Erneuerung des Empirismus, um auf seiner Grundlage eine antimetaphysische Einheitswissenschaft, die Geistes-, Sozial- und Naturwissenschaften umfasst, aufzubauen. Die späteren Arbeiten Carnaps gelten der Logik und Semantik. Es ist allerdings noch nicht geklärt, ob sich durch die Einführung des Kalküls, einer logistischen Kunstsprache, die aus einem System von Zeichen und aus Regeln für die Anwendung dieser Zeichen besteht, die inhaltlichen Probleme der überlieferten Philosophie wirklich lösen lassen. Seit 1954 war Carnap Professor in Los Angeles.

„Metaphysik ist Lyrik in der Verkleidung einer Theorie. Sie ist bloßer Gefühlsausdruck, gibt sich aber durch die sprachliche Einkleidung in Behauptungssätze den Anschein, als gebe sie Erkenntnis. Bei der offiziellen Theologie und sonstigen Religionslehren mischen sich Aberglaube und Metaphysik."

Rudolf Carnap

Bild linke Seite:
Edith Stein, selbst gebürtige und zum Katholizismus konvertierte Jüdin, setzte sich beim Papst erfolglos für eine Enzyklika gegen die nationalsozialistischen Judenverfolgungen ein und starb im KZ Auschwitz-Birkenau.

„Zukunft – das war oft genug schon die Ausrede aller, die weder Vergangenheit noch Gegenwart hatten; und auch derer, die Vergangenheit und Gegenwart zu verbergen trachteten."

Ludwig Marcuse

Ludwig Marcuse

* 1894 † 1971

Der Kulturkritiker und Philosoph Ludwig Marcuse, geboren in Berlin, fällt in der zeitgenössischen Publizistik auf durch sein hartnäckiges Bekenntnis zu einem – wie er es nannte – „nachmarxistischen" Individualismus. Marcuse begann mit Biographien u. a. über Georg Büchner (1921), Ludwig Börne (1929) und Heinrich Heine (1932), die in ihrer Tendenz vom Studium des Marxismus beeinflusst sind. 1933 emigrierte er in die USA. Von 1940 bis zu seiner Rückkehr nach Deutschland 1963 war er Philosophieprofessor in Los Angeles. Sein späteres, vorwiegend essayistisches Schaffen zeigt zunehmend die Wendung zu einer Philosophie des Privaten („Pessimismus. Ein Stadium der Reife", 1953; „Obszön. Geschichte einer Entrüstung", 1962), die er in den beiden Autobiographien „Mein zwanzigstes Jahrhundert" (1960) und „Nachruf auf Ludwig Marcuse" (1969) untermauerte. Sein polemisches Talent bewies Marcuse in vielen literatur- und zeitkritischen Feuilletons.

Max Horkheimer

* 1895 † 1973

Der Sohn eines Stuttgarter Textilindustriellen absolvierte zunächst eine kaufmännische Lehre und begann dann Philosophie und Soziologie zu studieren. Seine Frankfurter Habilitation über Kant (1925) eröffnete Horkheimer die Universitätslaufbahn; 1930 erhielt er den Lehrstuhl für Sozialphilosophie an der Universität Frankfurt a. M. und leitete von da an zugleich das „Frankfurter Institut für Sozialforschung". In dem von ihm herausgegebenen theoretischen Organ des „Instituts für Sozialforschung", dem zur „Zeitschrift für Sozialforschung" (1932–1938) umgewandelten „Grünwaldschen Archiv für die Geschichte des Sozialismus und der Arbeiterbewegung", entwickelte Horkheimer in Zusammenarbeit mit Walter Benjamin, Theodor Wiesengrund-Adorno und später Herbert Marcuse u. a. seine „Kritische Theorie der Gesellschaften". Auf seinen Studien über die „Anfänge der bürgerlichen Geschichtswissenschaft" (1930) fußend, lehnte er sich mehr und mehr an die noch ohne praktische Dimension entwickelten Positionen der Frühschriften Karl Marx' an. Nach der Emigration, 1933, wurde Horkheimer das Werk Sigmund Freuds während des langjährigen Exils in den USA zum Wegweiser in die Problematik des Verhältnisses von Individual- und Gesellschaftsstruktur. Horkheimers Studien über „Autorität und Familie" (1936) wurden zur glänzenden Analyse des Repressionsmechanismus bürgerlicher Gesellschaft in der vermittelnden Institution der Familie. Aber neben derartigen konkreten Ausarbeitungen blieb Horkheimer immer an seiner grundsätzlichen Problematik fixiert: die Selbstzerstörung der Vernunft durch ihre Ausformung als platte, technische Rationalität. In „The eclipse of reason" (1947; deutsch: „Zur Kritik der instrumentellen Vernunft", 1967), „Dialektik der Aufklärung" (zusammen mit Th. W. Adorno, 1948) und besonders auch den vielfältigen Aufsätzen in „Kritische Theorie" (1968) diskutierte Horkheimer diese Thematik immer wieder. Die von ihm herausgegebenen „Studies in Prejudice" (1949/1950); „Studien über Vorurteile" mit der von Adorno u. a. erarbeiteten „Authoritarian Personality" („Autoritäre Persönlichkeit") waren ebenso wie die rein theoretischen Arbeiten Horkheimers in der deutschen Studentenrevolte vielbeachtet.

„Es gibt keine Definition der Philosophie. Ihre Definition ist identifiziert mit der expliziten Darstellung dessen, was sie zusagen hat."

Max Horkheimer

Bild rechte Seite:
Der Begründer der Frankfurter Schule (neben Theodor W. Adorno) und Hauptvertreter der Kritischen Theorie, Max Horkheimer, kritisierte die bürgerliche Gesellschaft und bildete eine logische Verbindung zwischen dem Kapitalismus und der Entstehung des Faschismus.

„Komfort, Geschäft und berufliche Sicherheit können in einer Gesellschaft, die sich auf und gegen nukleare Zerstörung vorbereitet, als allgemeines Beispiel versklavender Zufriedenheit dienen."

Herbert Marcuse

Herbert Marcuse

* 1898 † 1979

Nach einem Studium der Germanistik und Philosophie in seiner Heimatstadt Berlin und in Freiburg im Breisgau bei Martin Heidegger war er in den 1920er-Jahren Assistent Heideggers. Obwohl Marcuse schon zu dieser Zeit Marxist war – er veröffentlichte erstmalig die „Pariser Manuskripte" von Karl Marx –, ließ ihn doch die existenzontologische Grundkonzeption Heideggers nie wieder los. Die Habilitationsschrift von 1932 über „Hegels Ontologie und die Grundlegung einer Theorie der Geschichtlichkeit" zeigt dies überdeutlich. 1933 emigrierte Marcuse über die Schweiz nach den USA, wo er am New Yorker „Institute of Social Research" eng mit Max Horkheimer und Theodor W. Adorno zusammenarbeitete. Die kritische Aufarbeitung der Tradition in „Reason and Revolution. Hegel and The Rise of Social Theory" (1941; „Vemunft und Revolution", 1962) verhalf Marcuse weitgehend zu einer Lösung von seiner Vergangenheit. Im Rahmen der nach New York verpflanzten „Frankfurter Schule" gelang es ihm, in einem fruchtbaren Zusammensehen Marxscher und Freudscher Theoreme eine neue Theorie der Gesellschaft und der Selbstverwirklichung des Menschen in einer konkreten Utopie aufzuzeigen („Eros and Civilisation", 1955; „Triebstruktur und Gesellschaft"). Mit seinem „Sovjet Marxism" (1958; „Die Gesellschaftslehre des

sowjetischen Marxismus", 1964) schaltete er sich erfolgreich in die Revisionismusdiskussion ein. Die Ergebnisse seiner verschiedenen Arbeitsansätze präzisierte er in einer eigenen Theorie der Gesellschaft des Spätkapitalismus, „One-Dimensional Man" (1964; „Der eindimensionale Mensch", 1967), in der er die Integrationstendenzen des Spätkapitalismus betonte, der in seiner hochtechnologisierten Grundstruktur nur noch durch Protest und Verweigerung bekämpft werden könne. 1972 veröffentlichte er „Studies in Critical Philosophy" und „Counter-revolution and Revolt", 1975 „Zeitmessungen". Marcuse war zuletzt Professor an der Staatsuniversität von Kalifornien. Er starb in Starnberg.

Erich Fromm

* 1900 † 1980

Der Sozialpsychologe errang als Autor populärphilosophischer Werke einen hohen Bekanntheitsgrad. Fromm studierte und praktizierte die Psychoanalyse, die er in den 1930er-Jahren für den Marxismus theoretisch fruchtbar machte. Währenddessen gehörte er der Frankfurter Schule an, zu deren „Sozialforschung" er vor allem eine Untersuchung des „autoritären", sadomasochistischen Charakters beisteuerte. Er trat dafür ein, dass Gewalt für die Unterwerfung und Fügsammachung der Massen zwar unabdingbar, aber nicht hinreichend sei; vielmehr wirke die frühe Prägung durch den autoritären Vater in diesem Gehorsam nach. Im amerikanischen Exil kam es jedoch zur Trennung von den „kritischen Theoretikern", die im Gegensatz zu ihm auf einer „unrevidierten" Psychoanalyse beharrten. Fromms „Revision" bestand darin, dass er anders als Freud die Persönlichkeitsentwicklung nicht auf den Geschlechtstrieb zurückführte, sondern Einflüsse des kulturellen Umfeldes für ausschlaggebend hielt. Er prägte den Begriff des durch das Umfeld geprägten „Sozial-" oder „Gesellschaftscharakters" und schlug damit eine wichtige Brücke zwischen Soziologie, Sozialpsychologie und Charakterkunde. Fromm selbst war gewiss am stärksten in der jüdischen Kultur und Religion verwurzelt: einziges Kind eines orthodoxen Juden, langjähriger Talmud-Schüler, engagiert im jüdischen Lehrhaus zu Frankfurt. Seine Schriften, u. a. „Die Furcht vor der Freiheit" (1941) und „Haben oder Sein" (1976), geben zumindest indirekt Zeugnis von diesem Erbe.

Bild linke Seite:
Herbert Marcuse war einer der führenden Köpfe der kritischen Theorie, in deren Rahmen er die marxistische Gesellschaftskritik reflektiert weiterentwickelte.

Bild rechte Seite:
Die Autorität und Einflusskraft der Gesellschaft auf das Individuum war ein zentrales Thema Fromms.

Hans Georg Gadamer

* 1900 † 2002

„Ein Gespräch setzt voraus, dass der andere Recht haben könnte."

Hans Georg Gadamer

Als einer der wichtigsten Vertreter der philosophischen Hermeneutik gilt Gadamer seit der Veröffentlichung seines Hauptwerks „Wahrheit und Methode" (1960). Gadamer studierte Philosophie in Breslau bei Hönigswald, in Marburg bei Natorp und wurde dann entscheidend beeinflusst von Heidegger, als dessen Schüler er sich 1929 mit seiner Arbeit über „Platos dialektische Ethik" habilitierte. In Marburg blieb er als Privatdozent bis 1936 (mit einer Unterbrechung in Kiel), wurde dort auch Professor (1937), folgte aber 1939 einem Ruf nach Leipzig. Durch die Konzentration auf philosophiehistorische Arbeiten vermied er Konflikte mit dem nationalsozialistischen Regime, obwohl er auch Vorträge im 1940 gerade besetzten Paris hielt. Wohl aufgrund seiner Zurückhaltung wurde er 1946/47 Rektor in Leipzig, ging dann nach Frankfurt und Heidelberg, wo er als Nachfolger von Jaspers von 1949 bis zu seiner Emeritierung 1968 lehrte. In „Wahrheit und Methode" fasste Gadamer langjährige Studien zur Literatur und Philosophiegeschichte zusammen und formulierte anhand der Erfahrung von Kunst die abendländische Einstellung zur geistigen Tradition in eine Philosophie des Verstehens um. Verstehen ist für Gadamer nicht eine Technik der Aneignung fremden Gedankenguts, sondern eine existentiale Haltung des Subjekts überhaupt. Dabei verkehrte er die traditionelle Hermeneutik, die beim Verstehensprozess von der aktiven Aneignung ausging, und stellte den Charakter des Verstehens als ein Geschehen heraus, in dem das Subjekt von der Tradition angesprochen wird. Die Tradition bestimme den Horizont des Notverständnisses. Den Anspruch der Universalität der Hermeneutik kritisierte Habermas.

Jacques Lacan

* 1901 † 1981

Der französische Psychoanalytiker unterzog in seinen Arbeiten und Seminaren die Psychoanalyse Sigmund Freuds einer grundlegenden Neuinterpretation und Weiterentwicklung. Ihr Ausgangspunkt war Freuds Begriff des Unbewussten als unabhängige Struktur der Persönlichkeit und wichtigstem Baustein seiner Theorie des Subjekts. Lacan untersucht die Rolle der Sprache als Produktion des Unbewussten und bedient sich dabei sprachwissenschaftlicher Methoden. So werden Träume mit Mitteln der Rhetorik entziffert, Freuds Begriffe der Verschiebung und Verdichtung durch Metonymie bzw. Metaphern ersetzt. Diese Dekonstruktion des Subjekts hat weitreichende Folgen: da Sprache zwar eine symbolische Ordnung besitzt, das Subjekt sich aber unendlich darin einschreiben kann, wird es sich selbst nie inne werden. Eine der berühmtesten Konzeptionen Lacans ist zweifellos das „Spiegelstadium", das er unter anderem in „Das Spiegelstadium als Bildner der Ichfunktion" darlegte. Das Kleinkind beginnt nach dem ersten verständigen Blick in den Spiegel, ein vollständiges Bild von sich selbst von außen zu schaffen statt der Partialeindrücke einer Hand, eines Fußes usw. Diese neue Sicht setzt die zunehmende Entfremdung vom Selbst in Gang, da fortan das Ideal-Ich und das soziale Ich voneinander unterschieden werden.

„Ich denke, wo ich nicht bin, also bin ich, wo ich nicht denke."

Jacques Lacan

Bild linke Seite:
Hans-Georg Gadamer legte mit seinem Werk „Wahrheit und Methode" den Grundstein für die Entwicklung der philosophischen Hermeneutik.

Bild rechte Seite:
Caravaggios „Narziss" stellt das bei Jacques Lacan beschriebene „Spiegelstadium" bildhaft dar: Durch die Spiegelung erkennt das Kind sein ganzes Selbst, entfremdet sich aber zugleich von sich.

„Aber von allen politischen Idealen ist der Wunsch, die Menschen glücklich zu machen, vielleicht der gefährlichste. [...] Dieser Wunsch führt zu Utopismus und Romantizismus."

Karl Popper

Alfred Tarski

* 1902 † 1983

Der polnisch-amerikanische Mathematiker und Logiker wurde in Warschau geboren, wo er auch 1924 in Mathematik promovierte und zwei Jahre später Dozent wurde. 1939 emigrierte er in die USA. 1936 veröffentlichte er die berühmte Abhandlung „Der Wahrheitsbegriff in den formalisierten Sprachen", mit der er zum Begründer der Semantik wurde. Die semantische Methode besteht im Wesentlichen darin, die Beziehungen zwischen den Ausdrücken und den Objekten, die von ihnen bezeichnet werden, logisch zu diskutieren. Ein weiteres Arbeitsgebiet Tarskis, der in Oakland starb, war die Metamathematik, das Nachdenken über Theorien der Mathematik. Es gelang ihm, etwa die Begriffe Konsistenz, Vollständigkeit und Unabhängigkeit im Rahmen seiner Theorie zu definieren. Er gilt neben D. Hilbert als Mitbegründer der Metamathematik. Seine wichtigsten Arbeiten erschienen 1956 gesammelt unter dem Titel „Logic, Semantics, Metamathematics".

Karl Popper

* 1902 † 1994

Popper wurde in Wien als Sohn eines Rechtsanwalts und prominenten Freimaurers geboren, studierte Geschichte, Literatur, Medizin, Psychologie, Physik und Mathematik, erlernte das Tischlerhandwerk und arbeitete seit 1923 als Lehrer. 1928 promovierte Popper mit einer Arbeit „Zur Methodenfrage der Denkpsychologie", die er in erweiterter Form unter dem Titel „Logik der Forschung" 1935 als Buch erscheinen ließ. Mit seiner Familie ging Popper anschließend nach England und wurde 1937 Privatdozent im neuseeländischen Christchurch, wo 1944 sein philosophisch-soziologisches Hauptwerk „Die offene Gesellschaft" erschien. Seit 1949 Professor in London, wurde Popper 1964 geadelt und beeinflusste mit seinen – antimarxistischen – Schriften (u. a. „Das Elend des Historismus", 1957; „Objektive Erkenntnis", 1972; „Auf der Suche nach einer besseren Welt", 1984) nachhaltig die zeitgenössische philosophische Diskussion. Sein Ansatz wird als Kritischer Rationalismus bezeichnet, der von der Unbeweisbarkeit induktiv gewonnener wissenschaftlicher Erkenntnisse ausgeht. Von einer Theorie könne bestenfalls gesagt werden, dass sie bisher alle Versuche von Gegenbeweisen (Falsifikation) überstanden haben. Eine tatsächliche Verifizierung, also Belegung einer Theorie als „wahr" sei unmöglich.

Theodor W. Adorno

* 1903 † 1969

Geboren in Frankfurt am Main, gehörte Adorno mit seinen Freunden Max Horkheimer, Ernst Bloch und Herbert Marcuse zu den marxistischen Denkern der Gegenwart. Seine Kritik an den Formen der Gesellschaft hat ein breites Echo gefunden und ist von vielen deutschen Schriftstellern aufgegriffen worden. Auch die Argumente der radikalen Studentengruppen hat Adorno, wenngleich unabsichtlich, mit beeinflusst.

Seit 1930 gehörte Adorno neben Horkheimer und Herbert Marcuse dem Frankfurter Institut für Sozialforschung an, das unter Verarbeitung von Ansätzen aus der Psychoanalyse und dem Marxismus eine eigenständige Sozialphilosophie zu entwickeln versucht. 1931 war er Dozent an der Frankfurter Universität. 1933 emigrierte Adorno in die USA und kehrte erst 1950 nach Frankfurt a. M. zurück, wo er als Professor für Philosophie und Soziologie wirkte. 1961 erregte seine Kontroverse mit dem Neupositivisten Popper in wissenschaftlichen Kreisen Aufsehen. Adorno polemisierte in seinem Essay „Jargon der

Bild linke Seite:
Lacan sah das Unbewusste nach denselben Pinzipien wie die Sprache strukturiert, Ihre symbolische Ordnung sei daher maßgeblich für die Prägung und Entwicklung des Individuums.

Bild rechte Seite:
Karl Popper begründete mit seinen erkenntnistheoretischen und sozialphilosophischen Arbeiten den kritischen Rationalismus.

„Wählen ist ein Mittel, die Schuld an gewissen Zuständen auf andere abzuwälzen. Die Gewählten sind keine Herrscher, sondern Sündenböcke. Und die Leute laufen so gern an die Wahlurnen, um das immer wieder bestätigt zu finden."

B.F. Skinner

Eigentlichkeit" auch scharf gegen die Philosophie Martin Heideggers, in der er die philosophische Gestalt und Sprache des Nationalsozialismus erblickte: „In ihr äußert das fortschwelende Unheil sich so, als wäre es das Heil". Der orthodoxmarxistische Philosoph Georg Lukacs wirft Adorno vor, er überlasse sich einem komfortablen Nihilismus, der Ideologie des „Grandhotel Abgrund". Seine wichtigsten Schriften sind: „Dialektik der Aufklärung" (1947 zusammen mit Max Horkheimer), „Minima Moralia" und „Negative Dialektik". Adorno war außerdem ein bedeutender Musiksoziologe. Er studierte bei Alban Berg Komposition und mit seiner „Philosophie der neuen Musik" (1949) leistete er den wohl wichtigsten Beitrag zur Musikdiskussion der Gegenwart. Musikalisch wie auch literarisch ergreift er für avantgardistische Werke Partei. Adorno komponierte selbst und beriet Thomas Mann musikalisch beim Roman „Doktor Faustus". Er starb in Visp im Kanton Wallis.

Burrhus Frederic Skinner

* 1904 † 1990

Der in Susquehanna/Pennsylvania geborene amerikanische Psychologe gilt als einer der Väter der Lerntheorie. Er begann 1930 an Tieren (Mäusen, Ratten, Tauben) die Bedingungen zu untersuchen, unter denen sie bestimmte Verhaltensweisen, z. B. das Drücken eines Hebels, lernen. Sie wurden dazu in der „Skinner-Box", einem Versuchskäfig, isoliert. Skinner unterschied zwischen reaktivem (durch einen Reiz ausgelöstem) und spontanem Verhalten, das er in der Folge untersuchte, weil er glaubte, dass es den natürlichen Lernbedingungen eher entspricht. Dabei fand er, dass eine spontane (zufällige) Handlung dann wiederholt wird, wenn man sie unmittelbar nach dem Auftreten durch Belohnung, z. B. Futter, verstärkt. Die Anzahl der Reaktionen hängt von der Belohnungsmenge, der Belohnungshäufigkeit und anderen Variablen ab, deren gesetzmäßige Zusammenhänge Skinner und seine Schüler seither in zahlreichen einfallsreichen und exakten Experimenten erforschten. Diese operante Konditionierung im Unterschied zur klassischen Konditionierung des Iwan Pawlow zeigt unter anderem, dass positive Verstärkung weit wirkungsvoller ist als negative. Skinners Lerngesetze finden heute in der Verhaltenstherapie und beim „programmierten Lernen" Anwendung.

Karl Rahner

* 1904 † 1984

Als Konzilstheologe, Dogmatiker und Religionsphilosoph, der Tradition ebenso verpflichtet wie dem Anspruch der Zeit, hat Rahner das gegenwärtige Selbstverständnis des Katholizismus entscheidend mitgeprägt. Frucht der Lehrtätigkeit des Jesuiten, Heidegger-Schülers und mehrfachen Ehrendoktors in Innsbruck, München und Münster sind über 1.600 Veröffentlichungen, darunter „Geist in Welt", „Hörer des Wortes", „Schriften zur Theologie". Als Mitherausgeber zeichnete er für mehrere Standardwerke, u. a. das „Lexikon für Theologie und Kirche", verantwortlich. Ein Interesse ermöglichte diese Vielfalt der Themen und integrierte sie zugleich zu einem neuen Gesamtentwurf der Theologie: das Interesse am Menschen als dem Partner Gottes, der „reine Verwiesenheit auf Gott" ist, in dem allein aber auch Gott die Welt als eigenes Schicksal angenommen hat. Dieses Engagement bewog Rahner ebenso zu heftigen Attacken gegen „innerkirchliche Arroganz" und die Naivität mittelmäßiger Theologie, wie es ihn zum sensiblen Eingehen auf außerkirchliche und außerchristliche Bemühungen um den Menschen befähigte.

Jean-Paul Sartre

* 1905 † 1980

Der in Paris geborene Philosoph, Essayist, Romancier und Dramatiker hat sich im Laufe seiner von vielfältigen Brüchen gekennzeichneten Entwicklung mehr und mehr als Vermittler zwischen den seit der Niederschlagung der Pariser Kommune bestehenden zwei Lagern der französischen Gesellschaft erwiesen. Wie Sartre ['sart(r)] in seiner Autobiographie „Les mots" (1963; „Die Wörter", 1965) darlegte, bereitete seine Kindheit den Rückzug auf die Produktivität schriftstellerischer Existenz als Rechtfertigung des eigenen Personseins vor. An der französischen Eliteschule École Normale Supérieure graduierte Sartre 1929. Aus der Schule Henri Bergsons kommend, wurde Sartre Philosophielehrer an höheren Schulen (1931–1940). Ein Stipendium in Berlin (1933/34) eröffnete ihm den Zugang zur Existentialontologie Heideggers und zur Phänomenologie Husserls. Auch die Gedankenwelt des Dialektikers Hegel stellte sich ihm fordernd vor. In dem neu gewonnenen Raster philosophischer Erfahrungen sah er die Abwehr

Bild linke Seite: Theodor W. Adorno begründete gemeinsam mit Max Horkheimer die Frankfurter Schule, die sich kritisch mit der Theoriebildung auseinandersetzte.

Bild rechte Seite: Der Existenzialismus wurde entscheidend durch den Schriftsteller und Philosophen Jean-Paul Sartre geprägt.

„Wenn zwei Philosophen zusammentreffen, ist es am vernünftigsten, wenn sie zueinander bloß Guten Morgen sagen."

Jean-Paul Sartre

Bild rechte Seite: Hannah Arendt, eine der bedeutendsten Vertreterinne politischer Philosophie der Moderne, sah die Menschen im politischen Bereich als grundsätzlich gleichberechtigt an. Die Mitwirkung und Einflussnahme des Einzelnen auf den politischen Prozess beurteilte sie als wichtigstes Element einer menschengerechten politischen Ordnung.

der deutschen Invasion, seine Kriegsgefangenschaft und die Tätigkeit (ab 1941) im Widerstand gegen die Besatzungstruppen. Das Erlebnis der Freiheit im Kampf gegen die Unterdrücker gewann zunächst nur stärker individualisierende Züge. Das Nicht-Solidarische eines Kampfes, der nur die Befreiung von einem Fremdherrscher zum Ziel hatte, drückte sich in der neuen Philosophie Sartres aus, die er in seinem theoretischen Hauptwerk „L'être et le néant" (1943; „Das Sein und das Nichts", 1952) niederlegte: Seinen Existentialismus verstand er als Philosophie der radikalen Freiheit des auf sich selbst gestellten Menschen. Die Auseinandersetzungen um die Schrift „L'existentialisme est un humanisme" (1946; „Ist der Existentialismus ein Humanismus?", 1947) spiegeln die Positionen der Kritiker wider. Sartre hielt an der neu gewonnenen Auffassung eines durch den Faschismus verunsicherten Intellektuellen trotz der Einwände von marxistischer und „abendländischer" Seite lange Zeit fest. Als Dramatiker propagierte er seine neue These. Zentrales Thema seiner prallen, effektstarken Dramen war stets die Entscheidung des Menschen zum Selbst- und Freisein wie in „Les mouches" (1942; „Die Fliegen", 1943). „Huis-clos" (1944; „Geschlossene Gesellschaft", 1944) und „Morts sans sépulture" (1947; „Tote ohne Begräbnis", 1949) sind Lehrstücke der Auseinandersetzung und des Konflikts zwischen Einzelnen, denen die Notwendigkeit ihrer Freiheit bedrohlich wird. In der zunehmend sozialkritischen Färbung seiner Stücke ließ sich ablesen, dass Sartre sich nicht damit bescheiden konnte, aus der Situation des französischen Widerstands zu schöpfen. „La putain respectueuse" (1946; „Die ehrbare Dirne", 1952) spielt in der Szenerie US-amerikanischer Südstaaten. In „Les mains sales" (1948; „Die schmutzigen Hände", 1948) setzte er sich mit dem Problem von individueller Freiheit und Disziplin innerhalb klassenkämpferischer Parteien auseinander. Die Gründung der literarisch-politischen Revue „Les temps modernes" (1945) und des „Rassamblement Démocratique Révolutionnaire" (RDR; 1948) waren erste Schritte zur Bewältigung aktueller politischer Fragen der Nachkriegszeit. Sartres Kritik traf sowohl die stalinistisch verkommene Politik der UdSSR als auch die zunehmend neokolonialistische Politik der Westmächte. Die Kritik an der Algerienpolitik (Vorwort zu Frantz Fanon: „Die Verdammten dieser Erde", 1961; deutsch 1966) brachte ihm ein Bombenattentat der Rechtsextremisten ein. Sartres Freunde Merleau-Ponty und Albert Camus setzten sich von ihm ab, als er versuchte, sein Verständnis für die Probleme der UdSSR und der VR China zu erweitern. Der Versuch, den Existentialismus als subjektive Komponente der als objektiv richtig anerkannten Theorie des Marxismus zu integrieren, trat in den 1960er-Jahren in den Vordergrund. Sartre verstand sich mehr und mehr als Marxist. Den ihm 1964 zugesprochenen Nobelpreis für Literatur lehnte er ab, um seine Integration in den kapitalistischen Literaturverwertungsbetrieb zu verhindern. Mit der „Critique de la raison dialectique" (1960; „Kritik der dialektischen Vernunft", 1966) versuchte er eine Abrechnung mit der existentialistischen und objektivistisch-marxistischen Position. In der französischen Mai-Revolte 1968 bezog er die Seite der revolutionären Kräfte und wandte sich gegen den Gaullismus und die KPF. Im Vietnamtribunal B. Russells trat Sartre als Ankläger der „kriegsverbrecherischen Politik der USA in Vietnam" auf. Selbst in seinem literarischen Werk versuchte Sartre nunmehr von klassenkämpferischer Analyse auszugehen, wie seine Arbeit über Flaubert „L'idiot de la famille" (ab 1971) zeigt. 1976 veröffentlichte Sartre den 10. Band seiner „Situationen". Nachdem sein öffentliches Engagement auch für radikale Vertreter der linken Szene (u. a. auch in der BR Deutschland) großes Aufsehen erregt hatte, zog er sich ab Mitte der siebziger Jahre immer mehr zurück. 1980 ist Jean-Paul Sartre in der französischen Hauptstadt gestorben.

Hannah Arendt

* 1906 † 1975

Arendt (geboren in Hannover, gestorben in NewYork) hat mit Arbeiten über den Totalitarismus bedeutende Beiträge zur politischen Soziologie geliefert. Nach ihrer Promotion zum Dr. phil. bei dem Heidelberger Philosophen Karl Jaspers emigrierte sie 1933 nach Frankreich und kam 1941 in die USA. Dort arbeitete sie als Verlagslektorin, daneben wirkte sie führend in verschiedenen jüdischen Organisationen mit und lehrte an den Universitäten Berkeley, Princeton, Columbia, Chicago, seit 1967 an der „New School for Social Research" in NewYork. Hanna Arendts bekanntestes Werk, „Elemente und Ursprünge totaler Herrschaft" (deutsch 1955, englisch 1951), verfolgt die Entstehung der totalitären Systeme von ihren Anfängen im 19. Jahrhundert her: Die Umwandlung der traditionell-christlichen Judenfeindschaft in die antisemitische Rassenideologie, die Auflösung der Klassengesellschaft in den „imperialistischen Mob" aus kolonialen Abenteurern und Gefolgsleuten der nationalistischen Verbände, die Auflösung des Nationalstaats, die gleichermaßen erkennbar wird in der imperialistischen Eroberungspolitik wie auch in politischen Theorien, die im Staate nur mehr ein Machtinstrument sehen. Das Muster des totalitären Systems entwirft Hannah Arendt in einer Parallelbeschreibung des nationalsozialistischen und des stalinistischen Regimes, deren gemeinsames Wesen sie im Terror erblickt. Der Erkenntniswert des Totalitarismus-Begriffs ist in den Sechzigerjahren von vielen Forschern bestritten worden. 1963 hat Hannah Arendt mit ihrem Bericht vom Eichmann-Prozess in Jerusalem eine scharfe Kontroverse in der Öffentlichkeit entfacht. Sie vertrat die These, die Judenräte in den besetzten Ländern hätten den Massenmord durch ihre Zusammenarbeit mit den Nazis erleichtert. 1963 veröffent-

„So läuft der Unterschied zwischen traditionellen und modernen Lügen im Grunde auf den Unterschied zwischen Verbergen und Vernichten hinaus."

Hannah Arendt

Bild linke Seite: Der französische Strukturalismus erhielt entscheidende Impulse durch Claude Lévi-Strauss, der das menschliche Miteinander als Austausch von Zeichen und Symbolen verstand.

lichte sie ein Buch „Über die Revolution", deutsch 1965. Gegenüber den sozialen Ursachen hebt sie das politische Motiv der neueren Revolutionen hervor: den Wunsch der Menschen nach Teilnahme und Mitentscheidung in den öffentlichen Angelegenheiten.

„Ein Weiser gibt nicht die richtigen Antworten, sondern er stellt die richtigen Fragen."

Claude Lévi-Strauss

Maurice Merleau-Ponty

* 1908 † 1961

Der französische Philosoph sprach für einen Humanismus, der sich keinem Lager anschloss und der alle politischen Konfrontationen des Kalten Krieges für falsche Kämpfe hielt. „Ist es denn unsere Schuld, wenn der westliche Humanismus verfälscht wird, weil er eben auch eine Kriegsmaschine ist? Oder wenn das marxistische Unternehmen nur dadurch überleben konnte, dass es seinen Charakter änderte?" Mit Sartre gründete er „Les Temps Modernes", sie kannten sich aus der Résistance und waren beide Schüler Husserls und Heideggers. Als Frankreich prowestlich Partei ergriff, optierte Sartre prosowjetisch. Das veranlasste Merleau-Ponty, die Zusammengehörigkeit von Marxismus und Terror daraufhin zu prüfen, ob Terror situationsbedingt war oder schon die Politik korrumpiert hatte. Existentialismus „im Sinn von paradox, Trennung, Angst und Entscheidung" ist der Ausdruck einer aus den Fugen geratenen Welt. Die Geste seiner Philosophie besteht in der Weigerung, diese Situation als Niederlage der Vernunft zu akzeptieren. Sich für die Erfahrung „des anderen als Alter ego" offen zu haltend kennzeichnet sein Werk.

Claude Lévi-Strauss

* 1908 † 2009

Der Ethnologe und Anthropologe gilt als Begründer und Hauptvertreter des französischen Strukturalismus. Ausgangspunkt dieses in Anknüpfung an die Strukturale Linguistik und die Psychoanalyse

Sigmund Freuds entwickelten methodischen Ansatzes ist die Auffassung, dass alle kulturellen Phänomene (z. B. Ökonomie, Religion, Kunst) Zeichensysteme sind, deren innere Struktur jeweils vom „Unbewussten" geschaffen wird. Lévi-Strauss' Einführung des Strukturalismus in die Ethnologie und Anthropologie („Die elementaren Strukturen der Verwandtschaft", 1945; „Strukturale Anthropologie", 1958) wurde motiviert durch die Abwertung, die die Naturvölker durch die europäischen Völker erfuhren („Traurige Tropen", 1955). Dementsprechend bemüht sich Lévi-Strauss, den Mythos der primitiven Völker als eine andere, gegenüber dem wissenschaftlichen Denken gleichwertige Ausdrucksform menschlichen Geistes zu rehabilitieren („Das wilde Denken", 1962). Der Primitive denkt in konkreten Bildern, die er der Natur und dem sozialen Leben entnimmt. Lévi-Strauss' Werk fußt v. a. auf Untersuchungen zu den Indianern.

Carl Friedrich Freiherr von Weizsäcker

* 1912 † 2007

Der Naturwissenschaftler und Philosoph wurde in Kiel geboren. Er promovierte an der Universität Leipzig. 1942 wurde von Weizsäcker zum Professor an der Universität Straßburg berufen. In den beiden letzten Jahren des Zweiten Weltkrieges

„Es ist nützlich, wenn wir lernen, uns über die richtigen Dinge zu wundern."

Carl Friedrich Freiherr von Weizsäcker

Bild linke Seite unten: Der französische Strukturalismus erhielt entscheidende Impulse durch Claude Lévi-Strauss, der das menschliche Miteinander als Austausch von Zeichen und Symbolen verstand.

Bild rechte Seite: Für Carl Friedrich von Weizsäcker rückte nach dem Zweiten Weltkrieg die Frage nach Ethik und Moral der Naturwissenschaften in den Vordergrund.

Bild linke Seite: Albert Camus Grundgedanke war das Absurde: die Einsicht, dass der sinnstrebende Mensch in der sinnleeren Welt mit all ihrem Leid und Elend stets der „Fremde" sein wird, dem kein Gott helfen wird.

Bild rechte Seite: Louis Althusser gilt als einer der einflussreichsten marxistischen Philosophen des 20. Jahrhunderts.

forschte er am Kaiser-Wilhelm-Institut für Physik in Berlin und Hechingen. Nach der Neuerrichtung als Max-Planck-Institut für Physik in Göttingen übernahm er dessen Leitung im Jahre 1947. Zu seinen wichtigsten Arbeiten über Astro- und Kernphysik gehören „Die Atomkerne" (1937) und „Kosmogonie" (1949). In seinen physikalischen Werken entwickelte er unter anderem Hypothesen über die Energieerzeugung in den Sternen und über die Entstehung des Weltalls. Seiner Beschäftigung mit naturphilosophischen Fragen wegen lehrte Weizsäcker in den Jahren 1957 bis 1969 an der Universität Hamburg als Professor für Philosophie. Aus dieser Zeit stammen die Veröffentlichungen „Die Verantwortung der Wissenschaft im Atomzeitalter" (1957) und „Der Weltfriede als Lebensbedingung des technischen Zeitalters" (1967). 1970 bis 1980 leitete von Weizsäcker in Starnberg das Max-Planck-Institut zur Erforschung der Lebensbedingungen der wissenschaftlich-technischen Welt und beschäftigte sich dabei intensiv mit Fragen der Friedensforschung.

Albert Camus

*1913 †1960

Camus (geboren in Mondov/Algerien, gestorben in Sens) fand, das Leben habe keinen Sinn. Doch die Einsicht in die tragische Absurdität des Daseins hinderte Albert Camus nicht, dieses Dasein „zu bejahen bis in seine Leiden". Gerechtigkeit und Menschenliebe galten dem 1957 mit dem Nobelpreis ausgezeichneten Verfasser bedeutender Romane, Erzählungen, Theaterstücke und philosophischer Essays als höchste Tugenden. Neben Jean-Paul Sartre, mit dem ihn bis zu einer spektakulären Kontroverse im Jahre 1952 eine enge Freundschaft verband, war er der einflussreichste Schriftsteller im Frankreich der Nachkriegszeit.

Nachdem Camus Philosophie in Algier studiert hatte, gründete er die Theatergruppe „L'Équipe", in der er als Regisseur und Schauspieler tätig war. Ab 1938 schrieb Camus Kommentare für liberale Zeitungen. 1939 ging er als Journalist nach Frankreich. Er schloss sich der Widerstandsbewegung an und wurde Chefredakteur der Zeitung „Combat".

Sein erstes Meisterwerk legte Camus 1942 mit dem Roman „L'Étranger" („Der Fremde", 1948) vor. Meursault, der junge Held des Buches, existiert in einer Welt der Gleichgültigkeit und Indifferenz, in der dem Menschen jedes Maß entzogen ist, wonach er Wert oder Unwert einer Handlung unterscheiden könnte. Noch im gleichen Jahr veröffentlichte Camus seinen berühmten philosophischen Traktat „Le Mythe de Sisyphe" („Der Mythos von Sisyphos", 1958). Sein Versuch über das Absurde kreiste um die zentrale Frage, „ob das Leben sich lohne oder nicht". Camus stellte fest, das widersinnigste Phänomen des Daseins ohne Gott und ewige Wahrheiten sei der Tod. Gegen ihn und seine dienstbaren Geister (Gewalt, Despotie und Unterdrückung) müsse der Mensch sich auflehnen. Von dieser Auflehnung sprach auch die 1951 erschienene Arbeit „L'Homme Révolté" („Der Mensch in der Revolte", 1953).

Als Moralphilosoph zeigte sich Camus in seinen weiteren erzählerischen und dramatischen Werken. Für das Theater hatte er bereits 1938 „Caligula" geschrieben, ein Drama über ein Experiment der absoluten Freiheit, die in das absolute Nichts führt. Es wurde jedoch erst 1944 uraufgeführt, kurz nach seinem zweiten Stück, „Le Malentendu" („Das Missverständnis"). Es folgten „L'État de Siège" („Der Belagerungszustand", 1948), ein Aufruf gegen jegliche Diktatur, und „Les Justes", („Die Gerechten", 1949), ein Drama über Notwendigkeit und Ethik der Revolution. Unter den erzählerischen Werken fand der allegorische Widerstandsroman „La Peste" (1947; „Die Pest", 1948) besondere Beachtung. Die letzte Arbeit des Schriftstellers, dem eine Pariser Zeitung in ihrem Nachruf bescheinigte, dass er trotz seiner Philosophie des Absurden von den Menschen „geliebt" worden sei, war das Drama „Les Possédés" („Die Besessenen", 1959) nach dem Roman „Die Dämonen" von Dostojewski. Am 4. Januar 1960 kam Albert Camus bei einem Autounfall in der Nähe von Sens ums Leben.

Louis Althusser

* 1918 † 1990

Der bedeutendste Marxist unter den französischen Strukturalisten wendete vor allem die Wissenschaftstheorie Gaston Bachelards auf die Marx-Lektüre an. Er kam dabei zu folgendem Befund: Karl Marx habe sich um 1845 von dem „Humanismus" seiner philosophisch-ökonomischen Frühschriften scharf in der Denkweise abgewandt; diesen „epistemologischen Bruch" habe er vollzogen, um vom Geist der Ideologie zum Geist der Wissenschaft fortzuschreiten, der seine spätere Analyse

„Jede einem Menschen zugefügte Beleidigung, gleichgültig, welcher Rasse er angehört, ist eine Herabwürdigung der ganzen Menschheit."

Albert Camus

„Die Macht ist ein produktives Prinzip in der Gesellschaft. Sie bringt Wissen hervor, erschafft durch ihre Kontrolle das Individuum und ganze Institutionen und Techniken."

Michel Foucault

der kapitalistischen Produktionsverhältnisse auszeichne. Althusser griff damit indirekt den Existentialismus Jean-Paul Sartres an, dessen „humanistischer Marxismus" hinter der von Marx in Gang gesetzten „wissenschaftlichen Revolution" zurückbleibe. Den Beitrag der Psychoanalyse, besonders ihre Weiterführung durch Jacques Lacan, schätzte er indessen hoch ein, denn sie habe sich durch ihre geistige Nähe zu einem subjektlosen Strukturalismus wissenschaftlich qualifiziert. Seit Ende der 60er Jahre betonte Althusser mehr die praktische Komponente des Marxismus: die gesellschaftspolitische Auseinandersetzung. Unter marxistischer Philosophie verstand er jetzt nicht mehr so sehr die einsame Spitze eines überlegenen wissenschaftlichen Standpunkts, sondern eher eine „Theorie im Klassenkampf", die den „Klassenkampf in der Theorie" täglich zu bestehen habe. Die Kommunistische Partei Frankreichs, deren Mitglied er war, begleitete er äußerst kritisch. Seine letzten Jahre verbrachte er unter psychiatrischer Aufsicht.

Michel Foucault

* 1926 † 1984

Der französische Psychologe und Philosoph war zugleich ein politisch und sozial engagierter Intellektueller. Foucault lehrte in den 1960er-Jahren unter anderem in Clermont-Ferrand und in Tunis, seit 1970 dann am Collège de France in Paris. Er widmete sich vor allem der „Geschichte der Denksysteme" (so die Bezeichnung seines Lehrstuhls), die er aber in einem weiten Sinn mit der Geschichte des Wissens und der Wissenschaften gleichsetzte. Mit seiner Studie über „Wahnsinn und Gesellschaft" (1961) wurde Foucault als Kritiker des modernen Vernunftbegriffs bekannt. Foucault beleuchtete darin über die Jahrhunderte die Ausprägung dessen, was in der Gesellschaft als „Wahnsinn" galt. Die analysierende und behandelnde Wissenschaft der neuzeitlichen Psychiatrie wurde von ihm als eine diskursive und zugleich praktische Ausgrenzung der „Irren" dargestellt. 1966 legte Foucault sein vieldiskutiertes Werk „Die Ordnung der Dinge" vor, in dem er die Humanwissenschaften des 19. und 20. Jahrhunderts aus dem Bruch mit älteren Typen der Wissensverarbeitung erklärt. Die Wissenschaften sammelten weniger Wissen, als dass sie die Koordinaten vorgaben, innerhalb derer etwas als richtig oder falsch, diskutierbar oder verstehbar galt. Seine von Nietzsche beeinflusste Kritik des rationalen Denkens formalisierte er 1969 in der „Archäologie des Wissens" und in seiner Antrittsvorlesung „Die Ordnung des Diskurses" (1970). In den 70er-Jahren veröffentlichte er Studien zur Geschichte des Gefängnisses und des modernen Strafvollzugs („Überwachen und Strafen", 1975) und entwickelte Thesen zu einer Philosophie der Macht, die ohne die klassischen Begriffe der Gegnerschaft und des Konflikts auskommen sollte. Im gleichen Zeitraum begann er seine „Geschichte der Sexualität", die er erst im Jahr seines Todes fortsetzte. Foucault wehrte sich zeitlebens, als Strukturalist zu gelten, und seine späten Überlegungen zur Selbstkonstitution des Subjekts belegen sein grundsätzlich ethisches Interesse.

Avram Noam Chomsky

* 1928

Der amerikanische Linguist gab der strukturellen Linguistik durch die Konstruktion der generativen Transformationsgrammatik entscheidende Impulse (Syntactic Structures, 1957). Seine Linguistik beruht auf der Unterscheidung der Sprachkompetenz (Tiefengrammatik) und der Realisierung dieser Fähigkeit (Oberflächenstruktur), der Performanz. Die Sprachkompetenz stellt ein Potenzial dar, das den Sprechern aller Sprachen gemeinsam, aber auf die Spezies Mensch beschränkt ist. Diese Kompetenz hat v. a. einen kreativen Aspekt: Durch sie lassen sich ständig neue Sätze generieren, die dem bisherigen Satzbestand noch nicht angehören. Außerdem können dadurch ganz neue Sprachen eingeübt werden. Das Kind erlernt seine Muttersprache sehr schnell und mit auffallender Leichtigkeit. Chomsky folgert daraus, dass alle Menschen über die Sprachfähigkeit (Universalgrammatik) wie über angeborene Ideen verfügen. Dazu gehören insbesondere beschreibbare syntaktische Strukturkomponenten mit Transformationsregeln zur Generierung von Sätzen und syntaktische Kategorien wie Eigenname, Satz und Verb.

Bild linke Seite:
Michel Foucault entwickelte die strukturelle Linguistik bedeutend weiter.

Bild rechte Seite:
Avram Noam Chomsky begründete die Kognitionswissenschaft.

„Dieselben Konstellationen, die den Einzelnen in die Neurose treiben, bewegen die Gesellschaft zur Errichtung von Institutionen."

Jürgen Habermas

Jürgen Habermas

* 1929

Der kritische Gesellschaftstheoretiker streitet für die demokratische Utopie einer „zwanglosen Kommunikationsgemeinschaft". Ein wegweisendes Befreiungserlebnis hatte der junge Habermas, als 1945 mit der deutschen Kapitulation der Zweite Weltkrieg endete und die westlichen Besatzungsmächte eine „Umerziehung" nach modernem Demokratieverständnis durchführten. Mitte der 50er Jahre nahm er Verbindung zur Frankfurter Schule auf, deren Gesellschaftskritik ihn zunächst in anthropologischer Hinsicht faszinierte. Mehr und mehr widmete er jedoch dem „Studium der Gegenwart" seine Aufmerksamkeit, ähnlich wie es seinerzeit Karl Marx mit der Analyse der Produktionsverhältnisse betrieben hatte. Doch wurde für Habermas weniger die Arbeit als die Kommunikation zur grundlegenden Kategorie gesellschaftlichen Handelns, und dem gemäß zeichnete er auch eine andere Leitlinie für die Emanzipation von sozialer Herrschaft. Seine „Theorie des kommunikativen Handelns" stellt damit zwar einen Gegenentwurf zum orthodoxen Marxismus dar, doch unterstrich er zugleich dessen Praxisorientierung. Hierin vermochte ihm die ältere Generation der Frankfurter Schule, soweit sie zu einem tiefen Geschichtspessimismus gelangt war, nicht mehr zu folgen. Anregungen für die erneuerte Einheit von Theorie und Praxis hatte Habermas nicht zuletzt vom amerikanischen Pragmatismus bezogen. Seine Position hat er in Auseinandersetzungen u. a. mit der „positivistischen" (Popper) und der „funktionalistischen" (Luhmann) Soziologie und jüngst mit der Postmoderne verdeutlicht.

Jacques Derrida

* 1930 † 2004

Der Interpret der philosophischen Tradition unter den französischen Postmodernen trat zuerst mit Arbeiten über Husserl hervor. Die Aktualität des Phänomenologen besteht für Derrida in dem Anspruch auf eine streng wissenschaftliche Methode des Philosophierens, wie ihn, linguistisch gewendet, auch der damals herrschende Strukturalismus (Saussure, Levi-Strauss, Barthes) vertritt. Dagegen nimmt Derrida die Einwände auf, die Heidegger schon gegen seinen Lehrer Husserl geltend gemacht hatte. So weist Derrida darauf hin, dass jede objektivierende Feststellung eines Sachverhalts ein erkennendes Subjekt voraussetzt, welches sich selbst ständig

„Sobald es Sprache gibt, betritt auch die Verallgemeinerung die Bühne."

Jacques Derrida

Bild linke Seite:
Jürgen Habermas' Interesse galt der Frage, ob sich eine Gesellschaftstheorie – und das Handeln der Subjekte – auf der Basis der Sprachtheorie begründen ließe.

Bild rechte Seite:
Die dekonstrukitivistische Lehre und Werkinterpretation geht auf Jacques Derrida zurück, der die dialektische Methode als zu einseitig ansah.

„Der Unterschied zwischen Menschen und Ideen ... ist nur oberflächlich."

Richard McKay Rorty

präsent und der Zeit daher entzogen ist. Seinem sprachphilosophischen Ausgangspunkt nach bezeichnet er diese „metaphysische" Voraussetzung als „Logophonozentrismus" und „dekonstruiert" sie durch den Nachweis eines zeitlichen Faktors bei der Entzifferung von Schrift (Grammatologie, 1967, Die Schrift und die Differenz, 1967). Der von Derrida geprägte Begriff der „différance" bedeutet dann die Abweichung (différence) vom eindeutigen Sinn, die zustande kommt durch eine zeitliche Verschiebung bei der Lektüre von Texten (se différant). Der ursprüngliche Sinn von Sein, auf den Heideggers Denken zielt, bleibt für Derrida unzugänglich. Mit der Frage danach bewege sich Heidegger entgegen seinem Selbstverständnis immer noch im Bereich der Metaphysik. Da die Geschlossenheit (clôture) abendländischen Denkens nicht zu durchbrechen ist, bleibt nur die „Einschreibung" an den „Rändern" überlieferter Texte, worin der Fragende seine „Spur" hinterlässt.

Richard McKay Rorty

* 1931 † 2007

Dieser oft zur Postmoderne gerechnete Hauptvertreter amerikanischer Philosophie hat sich v. a. Verdienste bei der Vermittlung zwischen analytischer Philosophie und der europäischen Tradition von Nietzsche und Heidegger erworben. Rorty stellt sich gegen die Auffassung, Wahrheit sei als Übereinstimmung einer Theorie mit der Wirklichkeit zu definieren. Er beurteilt Theorien nach ihrem lebenspraktischen Nutzen und bezieht sich damit auf Gedanken des amerikanischen Pragmatismus. Ein Pluralismus von Theorien wird somit unterstützt, weil dadurch die Erfüllung grundsätzlich verschiedener Bedürfnisse garantiert ist. Dem kommt ein demokratischer Liberalismus entgegen, der eine umfassende, pluralistisch angelegte (Selbst-)Bildung des Menschen zulässt. Rortys Idealtypus des Menschen ist der Ironiker, der in unterschiedlichen Theorientraditionen geschult ist und deshalb nicht nur große Kompetenz besitzt, sondern v. a. nicht eine einzelne Theorie bzw. Beschreibungsform als absolute Wahrheit ausgeben möchte. Vielmehr enthält sich der Ironiker jedes Dogmatismus und ist durch seine umfassenden Kenntnisse befähigt, sich in die Schwierigkeiten auch sehr unterschiedlicher Menschen einzufühlen, um so Solidarität und Hilfe zu entwickeln.

John Rogers Searle

* 1932

Sein Name steht für die Versuche, eine nichtempiristische Linguistik zu etablieren. Die Untersuchungseinheit der Linguistik soll nicht „das Symbol, das Wort oder der Satz" sein, sondern „die Produktion oder Hervortretung des Symbols oder des Wortes oder des Satzes in die Performanz des Sprechakts" („Speechacts", 1969). Der Sprechakt ist die aktuelle Erzeugung der Mitteilung. Aber dieser Sprechakt wird als Tatsache behandelt, die vorliegt. Seine Analyse besteht in der Frage nach den empirischen Bedingungen der Möglichkeit des Sprechakts. Searle reagierte auf die Kritik an Austin, bezog den Verhaltensrahmen mit ein und untersuchte das Fehlschlagen der Intention. Genauso wenig wie Austin kann er die Allgemeinheit der Unterscheidung von Beschreibung und Intention zeigen. In „Indirect Speechacts" (1975/75) räumte er das ein. Searle versuchte sein Programm zu retten, indem er Intention und Beschreibung trennte. Die Intention soll Tatsache des Bewusstseins sein, unabhängig vom Sprechakt, aber doch dessen notwendiger Bestandteil. Die Intention ist die nichtempirische Bedingung des Sprechakts („Intentionality", 1983). Searle ging 1985 zur formallogischen Beschreibung der Sprechakte über, ließ sie jedoch unanalysiert.

„Was immer genannt wird, muss auch vorhanden sein. Nennen wir es das »Axiom der Existenz«."

John Rogers Searle

Bild linke Seite:
Rortys Philosophieansatz war pragmatisch: Theorien klassifizierte er nicht als wahr – also in Übereinstimmung mit der Realität – oder unwahr, sondern maß sie an ihrem lebenspraktischen Nutzen.

Bild rechte Seite:
Als einer der wichtigsten Vertreter der Sprechakttheorie befasste sich John Roger Searle zentral mit den von ihm festgestellten konstitutiven und regulativen Sprachregeln.

Bildnachweis:
Angelico, Fra; Aspertini, Amici; Beckett, Gilbert; Bibliotheque Nationale, Paris; Biow, Hermann; Blake; Botticelli, Sandro; British Museum, London; Brugghen, Hendrick; Bundesarchiv, Koblenz; Burgess, John Bagnold; Bury, Friedrich; Caravaggio, Michelangelo; Crivelli, Vittore; David, Jaques-Louis; Dix, Otto; Dürer, Albrecht; Fitzwilliam Museum, Cambridge; Francesco, Hayez; Frye, Thomas; Galleria Nazionale delle Marche, Urbino; Gazzoli, Benozzo; Glyptothek, München; Hals, Frans; Herzog August Bibliothek, Wolfenbüttel; Holbein d. J., Hans.; Hollar, Wenceslas; Jakob, Johann; Jüdisches Museum, Berlin; Kapitolinisches Museum, Rom; Kauffmann, Angelica.; Krüger, Franz; Library of Congress, Washington; Louvre, Paris; Ludovisi Collection; Martini, Simone; Mary Evans Picture Library, London; Menzel, Adolf; Mierevelt, Michiel, Jansz van; Munch, Eduard; Museo delle Sciense, Florenz; Museum of Fine Arts, Boston; National Gallery, London; Olde, Hans; Österreichische Nationalbibliothek, Wien; Paul, Jourdy; Pergamonmuseum, Berlin; Rahl, Carl.; Ramsay, Allan; Ruhl, Ludwig Sigismund; Schlesinger, Jakob; Smibert, John; Stanze di Raffaello, Vatikan; Sustermans, Justus; Thorvaldens Museum, Kopenhagen; Tito, Santi; Wallraf-Richartz-Museum, Köln.
Da einige Vorlagen nicht eindeutig zugeordnet werden können, werden berechtigte Honoraransprüche selbstverständlich abgegolten.

Lieferbare Titel aus dem Otus Verlag: **www.otus.ch**

Text: Matthias Färber, München

Lektorat: Kay Szantyr, Berlin

Redaktion und Herstellung: Dr. Christian Zentner, München

Titelgestaltung: Paul Zentner, München

Satz und Layout: Petra Obermeier, München

ISBN 978-3-905851-63-2